RENCONTRES
347

Série *Le dix-huitième siècle*
dirigée par Jacques Berchtold et Catriona Seth
26

Raconter la douleur

Actes du colloque international « Raconter la douleur ? Récits et interprétations de la souffrance en Europe (XVIIe-XVIIIe siècles) » organisé du 19 au 21 novembre 2014 à Mulhouse, avec le soutien de la Société française d'études du dix-huitième siècle (SFEDS), du programme Erasmus Mundus CLE, de la région Alsace, du conseil général du Haut-Rhin, de Mulhouse Alsace Agglomération (m2A) et de la Casden.

Ouvrage publié avec le soutien du laboratoire de recherche Institut de recherche en langues et littératures européennes (ILLE), EA 4363.

Raconter la douleur

La souffrance en Europe (XVIIe-XVIIIe siècles)

Sous la direction de Marilina Gianico,
avec la collaboration de Michel Faure

PARIS
CLASSIQUES GARNIER
2018

Marilina Gianico est professeure certifiée de lettres modernes et docteur en littératures européennes. Membre du laboratoire ILLE (EA 4363) de l'université de Haute-Alsace, elle s'intéresse aux poétiques du pathétique et aux représentations de la douleur à l'âge des Lumières.

Michel Faure est professeur émérite à l'université de Haute-Alsace, membre de l'ILLE (EA 4363) et spécialiste de l'histoire des idées britanniques au XVIIIe siècle.

ISBN 978-2-406-07036-8 (livre broché)
ISBN 978-2-406-07037-5 (livre relié)
ISSN 2103-5636

INTRODUCTION

> En effet on ne s'apperçoit que par la *douleur*, que les chairs & toutes les parties internes sont susceptibles de quelque sorte de sentiment ; ensorte que la faculté de sentir peut procurer infiniment plus de mal que de bien, puisqu'il est attaché à toutes les parties du corps où il y a des nerfs, d'être susceptibles de *douleur* & très-peu le sont de plaisir : triste condition !
> *Encyclopédie*, *s. v.* Douleur[1].

LA DOULEUR
Cartographie d'une condition humaine et d'une problématique

La riche bibliographie parue au cours des trois dernières décennies au sujet de la douleur[2] montre à la fois l'intérêt et la complexité du

1 D. Diderot, J. D'Alembert, *Encyclopédie ou dictionnaire raisonné des sciences, des arts et des métiers*, tome cinquième, Paris, Briasson, David l'Aîné, Le Breton, Durand, 1755.

2 Dans le domaine francophone, l'étude classique reste celle de Roselyne Rey (R. Rey, *Histoire de la douleur*, Paris, La Découverte, 1991), qui resitue le discours médical dans le contexte plus global des enjeux épistémologiques influençant les conceptions et les traitements de la douleur. Plus récemment, Javier Moscoso se concentre également sur les changements épistémologiques qui ont informé la perception et par conséquent l'expression de la souffrance à l'époque moderne et au début de l'âge contemporain, proposant une histoire des « formes historiques de visibilité collective de la douleur » (*Historia cultural del dolor*, Madrid, Taurus, 2011 ; trad. fr. *Histoire de la douleur XVIe-XXe siècles*, Paris, Les Prairies ordinaires, 2015). Nombreuses sont aussi les publications parues ces dernières années dans le domaine anglo-saxon. La plupart de celles-ci réhabilitent la douleur comme émotion et en inscrivent l'étude dans le domaine de l'histoire des émotions,

sujet. Un champ vaste, celui de la souffrance, et ouvrant à toutes les perspectives et toutes les méthodologies : condition humaine inévitable à laquelle chaque culture et chaque époque donne sa signification, sujet politique d'actualité, ennemie majeure de la médecine et de tous les partisans du bonheur public dès l'aube de l'époque contemporaine, la condition douloureuse affecte tous les champs de l'existence humaine et se pose d'emblée comme un sujet situé au croisement d'une pluralité de disciplines. Les entames d'une thématique si complexe sont nombreuses, parce que les alentours sémantiques de la douleur sont innombrables. La souffrance[3], comme forme générale du pâtir ou, selon

par exemple le collectif dirigé par Rob Boddice (R. Boddice (éd.), *Pain and Emotion in Modern History*, New York, Palgrave Macmillan, 2014), qui fait le point, en déplaçant l'axe chronologique vers l'âge moderne, sur certains problèmes déjà soulevés dans deux classiques sur la question, plutôt axés sur l'époque contemporaine : David B. Morris, *The Culture of Pain*, Berkeley and Los Angeles, University of California Press, 1991 et E. Scarry, *The Body in Pain The Making and Unmaking of the World*, New York Oxford, Oxford University Press, 1987. Un ouvrage utile pour resituer la question de la douleur au sein de l'histoire des émotions, pour la période qui nous intéresse, est A. Corbin, J.-J. Courtine, G. Vigarello, *Histoire des émotions*, vol. 1. *De l'antiquité aux Lumières*, Paris, Seuil, 2016. Rappelons aussi, pour la question des représentations iconiques de la douleur, la réflexion de la sémiologue Susan Sontang (S. Sontag, *Devant la douleur des autres*, trad. fr. Fabienne Durand-Bogaert, Paris, Christian Bourgois éditeur, 2003 ; 1re éd. anglaise 2002) et M. P. Di Bella, J. Elkins, *Representations of Pain in Art and Visual Culture*, New York, Londres, Routledge, 2013. Toutes ces études reconnaissent une dette à l'égard d'Elaine Scarry qui la première avait ouvert le débat sur la possibilité d'imaginer la douleur en dehors de notre grille épistémologique contemporaine qui l'inscrit, d'emblée et sans appel, dans le champ du pathologique. Th. Dormandy, *The Worst of Evil. The Fight against Pain*, New Haven et Londres, Yale University Press, 2006, offre une histoire des formes prémodernes et modernes de l'anesthésie et, en même temps, il esquisse, à contrejour, une histoire des conceptions de la douleur. À partir des années 2000, on peut remarquer une sorte de *narrative turn* de la recherche sur ce sujet, qui va de pair avec l'intérêt croissant que montrent les sciences humaines pour la narration et le *storytelling*. Un exemple en est donné par D. B. Morris, « Narrative, Ethics and Pain : Thinking *with* Stories », *Narrative*, n. 9, 2001, p. 55-77, qui poursuit sa réflexion sur la douleur comme phénomène holistique et objet d'étude inséparable de la forme narrative qui l'exprime.

3 Souvent, nous avons utilisé les deux mots comme synonymes. La littérature la plus récente sur la question, qui considère la douleur comme une émotion, fonde cette hypothèse essentiellement sur l'argument que l'expérience douloureuse dépasse la sensation pour s'élever au rang de perception, se situant de la sorte dans une dimension interstitielle entre le physiologique et le moral (voir R. Boddice, « Introduction : Hurt Feelings ? », in *Id.* (éd.), *Pain and Emotion in Modern History*, New York, Palgrave Macmillan, 2014, p. 1-15 ; D. B. Morris, *The Culture of Pain*, Berkeley and Los Angeles, University of California Press, 1991). Une recherche sur les dictionnaires du dix-huitième siècle montre également que, pour la mentalité de l'époque, les deux termes sont synonymes, l'un n'allant pas sans l'autre (voir, par exemple, les définitions au lemme « Douleur » des éditions du *Dictionnaire*

l'étymologie grecque du mot[4], de l'être passif vis-à-vis d'un événement extérieur, dépasse toute réaction possible de la volonté, et se décline de manières multiples : la maladie et la mort, qu'évoque immédiatement la douleur physique (si vraiment il existe une douleur exclusivement physique[5]) ; la maladie mentale, la mélancolie, la dépression, le mal de vivre, le suicide, sur un plan médico-psychologique ; la misère, la guerre, l'oppression et la violence, sur le plan politique. Au vu de cette polysémie, la perspective d'où la douleur est envisagée dans ces études est à la fois large et restreinte.

Large, car elles creusent un champ sémantique extrêmement vaste, incluant la douleur et tous les signifiants sémantiquement voisins. Ainsi l'objet douleur, insaisissable au-delà de ses manifestations et représentations, est cerné par un retour continu de la périphérie vers le centre : la synonymie, l'hyperonymie, l'hyponymie, l'antonymie du mot constituent en ce sens l'espace sémiotique dynamique que nous nous sommes proposé d'explorer. La restriction passe en revanche par le double crible du découpage chronologique et disciplinaire, celui-là découlant de celui-ci : au vu de la fécondité intellectuelle des dernières études en littérature et médecine[6], particulièrement de celles centrées

---

de l'Académie française entre 1694 et 1835 et l'*Encyclopédie* de Diderot et D'Alembert et, *cf. infra*, p. 149 *sqq.*, mon commentaire sur ce dernier). Comme nous allons essayer de le montrer dans les pages qui suivent, le dix-huitième siècle développe une conception psychophysiologique beaucoup moins dualiste que celle de nos contemporains.

4 Qui renvoie, comme le rappelle P. Chantraine, *Dictionnaire étymologique de la langue grecque*, s. v. « *Paschô* » à toute sorte d'état de passivité : « recevoir une impression ou une sensation, subir un traitement (bon ou mauvais) ». Le terme « *pathos* », qui désigne le malheur, l'événement douloureux, a été créé sur l'aoriste du verbe.

5 Au-delà d'une simple observation empirique à ce propos, force est de remarquer que toutes les plus récentes réflexions sur l'histoire ou l'herméneutique de la souffrance s'érigent contre le dualisme foncier qui sépare la douleur physique de la souffrance morale. Voir, par exemple, D. B. Morris, *The Culture of Pain*, *op. cit.* ; R. Boddice, *op. cit.* ; R. Rey, *Histoire de la douleur*, *op. cit.*, p. ; *Ead.*, « L'âme, le corps et le vivant », dans Grmek Mirko G. (éd.), *Histoire de la pensée médicale en Occident, 2. De la Renaissance aux Lumières*, Paris, Seuil, 1997 (1re éd. italienne *Storia del pensiero medico occidentale 2. Dal Rinascimento all'inizio dell'Ottocento*, Bari, Laterza, 1996), p. 117-155.

6 Le paysage de cette branche récente des sciences humaines encore aujourd'hui *in fieri* est varié, quoiqu'on puisse y repérer un certain nombre de lignes d'orientation. Un premier état des lieux de la discipline avait été publié par Georges S. Rousseau en 1981 (« Literature and Medicine : the State of the Field », *Isis*, 72, 1981, p. 406-424). Vingt-cinq ans après cette étude, Andrea Carlino et Alexandre Wenger refont le point sur les tendances actuelles et les horizons de la discipline, dans Andrea Carlino, Alexandre Wenger (éd.), *Littérature et médecine. Approches et perspectives (XVIe-XIXe siècles)*, Genève, Droz, 2007. Ils soulignent

sur le dix-huitième siècle[7], l'idée de mener un travail sur les mises en récit et les interprétations de la douleur sous l'angle des relations entre ces deux disciplines a présidé aux journées de réflexion dont ce volume est issu.

Si le dix-huitième siècle, ainsi que ces études le démontrent, est un terrain spécialement fécond pour ce genre d'enquête, parce que, d'une part, « les explications que la médecine donne de la maladie et des processus de la santé ont constitué, pour maints écrivains, le langage naturel idéal pour explorer les émotions, la personnalité et les relations sociales[8] », et que, d'autre part, la médecine et la littérature partagent un usage commun du moyen narratif « comme intersection entre les deux genres – le médical et le littéraire[9] », nous avons voulu ici essayer de saisir les évolutions des phénomènes sur la plus longue période, en élargissant le terrain d'enquête au siècle précédent qui, nous paraît-il, peut fournir un élément de comparaison extrêmement intéressant.

---

que, depuis l'article de Rousseau déplorant que la direction des études en littérature et médecine ait procédé, pendant les années 1980, plutôt dans le sens d'une influence du médical sur le littéraire, la tendance paraît s'être inversée au cours des années 2000 et les études en littérature et médecine semblent se diriger plutôt vers la pénétration du littéraire dans le médical. Si l'on considère la situation de la presque décennie qui nous sépare de la synthèse de Carlino et Wenger, cette tendance semble s'être consolidée, la narratologie et la rhétorique ayant acquis une place prépondérante dans les études en la discipline.

7 Significativement, le numéro de 2015 de la revue *Dix-huitième siècle* s'intitule *Raconter la maladie* et offre un exemple de la fertilité et de la variété des approches narratologiques dans les études de littérature et médecine. Voir S. Vasset, A. Wenger (éds), *Raconter la maladie, Dix-huitième siècle*, n. 45, 2015. S. Vasset (éd.), *Medicine and narration in the eighteenth century*, Oxford, Voltaire Foundation, 2013 et M. M. Roberts, R. Porter, *Literature and Medicine During the Eighteenth Century*, Londres, Routledge, 1993, font le point sur la proximité entre les deux disciplines au dix-huitième siècle. Il serait presque impossible de donner ici une liste exhaustive des différentes publications, sous forme d'article ou de livre, portant sur tel ou tel aspect des relations entre discours médical et production littéraires dans les œuvres des siècles classiques. Parmi les études les plus récentes, de la part des spécialistes de littérature, on retiendra le livre de Catriona Seth sur la petite-vérole au dix-huitième siècle, qui met en évidence les impacts de la nouvelle technique thérapeutique de l'inoculation sur la société ainsi que sur la pensée, C. Seth, *Les rois aussi en mouraient : les Lumières en lutte contre la petite-vérole*, Paris, Desjonquères, 2008), celui d'Alexandre Wenger sur la médicalisation de la lecture à la même époque, A. Wenger, *La fibre littéraire : le discours médical sur la lecture au XVIIIe siècle*, Genève, Droz, 2007, ou le volume collectif sur les images et les interprétations du corps à l'époque des Lumières, S. Arnaud, H. Jordheim, *Le Corps et ses images*, Paris, Champion, 2012.

8 M. M. Roberts, R. Porter, *Literature and medicine During the Eighteenth Century*, Londres, Routledge, 1993, p. 1.

9 S. Vasset (éd.), *Medicine and narration*, *op. cit.*, p. 1.

En effet, la période choisie marque un tournant dans la pensée européenne en matière de psychophysiologie et d'histoire de la douleur, et ce non seulement du fait d'un bouleversement majeur des conceptions des rapports entre le moral et le physique[10], mais aussi parce que l'on constate que c'est à cette époque charnière que les expérimentations et les débats sur l'anesthésie, pratique qui a radicalement changé notre rapport à la souffrance physique comme morale[11], commencent à prendre une ampleur significative et que, parallèlement, le rapport de la société à la souffrance évolue : le traitement médical de la douleur, rejoignant en cela les mouvances philosophiques et anthropologiques de toute une époque, commence à s'émanciper de l'herméneutique du dolorisme chrétien à un moment historique qui contient en germe toutes les préoccupations et les inquiétudes dans lesquelles plonge notre modernité[12]. Philosophiquement et, ensuite, politiquement, la souffrance fait scandale.

Parallèlement, par un mouvement à la fois inverse et complémentaire, on peut enregistrer, sur le plan esthétique et poétique, un engouement pour la représentation des souffrances et des malheurs se déclinant dans des registres variés : le tragique, le pathétique, le sublime et, vers la fin de l'arc chronologique qui nous intéresse, l'horrifique et le macabre, avec la naissance du roman noir. La douleur envahit, à partir du dix-septième siècle, la représentation artistique et, dès le tournant entre le dix-huitième et le dix-neuvième, l'espace même du moi qui s'exprime dans l'écriture[13]. L'organisation chronologique des contributions qui composent ce volume est une première tentative de rendre compte de

10 Que relève surtout R. Rey, « L'âme, le corps et le vivant », *op. cit.* et que soulignent maintes études sur l'époque et sur le phénomène de la sensibilité, par exemple, entre autres, S. Arnaud, H. Jordheim, *op. cit.*, et Vila, Anne C., *Enlightenment and Pathology : sensibility in the literature and medicine of eighteenth-century France*, Baltimore, MD, Londres, John Hopkins University Press, 1998.

11 C'est la thèse du livre déjà cité de D. B. Morris, *The Culture of Pain*, *op. cit.*, et celle des historiens des pratiques anesthésiques.

12 Pour une intéressante réflexion sur les rapports et les interconnexions entre le dix-huitième siècle en tant que période de conception du sujet et l'époque contemporaine, ainsi que pour une lecture méthodologique stimulante, voir P. De Bolla, *The Discourse of the Sublime : Readings in History, Aesthetics and the Subject*, Oxford, Basil Blackwell, 1989, p. 1-23.

13 Dans S. Bernard-Griffiths, Ch. Croisille (éd.), *Difficulté d'être et mal du siècle dans les Correspondances et Journaux intimes de la première moitié du XIXe siècle*, Cahiers d'études sur les correspondances du XIXᵉ siècle, n. 8, Clermont-Ferrand, 1998, on peut constater cette invasion du moi par la souffrance.

ce mouvement et d'ouvrir une discussion sur sa portée pour la pensée européenne. Le fil conducteur des analyses reste la narration, les manières de traduire la douleur en une forme, de la représenter, de la mettre en récit. L'ensemble de ces représentations, remis en relation avec les représentations qu'à son tour il engendre et/ou desquelles il est engendré, permet de saisir des infléchissements et des nuances qui nous renseignent sur une histoire culturelle de la douleur, essayant de saisir son objet au-delà des cloisonnements disciplinaires.

Cette volonté d'envisager l'objet d'étude d'un point de vue holistique explique la variété des perspectives d'analyse et des matériaux analysés dans les pages qui suivent : nous avons rassemblé des spécialistes de diverses disciplines qui toutes ont trait à la souffrance, mais qui l'envisagent de façons fort différentes, chacune avec des méthodologies qui lui sont propres et le lecteur trouvera donc des contributions focalisées sur des terrains divers et apparemment éloignés : l'histoire de la médecine, la littérature, les correspondances d'auteurs, l'histoire de la musique et celle de la pédagogie.

Pour ce qui concerne les sources, ces études portent à la fois sur des formes narratives fictionnelles et non fictionnelles, sur des textes littéraires comme sur des écrits sortant du domaine de la littérature *stricto sensu* (correspondances, journaux intimes et/ou biographies, textes médicaux de genres divers, etc.), afin de saisir à la fois la circulation des discours et la prolifération des représentations de la souffrance. On constatera qu'en concentrant les analyses à la fois sur la dimension de la vie quotidienne et sur celle de sa transfiguration dans l'espace de la représentation artistique, une vision plus globale, quoique certainement plus complexe et moins susceptible de schématisation, se fait jour.

Le lecteur notera aussi que l'attention des contributeurs se concentre surtout sur la parole des souffrants et de leur entourage. Qu'elle soit produite dans l'espace réel (écrits biographiques) ou fictionnel (écrits littéraires ou artistiques), cette parole présente un intérêt au moins égal à celui du discours des médecins, ou à la critique du discours médical, car elle offre, d'une part, une vision aussi globale que possible des *manières individuelles de vivre* la souffrance et, d'autre part, un échantillon des relations complexes reliant le champ de la représentation et le plan de la réalité. Le sujet, ainsi posé, se prêtait, bien sûr, à une telle analyse, la douleur étant inévitable en tant que condition humaine et omniprésente comme objet de représentation.

Les frontières étant labiles quand il s'agit d'une expérience à la fois intime et qui demande à être écoutée, comme la douleur, la plupart des articles qui suivent ont un caractère interdisciplinaire et s'efforcent de saisir la distance (ou la proximité) entre les manières de représenter et de raconter (et de se représenter et se raconter) la douleur aux dix-septième et dix-huitième siècles et à notre époque.

NOUVEAUX ET ANCIENS PARTAGES DU SENSIBLE
Littérature, sciences humaines, médecine

La mise en perspective diachronique des cadres épistémologiques et des orientations herméneutiques qui conditionnent notre rapport à la souffrance permet effectivement de les questionner et de s'interroger sur l'histoire d'un certain nombre de préoccupations contemporaines. À un moment historique où toutes les interprétations eschatologiques et consolantes paraissent être enterrées comme en ce début de vingt-et-unième siècle, la présence du mal et du malheur (et, par conséquent, de la douleur) nous pose problème. Or, tandis que la société civile, bombardée par une série d'images qui, par leur tendance à choquer le spectateur, paraissent produire l'effet inverse[14], semble de moins en moins sensible aux souffrances d'autrui (alors qu'aux dix-septième et dix-huitième siècles le tragique et ensuite le pathétique continuent de fasciner les spectateurs et que la représentation de la souffrance est encore sujette à une série de censures esthétiques et morales), la médecine, du moins occidentale, poursuivant une quête de bonheur qui va de pair avec l'individualisme croissant de notre société et qui est un corollaire de l'utilitarisme du Siècle des Lumières, se montre, elle, toujours plus réceptive à l'existence de la douleur et commence à prendre en compte

14 Voir, à ce propos, le livre de Stanley Cohen, *States of Denial Knowing about Atrocities and Suffering*, Cambridge, Oxford, Malden, Polity Press/Blackwell, 2001. Pour une thèse différente à l'égard de l'accoutumance aux images de violences, voir S. Sontag, *Devant la douleur des autres*, trad. fr. Fabienne Durand-Bogaert, Paris, Christian Bourgois éditeur, 2003 (1re éd. anglaise 2002).

les récits des patients, en s'efforçant de faire de ceux-ci des sujets, et non des cas.

Gérard Danou, dans la première partie du volume, se penche sur la position nouvelle du savoir médical vis-à-vis de la douleur des patients. *Nouveaux partages du sensible*, le titre de la section, reprend celui du petit livre de Jacques Rancière[15] et fait allusion aux nouvelles configurations des savoirs qui s'établissent autour de la douleur et qui s'efforcent à la fois de la cerner, de la dire, de l'écouter, de la soulager. Parallèlement, cette démarche se réfère au croisement entre l'esthétique et le politique et au fait que ces mêmes reconfigurations des savoirs et des discours autour de la souffrance s'articulent autour d'un problème à la fois esthétique et éthique : la construction de la subjectivité individuelle et sa manière d'être au monde. *Qui* parle en effet dans le récit de la souffrance, étant donné que celle-ci pose le sujet dans une condition exceptionnelle, hors de l'ordinaire ? Et quel est le rôle de la souffrance, en tant qu'expérience liminaire et de rupture, dans la construction (et la reconstruction), la destruction (et l'autodestruction) de la subjectivité ? Quelles sont les stratégies mises en place pour vivre la douleur et avec la douleur ? De quelle manière se reflètent-elles dans les récits et dans les représentations ? Quelles sont les forces qui conditionnent, orientent, endiguent ces représentations ? Quelles articulations de pouvoir traversent les discours qu'elles forment et dont elles sont formées ? Procédant de deux points de vue différents, les réflexions de cette section mettent en évidence les enjeux liés à la narration de l'expérience douloureuse à l'époque contemporaine.

Danou, qui a longuement étudié le sujet sous l'angle des rapports entre littérature et médecine[16], commence par mettre en évidence un retour de la valeur accordée à la narration et propose une analyse double : d'une part les nouvelles pratiques qui rapprochent littérature et médecine sur le terrain du récit de la douleur, d'autre part une interrogation sur ce que les récits (littéraires, de malades, de médecins) nous disent de la nature de la douleur, des manières dont les auteurs entrent en relation avec elle et des sentiments divers qu'elle suscite. En

15 J. Rancière, *Le partage du sensible esthétique et politique*, Paris, La Fabrique éditions, 2000.

16 Voir, sur la douleur : G. Danou, *Le corps souffrant : littérature et médecine*, Paris, Champ Vallon, 1994 ; sur la discipline, entre autres : G. Danou (éd.), *Littérature et médecine, ou les pouvoirs du récit*, Actes du colloque organisé par la BPI le 24 et 25 mars 2000, Paris, Bibliothèque Publique d'Information, 2001.

partant d'un certain nombre d'observations relevant de la sociologie de la médecine pour ensuite explorer l'évolution des rapports entre les patients, les soignants et l'institution, Danou explique comment, à partir des récits des malades de SIDA dans les années 1980, le corps médical a dû se confronter à ce que Claudine Herzlich a appelé une « culture autre que médicale des phénomènes du corps[17] ». C'est ainsi qu'une nouvelle vision et de nouvelles pratiques du récit se sont instaurées au sein de l'institution médicale et, quoique celle-ci montre une forte tendance à orienter les narrations, elle paraît aussi, aujourd'hui, disposée à s'ouvrir à des pratiques narratives moins normatives[18], et même à se servir du récit pour mieux se positionner vis-à-vis des patients et des nouveaux défis de la profession elle-même[19]. « La pratique narrative qui circule entre médecin et patient reconfigure les représentations sensibles de l'un et de l'autre[20] » et permet une nouvelle fondation du sujet, sur laquelle Danou se concentre dans la deuxième partie de son article, dédiée aux récits littéraires de la douleur.

La pratique narrative est aussi le point de départ de l'étude de David Le Breton, auteur de nombreux ouvrages sur l'anthropologie et la sociologie du corps, ainsi que sur la douleur[21]. En établissant une typologie

17 Partant du présupposé que « la littérature participe, à l'évidence, à la fabrication du discours collectif de la maladie et sur la maladie » (C. Herzlich, J. Pierret, *Malades d'hier malades d'aujourd'hui De la mort collective au devoir de guérison*, Paris, Payot, 1984, p. 14), les études de cette sociologue de la médecine rendent compte des changements épistémologiques de celle-ci, les resituant au sein des grandes mutations sociétales de l'Occident. Ainsi, elle analyse, dans « Le poids de la faute : pécheurs et pénitents » (in C. Herzlich, J. Pierret, *op. cit.*, p. 178-192), le valeur et le sens que la société d'Ancien Régime, empreinte de christianisme, donnait à la souffrance et à la douleur. Ses études ont exploré les transformations de la valeur sociologique de la maladie entre la société précapitaliste et la nôtre. Voir particulièrement C. Herzlich, « Médecine moderne et quête de sens », dans Marc Augé, Claudine Herzlich, *Le Sens du mal, anthropologie, histoire, sociologie de la maladie*, Paris, Éditions Archives Contemporaines, 1984, p. 189-215, où elle esquisse le passage « du droit à la maladie au devoir de santé ». Cette question, que nous nous limitons à évoquer trop rapidement ici, est complexe et mériterait, à elle seule, une réflexion approfondie.

18 Par exemple l'initiative de Valérie Milewski, consistant à recueillir les biographies de malades en fin de vie et à en faire des livres pour leurs proches. Voir V. Milewski, F. Rinck, *Récits de soi face à la maladie grave*, Paris, Lambert Lucas, 2014.

19 C'est le cas des groupes Balint. Voir, sur le sujet, André Missenard, *L'expérience Balint : histoire et actualité*, Paris, Dunod, 1982 et Claudine Blanchard-Laville, Dominique Fablet, *L'analyse des pratiques professionnelles*, Paris, Montréal, L'Harmattan, 2000.

20 Voir infra, p. 46.

21 Voir entre autres : D. Le Breton, *Anthropologie de la douleur*, Paris, Métailié, 1995 et *Id.*, *En souffrance : adolescence et entrée dans la vie*, Paris, Métailié, 2007.

des attitudes de la personne souffrante à l'égard de sa souffrance sur la base d'une analyse des récits relatant des expériences douloureuses qui vont des automutilations des adolescents en souffrance ou de certains artistes de *body art* jusqu'aux douleurs musculaires des sportifs de la course extrême, David Le Breton parvient à établir des distinctions entre différentes formes d'expériences algiques et à préciser le distinguo de Paul Ricœur entre douleur et souffrance[22], sans remettre en cause la complexité foncière des phénomènes. Subie, comme dans le cas de la maladie, de la mort d'un proche, de la torture ou de tout événement calamiteux imprévu, imprévisible et irréductible à la volonté de l'individu, la douleur peut également être acceptée, voire choisie. Dans ce dernier cas, elle n'est plus un événement subi, mais se pose comme un contrepoids à l'impuissance implicite de chaque souffrance et a pour but le rétablissement de la maîtrise du sujet sur sa propre vie. Expérience liminaire, la douleur remet en effet en cause la subjectivité même de l'individu, la maîtrise de soi, le rapport du Moi au monde. Traitant la question d'un point de vue anthropologique holistique, l'anthropologue axe sa réflexion sur la mise en relief de la douleur comme « le prix à payer pour la dimension corporelle de l'existence[23] » et met en garde contre la lecture univoque de l'expérience algique que pourrait engendrer une primauté physiologique du phénomène douloureux : allant bien au-delà de sa dimension organique, la douleur « est de la personne ». Elle marque une rupture de sens, une coupure dans l'écoulement du quotidien porteur d'un univers d'habitudes et de valeurs, et demande une recréation de la signification. Envisagée comme « confrontation d'un événement corporel à un univers de sens et de valeur[24] », l'expérience algique se situe donc au seuil entre l'individuel et le collectif.

Il paraissait à ce point intéressant d'examiner en quels termes se posait ce nœud problématique à l'époque de l'essor du sujet et de

22 Paul Ricœur a notamment traité la question dans une communication présentée au colloque de Brest (1992) de l'Association Française de Psychiatrie. Ce texte a par la suite été publié dans un volume monographique de la revue *Autrement, Souffrances*, n. 142, février 1994. Pour un commentaire et des relectures du texte de Ricœur par des professionnels de la santé et des universitaires, voir C. Marin, N. Zaccaï-Reyners, *Souffrance et douleur Autour de Paul Ricœur*, Paris, P.U.F., 2013. Nous expliquons la position qui a été prise à l'égard de la distinction terminologique entre douleur et souffrance dans les pages qui suivent.

23 Voir infra, p. 57.

24 *Ibid.*, p. 58.

l'individualisme : quelles étaient les narrations de la douleur aux siècles classiques ? Pouvons-nous retrouver des lignes de continuité ou de discontinuité entre la manière d'expliquer ou de représenter la douleur des humains des siècles passés et celles de nos contemporains ? La deuxième, la troisième et la quatrième section du volume, agencées selon un ordre chronologique, permettent un certain nombre de réflexions et d'hypothèses qui, nous semble-t-il, mériteraient des approfondissements à venir.

LA DOULEUR EN CHAIRE ET DANS LA CHAIR
Représentations des passions, dolorisme, appropriations individuelles

Le dix-septième siècle configure son rapport à la douleur de manière complexe : d'une part, en effet, celle-ci s'insère dans le discours plus général sur les passions, discours qui ne se limite pas aux textes théoriques, mais qui est présent dans la pratique artistique, qu'elle soit verbale ou iconique (il suffit de penser au théâtre, ou à la réflexion picturale sur la représentation des émotions[25]) ; d'autre part, la théologie foncièrement doloriste qui domine l'époque enrichit la représentation de la souffrance par l'apport d'échos nouveaux tandis que, à l'extrême opposé, certains médecins prônent l'usage des opiacés pour soulager la douleur des patients lors des opérations les plus douloureuses[26]. La théologie prime certainement sur toutes les autres grilles interprétatives de la vie humaine et la littérature s'en fait souvent le porte-flambeau : à côté de Bossuet, pour ne citer que les noms les plus illustres du canon littéraire, Pascal est un exemple marquant de l'attitude religieuse envers la douleur, en une période aussi spirituellement tourmentée que

25 Dont la célèbre conférence de Le Brun sur la représentation des passions est un exemple frappant. Voir, C. Le Brun, *Conférence sur l'expression des passions*, in « Nouvelle revue de Psychanalyse », n. 21, printemps 1980, p. 93-122. La conférence aurait été prononcée en 1668 et publiée vers la fin du siècle, d'après R. Démoris, « Le langage du corps et l'expression des passions de Félibien à Diderot », dans J.-P. Guillerm (éd.), *Des mots et des couleurs II*, Lille, PUL, 1986, p. 41-67.

26 Comme le rapportent R. Rey, *op. cit.*, p. 99 *sqq.* et R. Dachez, *Histoire de la médecine*, Paris, Tallandier, 2012 (1re éd. 2008), p. 434.

l'époque baroque : « C'est par les marques de vos souffrances que vous avez été reconnu par vos disciples ; et c'est par les souffrances que vous reconnaissez aussi ceux qui sont vos disciples. Reconnaissez-moi donc pour votre disciple dans les maux que j'endure et dans mon corps et dans mon esprit pour les offenses que j'ai commises[27] ». Ce passage, tiré de la *Prière pour demander à Dieu le bon usage des maladies*, indique clairement l'attitude du christianisme de l'époque vis-à-vis de la douleur physique. Emblème du dolorisme de matrice chrétienne qui parcourt toute l'époque post-tridentine et qui, même lorsque l'eudémonologie des Lumières aura bouleversé le sens de l'expérience humaine sur terre, ne cessera pas d'irriguer certains courants de la pensée européenne, l'idée que la souffrance est une manière de se rapprocher de Dieu, une forme d'expiation/purification de soi et d'abandon de la condition déchue de la vie terrestre continuera d'empreindre l'imaginaire européen, s'entrelaçant souvent avec une esthétisation du souffrir qui remonte à Aristote[28] et qui passe par la réflexion sur le sublime dont Nicolas Boileau[29] et Edmund Burke[30], avant Kant[31] et Schiller[32], sont les principaux représentants. Sade, dont l'absence dans un volume sur la douleur pourrait paraître étonnante et que nous n'avons pas pris en compte du fait de son approche singulière qui mériterait une étude spécifique, se situe dans ce sillon,

27 B. Pascal, *Prière pour demander à Dieu le bon usage des maladies*, dans *Œuvres complètes*, vol. II, éd. Michel Le Guern, Paris, Gallimard « Pléiade », 2000, p. 605-614, p. 613 *sq.*

28 Qui, dans la *Poétique*, confère au tragique une plus haute fonction morale qu'au comique. Voir Aristote, *Poétique*, texte établi et traduit par J. Hardy, Paris, Les Belles Lettres, 1990, ch. 2-5, p. 31-36, où l'on peut lire que le masque comique, relevant du laid « est laid et difforme sans expression de douleur », p. 35. Pour un commentaire de la théorie aristotélicienne du comique et une comparaison avec les conceptions platoniciennes, voir D. B. Morris, *The Culture of Pain*, *op. cit.*, p. 85 *sqq.*

29 Longin, *Traité du sublime*, traduit par Nicolas Boileau, intr. et notes de F. Goyet, Paris, Librairie Générale Française, 1995.

30 E. Burke, *Recherche philosophique sur l'origine de nos idées du sublime et du beau*, trad. et notes B. de Saint Girons, Paris, Vrin, 1998.

31 I. Kant, *Observations sur le sentiment du beau et du sublime*, trad. R. Kempf, Paris, Vrin, 1980 (1re éd. 1953). Kant, mettant en relation les quatre tempéraments de la médecine ancienne avec le beau et le sublime, écrit : « Le mélancolique a surtout le sentiment du sublime ». *Ibid.*, p. 30.

32 F. Schiller, *Du sublime*, trad. A. Régnier, Paris, Sulliver, 2005. Le rôle de la souffrance dans la théorie schillerienne du sublime et du pathétique est fondamental. Le sentiment du sublime est, pour Schiller, « à la fois *un état pénible*, qui, dans son paroxysme, se manifeste par une sorte de frisson ; et *un état joyeux*, qui peut aller jusqu'au ravissement, sans être proprement un plaisir, est préféré de beaucoup à toute espèce de plaisir par les âmes délicates. » (p. 18, en italiques dans le texte de l'auteur).

car il explore lui aussi, d'une tout autre manière, la complexité d'une scénographie et d'une esthétique perverses de la douleur.

Mais que deviennent, dans la pratique, ces croyances et ces représentations ? Est-ce que toute personne souffrante vit sa souffrance comme une élévation et un rapprochement de Dieu ? Car, au-delà des professions de foi plus ou moins ferventes, il reste l'expérience douloureuse de chacun. La deuxième et la troisième sections du volume présentent quatre contributions qui, se situant à cheval entre le dix-septième et le dix-huitième siècle, portent au jour plusieurs facettes du problème de la douleur, à la fois dans la représentation et dans les pratiques. La représentation est analysée ici dans deux genres assez particuliers : la poésie de dévotion, dans l'aire anglophone, et l'opéra de divers pays européens, envisagé sur un arc chronologique assez long. On retrouvera, dans l'un et dans l'autre, enchevêtrés dans la structure de fond de l'herméneutique baroque de la souffrance, des échos des conceptions médicales du temps et la présence d'une inséparable unité entre le physiologique et le psychologique.

Ouvrant aux formes poétiques du dolorisme chrétien, Laurent Curelly se penche sur la mise en scène du corps souffrant dans la poésie dévotionnelle britannique du dix-septième siècle, prenant en compte les deux côtés de la chrétienté post-schismatique à travers l'étude d'un poète anglican (Henri Vaughan, qui fut également médecin et qui exerça sa profession à une époque trouble de l'histoire britannique) et celle d'un poète catholique (Richard Crashaw, réfugié sur le continent à cause de sa préférence pour la religion romaine). Dans la contribution de Curelly, qui prend le parti de s'interroger sur la douleur à travers une fine analyse du motif de la larme, l'auteur conjugue, dans son examen d'une mise en scène de la douleur où retentissent à la fois des échos théologiques et physiologiques, les enjeux spirituels et la dimension corporelle. Par sa nature ambiguë de sécrétion organique et, tout à la fois, de haute expression de la souffrance inscrite dans une symbolique chrétienne qui remonte aux *Confessions* d'Augustin, la larme est une « réconciliation entre une poétique des sens et une poétique de l'esprit[33] » et ouvre la voie à une somatisation des passions s'exprimant à travers une proxémique et sous-entendant l'idée d'un corps-alambic, qui secréterait les impuretés dans un processus d'ascension/purification à la fois spirituel et corporel.

33 Voir infra, p. 46.

Par un procédé poétique de métaphorisation, la larme est à la fois symptôme et image du corps souffrant et l'article de Curelly montre à quel point, dans ces textes poétiques, une réutilisation du discours médical sur les passions s'opère et à quel point les manifestations organiques des passions informent et peuplent ce genre poétique.

Ciblée sur un genre tout à fait différent, plus mondain au niveau de la réception et sémiotiquement plus composite, car il allie texte, musique et dramaturgie, l'analyse offerte par Adriana de Feo de la représentation musicale et rhétorique de la souffrance dans les *libretti* depuis l'époque baroque et jusqu'au siècle de Metastasio offre de nombreux témoignages d'une connivence musicotextuelle aboutissant à la création d'une dynamique de l'expression/expulsion de la passion douloureuse qui semble coessentielle du développement de l'*opera seria*. La voix et la musique deviennent ici les moyens d'expression d'une gamme de sensations et sentiments douloureux allant de la tristesse à la mélancolie, à des formes de désespoir obligeant les protagonistes à se réfugier dans un désir de mort vécu comme une fatalité du destin. Analysant une tradition d'expression de la souffrance qui va des pavanes mélancoliques de John Dowland, de son propre aveu *semper dolens*, aux lamentos de l'opéra baroque, jusqu'aux *arie agitate* et *arie di sgomento* et aux scènes d'ombre et de prison de l'opéra du dix-huitième siècle, elle laisse apercevoir une tendance de fond, qui permet de relier les productions plus tardives aux théories de l'*affectus exprimere*, cette valorisation par les théoriciens de la Renaissance, notamment Coclico, de la capacité de la composition à exprimer les affections, particulièrement dans les « ornements musicaux » de la musique vocale, dont l'importance est désormais reconnue[34]. Si cette théorie enfonce ses racines dans l'attention rhétorique aux effets et à la réception, elle ne tardera pas à être innervée, dans l'histoire des rapports complexes qui lient la musique et l'art de la persuasion, par la théorie cartésienne des émotions et par les études de Descartes sur les effets physiologiques du son, notamment dans le *Compendium musicae*[35].

34 Par Klaus Wolfgang Niemöller, dans son chapitre « Die musikalische Rhetorik und ihre Genese in Musik und Musikanschauung der Renaissance », p. 285-311, in H. F. Plett, *Renaissance-Rhetorik / Renaissance Rhetoric*, Berlin, De Gruyter, 1993 et, plus récemment, G. Cantagrel, « L'émotion musicale à l'âge baroque », in A. Corbin, J.-J. Courtine, G. Vigarello, *op. cit.*, p. 409-429.

35 R. Descartes, *Abrégé de musique (Compendium Musicae)*, trad. et notes par F. de Buzon, Paris, P.U.F., 1987. « Sa fin est de plaire, et d'émouvoir en nous des passions variées (*Finis,*

Au-delà de l'influence exercée par les réflexions philosophiques visant à constituer une physico-métaphysique des passions, dont *Les Passions de l'âme* reste certainement le représentant le plus célèbre, les nombreux exemples que De Feo cite confirment une prégnance d'une objectivation de la douleur, à la fois thème et motif ou moteur de l'esthétique de l'opéra, de Monteverdi à Mozart en passant par Purcell. Elle retrouve les marques de cette esthétique et leur accentuation progressive dans les libretti de Pietro Metastasio, Giovanni De Gamerra, Giuseppe Carpani et Giovanni Battista Lorenzi, qui tantôt colorés de surnaturel tantôt empreints d'une sentimentalité larmoyante, offrent aux cantatrices du dix-huitième siècle de multiples occasions de déployer toutes les ressources vocales et dramatiques de l'expression de la douleur.

Au plan des représentations répond, dans ces deux sections, celui des pratiques, qui, à partir d'un échantillon nécessairement limité, nous renseigne surtout sur les écarts par rapport à la norme : les textes analysés, à caractère biographique, bien que de natures différentes (la lettre, d'une part, la biographie spirituelle, de l'autre), portent au jour des expériences individuelles de la souffrance qui vont à contre-courant par rapport au *Zeitgeist* général et qui témoignent de l'élaboration de stratégies individuelles de résistance à la douleur ou d'appropriation et resémantisation de celle-ci. C'est ainsi que, relisant, dans la correspondance de Mme de Sévigné, la chronique du rhumatisme de l'année 1676, Mathilde Vanackere offre une analyse minutieuse de la manière dont la douleur affecte l'écriture et le quotidien de l'épistolière et constitue une expérience qui transforme l'être, car elle « place en l'individu l'idée de la douleur[36] ». Questionnant le rapport de la mise en récit sévignéenne avec les changements épistémologiques de son siècle et avec le cadre herméneutique déjà esquissé ci-dessus, Vanackere porte au jour la chronique d'une souffrance qui n'est pas réductible aux « masques terminologiques qui la relayent[37] » : il existe, chez Mme de Sévigné, une appropriation de l'objet-douleur opérée par un sujet conscient d'une forme d'« intérieur organique », de corps empirique s'imposant comme base du sujet. Les sensations douloureuses perturbent le quotidien de la vie (et de l'écriture, car le rhumatisme ne

---

ut delectet, variosque in nobis moveat affectus) », tel est l'incipit du premier chapitre, intitulé « Son objet est le son (*Hujus objectus est Sonus*) », p. 54 *sq*.

36 Voir infra, p. 114.

37 Voir infra, p. 104.

tarde guère à attaquer la main de l'épistolière, obligée ainsi à déléguer la matérialité de l'écriture à des « secrétaires ») et obligent l'écrivaine à revenir sur elle-même, à « s'explorer comme individu[38] ». Néanmoins, ce revirement introspectif n'a rien de la crise pascalienne et, quoique le modèle religieux reste présent chez Mme de Sévigné, comme Vanackere le souligne opportunément, celle-ci décrit la douleur non pas tant comme une punition (interprétation à laquelle elle fait allusion, plaisamment, à plusieurs endroits), mais comme « un événement parmi d'autres, une crise de la sensation, un moment où le corps se rend plus présent, plus capricieux, plus exigeant[39] ». C'est en ce sens que Mathilde Vanackere invite à une remise en discussion de certains acquis sur la dynamique complexe qui relie le rapport au physiologique et sur la construction du sujet à travers l'expérience de la corporéité (douloureuse, en l'espèce). S'appuyant sur l'analyse d'une chronique du rhumatisme adressée au milieu familial et donc libre des contraintes d'une écriture destinée à être partagée dans l'espace public, quoique soumise aux exigences affectives de la relation mère-fille (l'article souligne la préoccupation de l'écrivaine de ne pas créer d'inquiétude chez sa fille lointaine), cette contribution permet de dégager l'élaboration de stratégies subjectives et fait apparaître une relecture personnelle de l'expérience algique, ouvrant sur l'espace de constitution du sujet qu'est la mise en récit de cette même expérience pour ses proches. La douleur se configure ici à la fois comme champ d'élaboration du sujet, mise à l'épreuve de celui-ci et reconstitution de sens, permettant de saisir l'élaboration originale que Mme de Sévigné met en place entre les lignes de force de la pensée sur la souffrance de son temps et son propre vécu.

Ce rôle de laboratoire de constitution de soi et de sens, de creuset de l'expérience et de la pensée, que la souffrance peut recouvrir, devient encore plus évident si l'on compare l'expérience de Mme de Sévigné et celle de la sœur Le Noir sur laquelle se penche Catriona Seth. Bien que très éloignées dans le temps ainsi que par la condition de l'instance auctoriale et par les croyances qui les informent, ces deux mises en récit de l'*Erfahrung* douloureuse marquent une continuité dans l'appropriation de l'objet-douleur de la part des individus et dans l'élaboration de stratégies de construction de soi à travers et par la douleur.

38 Voir infra, p. 114.
39 Voir infra, p. 113.

La biographie spirituelle de Françoise-Radegonde Le Noir, écrite à la demande de son confesseur à partir de 1779 et publiée pour la première fois par Pierre-Grégoire Labiche de Reignefort en 1802 se situe « à la fois parmi les grands itinéraires spirituels de femmes, les illustrations de la variété des genres de l'écriture de soi et les récits d'expériences mystiques hors normes[40] ». Le récit de soi de cette sœur limougeaude qui consacre sa vie au renoncement ascétique et ne recule pas face à l'automutilation, constitue un témoignage de la permanence d'une conception profondément doloriste et chrétienne de la douleur à la fin du dix-huitième siècle. La lecture que Catriona Seth propose de ce récit montre à quel point, dans l'écriture de Françoise-Radegonde Le Noir, les mots et les maux se correspondent : l'écriture est d'entrée de jeu présentée comme génératrice de souffrance et le récit, où le corps de la sœur, maladif, maltraité, automutilé, renié, prend continuellement le devant de la scène, se transforme vite en autopathographie. La souffrance de la sœur Le Noir, comme celle dont parle David Le Breton, est une souffrance recherchée, désirée : « comme la souffrance pour elle est un signe d'élection, ne rien ressentir comme douleur lui paraît à l'occasion être un mauvais signe », écrit Catriona Seth[41]. C'est Dieu qui envoie la souffrance, afin de purifier et admonester les créatures qu'il chérit et, lorsque la souffrance subie ne lui paraît pas suffisante, la sœur n'hésite pas à s'en infliger un surplus par des pratiques d'automutilation, comme la marque du cœur de Jésus-Christ sur son propre cœur par imposition d'une brique taillée brûlante. Ces automutilations, assimilables à un vœu de mort, confirment, par la description qui en est donnée dans le récit de la sœur Le Noir, que la douleur est avant tout perception de la douleur : aucune souffrance n'est évoquée par l'auteure à l'occasion de ces automutilations, car elles constituent pour elle un moment de joie et de rapprochement de Dieu. Ces automutilations sont vécues comme une forme de soulagement d'un trop-plein et la sœur parle sans cesse de la nécessité et du bonheur de la mort à soi-même, du sentiment d'être appelée par Dieu à une « vie de mort ». La souffrance est ainsi réinscrite dans une dynamique de l'amour mystique où celui-ci consiste en un retour mutuel de douleur (sur le même modèle que l'on retrouve dans la

40 C. Seth, *L'Écriture de l'intime : Mémoires et journaux de femmes au* XVIII*e* *siècle*, Paris, Robert Laffont, 2013, p. 268.

41 Voir infra, p. 124.

prière de Pascal[42]) et s'érige au rang d'une expérience rédemptrice, dans laquelle la douleur, comme le souligne D. B. Morris[43], est visionnaire et permet d'accéder à une dimension supérieure du réel.

Il est curieux de constater que, ainsi que le souligne Catriona Seth, une correspondance entre les maux de l'esprit et ceux du corps s'établit dans le discours de cette mystique. Elle montre de la sorte une « connaissance expérientielle qui va au-delà des savoirs scientifiques de son temps. Sa souffrance du corps, perceptible, contrôlable, fait souvent écran à des douleurs intérieures plus difficiles à juguler[44] », venant rejoindre en ceci les récits des expériences des adolescents en souffrance que présente David Le Breton et confirmant en même temps la présence, à cette hauteur chronologique, d'une vision psychophysiologique dans laquelle les rapports de la dimension corporelle à celle spirituelle sont variables et conditionnent la vision du sujet sur lui-même, ainsi que son autoreprésentation.

LA CULTURE DE LA SENSIBILITÉ
Entre esthétisation et politisation de la souffrance

La quatrième et la cinquième parties du volume, respectivement intitulées *De la douleur au mal du siècle* et *Vers une nouvelle attitude*, poursuivent la réflexion des trois premières sur le rôle de la souffrance dans la construction du sujet et dans l'attribution de sens et valeurs à l'expérience que demande la condition de souffrant. Concentrées essentiellement sur le dix-huitième siècle – et retenant surtout, du *long* dix-huitième siècle, la deuxième partie et le tournant vers le siècle suivant, sans pour autant oublier les héritages et les filiations qui le relient au siècle précédent –, les contributions de Christine Hammann, de Filippo Sani, de Pascal Hintermeyer et de moi-même, considérées dans leur ensemble, permettent

42 Ou chez les mystiques de l'époque moderne, dont Thérèse d'Avila est certainement l'exemple le plus connu et les plus évident. Dans l'expérience mystique, la douleur et le plaisir sont toujours étroitement liés, comme le montre D. B. Morris, *The Culture of Pain*, *op. cit.*, p. 131 *sqq.*

43 *Ibid.*, p. 125-151.

44 Voir infra, p. 129.

de suivre à la fois la progression d'un processus de mutation de la conception des relations entre corps et âme, la production d'une fracture progressive entre l'individu et la société et l'essor d'une réhabilitation de la valeur esthétique, mais aussi heuristique de la douleur : la souffrance, se réinscrivant au cœur de la « crise du sujet, propre à la démocratie[45] », engendrée par la Révolution de 1789 et les suivantes, remplit « l'espace vide entre ce qui apparaît perdu et ce qui n'a pas encore été conquis[46] ». Dans cet espace vide se glisse le « mal du siècle », qui marque le tournant entre l'âge des Lumières et la période postrévolutionnaire et qui va façonner l'expression littéraire de cette époque charnière ainsi que celle de la plus grande partie du dix-neuvième siècle. Dans un mouvement à la fois opposé et complémentaire, cette nouvelle attitude est mise en relief, en fin de volume, par les contributions de Marco Sirtori et de Loïc Chalmel, qui laissent apparaître une prise en compte de la souffrance collective (mais ne serait-ce pas une réaction au déferlement de la souffrance qu'exemplifie le « mal du siècle » ?). La douleur, envisagée comme un problème social, voire sociopolitique, au moment où la médecine se définit comme un champ autonome[47] et rentre dans le processus d'étatisation des structures d'assistance publique qui caractérise la société européenne postrévolutionnaire, montre toute sa complexité par les fluctuations et les ruptures épistémologiques et sémiologiques qui s'y rattachent.

Dans ces processus anthropologiques qui accompagnent la transition de l'époque moderne à l'époque contemporaine, le rôle de la douleur se révèle surtout central comme faculté d'expression de la sensibilité. Au moment charnière qu'est le dix-huitième siècle, lorsque la souffrance envahit le discours politique[48] comme le champ de la représentation,

45 S. Bernard-Griffiths, « Écritures du moi et difficulté d'être dans la première moitié du XIXe siècle. Esquisse d'une anthropologie du mal du siècle », p. 7 in S. Bernard-Griffiths, Ch. Croisille, (éd.), *Difficulté d'être et mal du siècle dans les correspondances et journaux intimes de la première moitié du XIXe siècle, Cahiers d'études sur les correspondances du XIXe siècle*, n. 8, Clermont-Ferrand, [Université Blaise Pascal], 1998, p. 5-27.

46 F. Rosa (éd.), *« Il mio nome è sofferenza » Le forme e la rappresentazione del dolore*, Trente, Editrice Università degli Studi di Trento Dipartimento di Scienze Filologiche e Storiche, 1993, p. 10.

47 Voir R. Rey, « L'âme, le corps et le vivant », dans M. G. Grmek (éd.), *Histoire de la pensée médicale en Occident, 2. De la Renaissance aux Lumières*, Paris, Seuil, 1997 (1re éd. italienne *Storia del pensiero medico occidentale 2. Dal Rinascimento all'inizio dell'Ottocento*, Bari, Laterza, 1996), p. 117-155, p. 117 *sqq.*

48 Sur ce plan, l'éradication de la souffrance paraît être le revers de la médaille de la devise de la doctrine politique de l'utilitarisme, « le plus grand bonheur pour le plus grand nombre ».

l'idée avant tout médicale de sensibilité (comme le rappelle l'article « Sensibilité » de l'*Encyclopédie* de Diderot et d'Alembert)[49], prend le devant de la scène, en médecine[50] comme en littérature. La « faculté de souffrir », si l'on peut s'exprimer ainsi, est en même temps l'objet d'étude, d'observation et d'expérimentation des médecins[51], le pivot qui fait tourner la représentation littéraire et plus généralement artistique[52] et la nouvelle découverte de la théorie politique (il ne faut pas oublier qu'à un niveau événementiel, la souffrance est omniprésente : la maladie, les exécutions publiques, les guerres contribuant à sa dissémination dans la vie quotidienne de l'époque[53]). Des constatations intéressantes émergent de l'étude parallèle des représentations de la souffrance des « âmes sensibles » en littérature et des pratiques de soin ou de réception de la douleur, montrant que si le dix-huitième siècle se prête particulièrement à une étude associant littérature et médecine, ce n'est pas seulement en raison de l'absence du cloisonnement disciplinaire qui a caractérisé les siècles suivants et duquel la recherche d'aujourd'hui s'efforce de sortir[54].

49 Cette entrée, rédigée par le médecin montpelliérain Fouquet, englobe les deux lemmes « sensibilité » et « sentiment ». Pour une contextualisation de l'article au sein des débats médicaux sur la sensibilité, voir R. Rey, « L'âme, le corps et le vivant », *op. cit.*, p. 135 *sq.*

50 Pour un aperçu des discours des chirurgiens sur la douleur, nous nous permettons de renvoyer à J.-P. Peter, *Observations sur les attitudes de la médecine prémoderne envers la douleur suivies des traités de A. Sassard, M.-A. Petit, J.-A. Salgues*, Paris, Quai Voltaire, 1993 ; pour la douleur, ses interprétations et son lien avec la sensibilité, on se référera encore une fois à R. Rey, *Histoire de la douleur*, *op. cit.*, p. 107-155 et « L'âme, le corps et le vivant », *op. cit.*

51 Comme le remarque R. Rey, « L'âme, le corps et le vivant », *op. cit.*, p. 135 *sqq.* Dans les débats médicaux sur la sensibilité (entendue à la fois comme contractilité et susceptibilité), l'observation et l'expérimentation distinguent des écoles de pensées différentes.

52 Il est peut-être superflu de rappeler l'immense succès du pathétique et du larmoyant, sur lesquels on peut consulter, entre autres et parmi les plus récents, A. Coudreuse, *Le goût des larmes au dix-huitième siècle*, Paris, Desjonquères, 2013 (1re éd. 1999) ; S. Marchand, *Théâtre et pathétique au XVIIIe siècle : pour une esthétique de l'effet dramatique*, Paris, Champion, 2009 ; A. Vincent-Buffault, *Histoire des larmes XVIIIe-XIXe siècles*, Paris, Rivages, 1986 ; G. Sauder, S. Bayne Page, R. Mortier, et al. (éds), *Das weinende Saeculum*, Heidelberg, C. Winter, 1983.

53 A. Farge, *La déchirure. Souffrance et déliaison sociale XVIIIe siècle*, Montrouge, Bayard, 2013, rappelle opportunément cette omniprésence de la douleur et, par une recherche dans les archives juridiques, offre une intéressante prise de vue sur la souffrance au quotidien des classes moins aisées et ayant difficilement accès à l'expression écrite.

54 Voir, pour l'unité entre les savoirs au dix-huitième siècle, la belle introduction de M. Roberts et R. Porter, *Literature and medicine During the Eighteenth Century*, Londres, Routledge, 1993, p. 1-22. Les auteurs y fournissent une riche bibliographie et maintes pistes de recherche.

Primo, médecine, littérature et philosophie se trouvent impliquées dans un processus de réagencement des rapports entre le corps et l'âme qui caractérise l'histoire des conceptions psychophysiologiques de la période. C'est à ce moment qu'à travers l'idée de sensibilité, la médecine commence à prendre en compte à la fois ce que nous connaissons comme psychosomatique (un enchevêtrement nouveau du moral et du physique) et l'influence du milieu sur la santé psychophysique des vivants (d'abord, les « airs, les eaux et les lieux », selon l'adage aristotélicien, ensuite l'environnement, considéré aussi dans ses facettes psychosociales[55]).

À partir de ces nouvelles configurations épistémologiques, deux conséquences sont isolables : une vision renouvelée de la maladie mentale[56] et l'inscription de la fracture entre l'individu et la société dans le champ du pathologique (le « mal du siècle » en est un exemple). Quand on se penche sur cette époque, « [l]'étude de l'homme vivant devait être avant toute chose l'étude de la sensibilité[57]. » À travers celle-ci, qui est une faculté puissamment matérialiste rendant l'âme inséparable du corps, la médecine redéfinit les équilibres entre le moral et le physique par une tentative de rétablir l'unité là où régnait le dualisme et cela a des conséquences extrêmement significatives sur l'épistémologie du vivant et, par conséquent, sur la représentation littéraire qui souvent la reflète ou la réverbère. Le vivant n'est plus simplement un corps sur la table anatomique ; il a une histoire qui est interconnectée avec une série de facteurs pouvant influer sur son état de santé ou de maladie. Cette nouvelle vision holistique de l'humain envahit l'épistémologie ainsi que l'ontologie de la fin du siècle, créant de nouvelles grilles interprétatives de l'existence. La littérature et la médecine avancent bras dessus, bras dessous dans ce parcours vers la prise en compte des effets de l'environnement sur la santé des vivants : la Société royale de médecine, sous la direction de Vicq d'Azir, commence ses enquêtes sur l'influence du climat sur la santé des Français à l'époque même où Mme de Staël forge des théories sur l'influence du climat sur les

55 Pour une analyse détaillée de ce processus, nous renvoyons à R. Rey, « L'âme, le corps et le vivant », *op. cit.*

56 Changement surtout d'étiologie, comme le remarque R. Rey, « L'âme, le corps et le vivant », *op. cit.*, p. 153 *sq.* : la maladie mentale n'est plus d'origine humorale, mais nerveuse.

57 *Ibid.*, p. 155.

productions de l'imagination[58]. Et dans ce nœud problématique, encore une fois, c'est la sensibilité qui fonctionne comme clé de voûte de la nouvelle architecture herméneutique.

Secundo, ces disciplines s'interrogent sur les mêmes objets parce que leurs discours sont élaborés par des hommes qui sont à la fois médecins, littéraires et philosophes[59] (que l'on pense à Locke, à Mandeville, à l'intérêt de Diderot pour la médecine, etc.) et *tertio*, d'un point de vue socioanthropologique, leurs missions, ainsi que leurs évolutions, vont aller de pair : la médecine, comme la philosophie et la littérature, seront mises, après les Lumières et d'après les Lumières, au service des progrès de la raison pour ensuite s'inscrire dans un processus de professionnalisation et d'institutionnalisation[60].

Sans aucun doute, la complexité du sujet à ce stade invite à une certaine prudence herméneutique, afin de refuser les schématisations hâtives ou confortables ; néanmoins, et dans un souci de clarté et d'organisation d'une matière vaste dont beaucoup de zones obscures demandent encore à être défrichées, il nous a paru utile de répartir les questions soulevées au dix-huitième siècle – pourtant inséparablement interconnectées – en deux grandes sous-thématiques : d'une part l'esthétisation de la souffrance informant, sur le plan de la représentation littéraire, tout le champ de la psychosomatique ; d'autre part, la politisation de la douleur à travers la dénonciation de l'inadmissibilité de la souffrance dans une société qui se veut en marche vers le progrès et le bonheur général.

PRÉGNANCE PSYCHOSOMATIQUE ET ENVOÛTEMENT DU MALHEUR

La quatrième partie du volume entreprend donc, à partir de perspectives différentes, l'analyse des entrelacs complexes du corps et de l'esprit, portant au jour l'émergence d'une prégnance psychosomatique

58 Pour la prégnance des nouvelles conceptions psychophysiologiques dans l'œuvre de Mme de Staël, voir E. Gidal, « Mme de Staël and the Sociology of Melancholy », in G. Colburn (éd.), *The English Malady : Enabling and Disabling Fictions*, Newcastle, Cambridge Scholar Publishing, 2008, p. 20-40.

59 Comme le rappellent M. Roberts et R. Porter, *Literature and Medicine During the Eighteenth Century*, *op. cit.*, p. 2 *sqq*.

60 Pour un aperçu des défis et des évolutions de la profession médicale, voir D. Roche, « Médecins et Lumières au XVIIIe siècle : talents, raison et sacrifice », dans D. Roche, *Les Républicains des lettres : Gens de culture et Lumières au XVIIIe siècle*, Paris, Fayard, 1988, p. 308-330.

de plus en plus importante dans la représentation littéraire aussi bien que dans les autoreprésentations des auteurs. En dialogue constant avec les théories psychophysiologiques nouvelles, cette prégnance se greffe, en littérature comme en médecine, sur une esthétisation de la souffrance qui va connaître son apogée à l'époque romantique, et qui procède sans conteste d'une vraie « fascination de la culture occidentale pour le malheur[61] », sur laquelle se penchent à la fois Christine Hammann (les morts psychosomatiques dans la littérature française), moi-même (l'idée d'une supériorité morale associée à la faiblesse nerveuse, commune au roman sentimental et à la médecine), Pascal Hintermeyer (le « mal du siècle » et son inscription dans une sociologie postrévolutionnaire) et Filippo Sani (les débats sur les maladies des gens de lettres dans la culture italienne). La douleur de l'imagination, les « maladies de l'âme » et, plus tard, le « mal du siècle » conduisent à un questionnement de ce qu'on appelle d'ordinaire le psychosomatique. Est-ce que la souffrance morale peut affecter le corps, quand celui-ci est sain ? Peut-on mourir de douleur, comme on le voit souvent dans l'espace fictionnel ? Existe-t-il des maux qui, enfantés par l'imagination, parviennent à affecter la corporalité ? Les réponses sont différenciées à la fin du dix-huitième siècle et si la fiction se plaît à mettre en scène des personnages mourant (apparemment, comme le montre Christine Hammann) de chagrin, la médecine finira par considérer ce que Robert Mauzi avait appelé « maladies de l'âme » comme des vraies maladies (comme le fait Marc-Antoine Petit, que j'étudie dans ma contribution[62]).

La mort comme conséquence d'une extrême douleur psychique est un *topos* des plus pathétiques et des plus répandus dans la fiction du dix-huitième siècle, sur lequel se penche Christine Hammann qui sonde un certain nombre de représentations littéraires où la mort des personnages est directement attribuable au chagrin et révèle leurs mécanismes de fonctionnement. La mort de douleur, ce que les Anglais appellent « *broken-heart syndrome* », terme que Prévost introduit dans la culture française pendant son activité de médiateur culturel entre l'outre-Manche et la France[63] est la fin tragique de bien des grandes héroïnes de la littérature, Clarisse Harlove par exemple, ou, *mutatis mutandis*, Julie

61 Voir infra, p. 164.
62 Voir infra, p. 149 *sqq.*
63 Voir infra, p. 154 et p. 164.

d'Étanges-Wolmar, chez qui le vœu de mort est exaucé par le destin. La fatalité, du destin comme du sentiment amoureux, sur laquelle porte, aussi, le questionnement de Hammann, est ici relue dans la droite ligne de l'interprétation de la passion romantique de Denis de Rougemont[64] et met en évidence la tendance romanesque à imbriquer la douleur dans les rouages du mécanisme d'une fatalité de la passion derrière laquelle, explique l'auteure, d'autres dispositifs émotionnels se décèlent. Cette destinée qui s'abat sur les personnages « est mue par le mécanisme d'une douleur qui ne console plus, une douleur efficace, devenue désir opérateur de mort[65] » et les textes que Christine Hammann prend en compte (l'*Indigent philosophe* de Marivaux, *Clarisse* de Richardson, *Julie* de Rousseau, *L'Ingénu* de Voltaire) révèlent, au crible de l'analyse, une représentation plus complexe qu'on ne pourrait le croire. L'auteure fait en effet ressortir une prise de distance de l'instance auctoriale vis-à-vis de la mort psychosomatique des personnages, à travers une relecture du texte littéraire qui passe par l'interrogation des rapports entre corps et esprit, entre entendement, passion et organes corporels tels que la médecine cartésienne – qui est encore opérante en tant que grille interprétative de l'être humain – les conçoit. Les traités sur les passions de Descartes et de Cureau de la Chambre accompagnent et orientent l'examen des textes fictionnels. En détaillant les mécanismes psychosomatiques qui se dégagent de la narration et par une fine lecture des causalités de ces morts, qui ne sont qu'apparemment des morts « de douleur », l'auteure fait apparaître les ambivalences de la représentation de la mort psychosomatique en littérature : celle-ci, « point d'orgue tragique de la narration[66] », n'en est point moins démasquée dans sa nature de « mensonge romantique avant la lettre[67] ». En laissant entrevoir ces ambiguïtés, la représentation romanesque paraît dénoncer, écrit Hammann, la « préférence occidentale pour le malheur[68] » s'exprimant dans cette élévation tragique du désir de mort au rang de destinée de la passion.

Poursuivant sur la droite ligne de cette élévation esthétique de la douleur qui marque la littérature de l'époque des Lumières, puis celle du Romantisme (en passant par Samuel Richardson, Jean-Jacques

64 Notamment dans D. de Rougemont, *L'Amour et l'Occident*, Paris, 10-18, 2001 (1re éd. 1939).

65 Voir *infra*, p. 160.

66 Voir *infra*, p. 164.

67 *Ibid.*

68 *Ibid.*

Rousseau, Sophie Von La Roche et Mme de Staël), et me penchant sur les oscillations et les miroitements de cette forme d'esthétisation dans la représentation médicale et dans la représentation littéraire, je m'intéresse principalement à la dialectique complexe entre discours médical et fiction romanesque, dans le contexte d'un dix-huitième siècle qui allie recherche du bonheur et hantise de la douleur. Esthétisée et faisant partie en quelque sorte du décor de la représentation sublime, la douleur assume dans le roman des connotations qui paraissent faire écho aux théories philosophiques et aux hypothèses médicales tendant à objectiver la souffrance dans sa dimension psychophysiologique, tout en en donnant une représentation extrêmement ambiguë : mal à éradiquer, la souffrance reste toutefois entourée d'une aura de sacré. Chez les médecins comme chez les romanciers, les êtres sensibles, plus susceptibles de souffrir, participent d'un mouvement d'élévation esthétique et morale qui en fait des élus. Un double mouvement est observable qui, dans un premier temps, se traduit par une liaison du récit romanesque avec les évolutions du discours médical, mais est complété par la présence d'un intertexte littéraire dans ce même discours, qui évolue avec l'image d'une profession plus attentive à la souffrance du patient, suivant en cela un courant compassionnel qui traverse la pensée politique d'une grande partie du dix-huitième siècle. Un des témoignages les plus frappants de cette aptitude de la douleur à stimuler un dialogue entre fiction, philosophie et médecine apparaît dans l'importance accordée par le siècle à cette « *English malady* » étudiée par le médecin écossais George Cheyne dans l'ouvrage éponyme, phénomène dont l'influence est perceptible dans les romans de Richardson, un de ses patients les plus célèbres, et dans les œuvres de nombreux contemporains, en particulier dans les écrits de Hume, un autre de ses patients, chez qui l'attention à la douleur est envisagée comme raffinement de la sensibilité. Enfin, dans le sillage de l'ouvrage édité en 2008 par Glen Colburn, *The English Malady : Enabling and Disabling Fictions*, je m'efforce de mettre l'accent sur l'influence plus tardive exercée par cette conception sensible de l'être humain et cette réhabilitation esthétique de la douleur, non seulement sur un médecin comme Marc-Antoine Petit, mais aussi et avant tout sur une des plus fines observatrices de la fin du Siècle des Lumières, Madame de Staël, tant dans ses essais que dans sa fiction. Ainsi se trouve confirmée, sur l'étendue du siècle, une forte puissance osmotique de la douleur sur la diversité des discours et des narrations, qui remet la souffrance au centre des discours littéraires et médicaux, tout en en réhabilitant la valeur heuristique.

Parallèlement, on voit se profiler, dans la deuxième moitié du Siècle des Lumières, un intérêt très marqué pour les maladies de l'âme et de l'imagination : les écrits biographiques, ainsi que la fiction, en témoignent[69]. La médecine en prend acte et commence à interpréter ces maladies d'une manière nouvelle :

> La sensibilité, fondement commun du physique et du moral, a joué un rôle stratégique dans le passage d'une étiologie humorale de la maladie mentale à une étiologie nerveuse. Le fait de concevoir le corps et l'âme non comme deux substances différentes, mais comme deux visages d'une même réalité, a changé la problématique des rapports entre les deux[70].

En effet, au sein de cette nouvelle configuration psychophysiologique qui se fait jour grâce à la sensibilité, les rapports entre le physique et le moral deviennent de plus en plus étroits, mais aussi de plus en plus opaques. La sensibilité, susceptibilité aux impressions extérieures, va de pair avec une irritabilité nerveuse dont les liens avec l'imagination (souvent déréglée ou portée à rêvasser à loisir) ouvrent à toute sorte d'ambiguïtés : qualité des êtres supérieurs, la sensibilité est aussi potentiellement pathologique[71]. Un des exemples les plus marquants de cette ambivalence de la sensibilité se rencontre, si l'on y songe, dans les interprétations des maladies « nerveuses » que donnent les médecins de l'époque, et dont le traité de Cheyne, déjà mentionné, n'est qu'un spécimen. Cette catégorie, très vaste et bigarrée, regroupe des affections d'origine psychosomatique, mais recoupe souvent un partage relevant

69 Que l'on pense aux exemples apportés par R. Mauzi dans son essai classique sur la question des maladies de l'âme : R. Mauzi, « Les maladies de l'âme au XVIIIe siècle », *Revue des sciences humaines*, n. 100, 1960, p. 459-493.

70 R. Rey, « L'âme, le corps et le vivant », *op. cit.*, p. 153 *sq.*

71 La littérature sur cette ambivalence de la sensibilité est vaste. Voir, par exemple A. C. Vila, *Enlightenment and Pathology : Sensibility in the Literature and Medicine in Eighteenth-Century France*, Londres, John Hopkins University Press, 1998 ; G. J. Barker-Banfield, *The Culture of Sensibility : Sex and Society in Eighteenth-Century Britain*, Londres et Chicago, University of Chicago Press, 1992 ; J. Mullan, *Sentiment and Sociability : The Language of Feeling in the Eighteenth Century*, Oxford, Oxford University Press, 1988. Plusieurs articles soulignent, ponctuellement, cette ambiguïté foncière de la sensibilité, que nous ne mentionnerons pas ici pour ne pas alourdir ultérieurement le texte.

plus de la sociologie que de l'étiologie. Un cas particulier d'affection nerveuse est représenté par les maladies des gens de lettres, sur qui maintes contributions récentes ont porté, signalant comment, au dix-huitième siècle, l'intérêt pour la santé des intellectuels se greffe sur le nouveau culte des grands hommes élaboré par la fin de siècle et en mesurant toute l'opposition existant entre une esthétisation, voire une sacralisation de la mélancolie qui caractérise l'intellectuel et, d'autre part, l'idée qui s'impose, à la même période, de considérer les maladies des gens de lettres comme des maladies professionnelles[72].

Dans la droite ligne de ces études, l'analyse de Filippo Sani porte entièrement sur les maladies des gens de lettres dans le contexte de la culture médicale italienne et montre l'éloignement progressif du savoir médical par rapport aux conceptions ficiniennes. Sani rappelle opportunément, en début de son article, que le médecin de la cour des Este, Bernardo Ramazzini, bien avant Tissot, avait proposé cette lecture moderne des problèmes de santé liés aux professions intellectuelles. Loin d'être partagées par tout le corps médical, les idées de Ramazzini et Tissot se posent aux antipodes de toute une mouvance de la pensée médicale qui considère la maladie nerveuse, principale ennemie et principal trait distinctif de l'homme de lettres, comme le signe du génie et d'une forme de distinction naturelle. Passant en revue un certain nombre de médecins qui, depuis Ramazzini jusqu'à Vincenzo Chiarugi, en passant par Domenico Cirillo, Giovanni Verardo Zeviani, Giuseppe Antonio Pujati et le déjà nommé Tissot, ont développé un débat sur les conséquences organiques d'une vie entièrement consacrée aux études, Sani montre les ambiguïtés des positions et la permanence du modèle d'esthétisation de la souffrance que la littérature de l'époque exploite largement. Il s'agit là d'un débat interne au monde médical, mais qui n'échappe pas aux structures rhétoriques et littéraires, ni à toute une série de présupposés idéologiques et épistémologiques, et cette discussion s'étendant sur presque un siècle et se déroulant à coup de traités permet de retrouver, d'une part, un certain nombre de constantes

72 Voir A. C. Vila, R. Y. Chalmin, « "Malade de son génie…" : raconter les pathologies des gens de lettres, de Tissot à Balzac », in S. Vasset, A. Wenger (éds), *Raconter la maladie*, *op. cit.* ; A. C. Vila, « Somatizicing the Thinker : Biography, Pathography, and the Medicalization of *gens de lettres* in Eighteenth-Century France », in A. Carlino, A. Wenger, *Littérature et médecine : Approches et perspectives (XVIe-XIXe siècles)*, Genève, Droz, 2007.

figurant l'homme de lettres, les attributs le caractérisant, les maladies qui lui sont propres, tout en identifiant, d'autre part, des divergences qui témoignent de l'évolution du débat et de l'influence du contexte ou de diverses instances auctoriales.

Elle permet également d'ouvrir sur les alentours de la souffrance, si nous pouvons nous exprimer ainsi : ces conditions de l'existence éloignées du bonheur qui, quoique n'étant pas considérées comme exemptes d'un certain plaisir (c'est le cas de la mélancolie, qui, au dix-huitième siècle, peut devenir « douce »), font partie du champ sémantique et existentiel du souffrir. Au fil des pages de la contribution de Filippo Sani, on voit se dessiner le portrait type de l'intellectuel, dont deux traits saillants sont indiqués, à côté de l'inévitable souffrance de sa condition, exaltant l'esprit, mais laissant dépérir le corps. Ces traits sont la solitude et la mélancolie : de mauvaise mine, émacié, l'estomac dérangé par la sédentarité et l'absence de sommeil, évitant la société, ce type sociologique est à la fois l'héritier d'une certaine iconographie de la solitude (on pense à saint Jérôme) et de la mélancolie (la référence à *Melencolia* de Dürer est inévitable) et le prototype du génie romantique. L'épistémologie qui informe la construction des « *diseases of the learned* » se révèle ainsi influencée par une esthétisation de la souffrance à laquelle seuls quelques médecins échappent, parce qu'ils considèrent la profession intellectuelle comme un travail à part entière et non pas comme le lot du génie. Cette esthétisation se reflète de manière chatoyante dans la représentation médicale. Celle-ci paraît en effet souligner d'une part le côté pathologique des excès de la sensibilité douloureuse, en prenant en compte, vers la fin du siècle, le mal de vivre comme une maladie à part entière : le discours médical rentre ainsi dans un processus de pathologisation des émotions négatives, tandis que d'autre part il ne renonce pas à favoriser l'interprétation des maladies nerveuses comme signe de supériorité esthétique et morale (c'est le cas des médecins cités par Filippo Sani, mais aussi de George Cheyne).

Ce phénomène alliant esthétisation et pathologisation, qui procède d'une véritable fascination pour la souffrance, envahit la tradition littéraire du siècle et va bientôt déboucher sur la « conscience douloureuse[73] » de toute une génération d'écrivains et d'intellectuels qu'analyse Pascal

73 S. Bernard-Griffiths, *op. cit.*, p. 12.

Hintermeyer. En prenant en compte un corpus de textes, fictionnels ou non, s'étendant sur la période postrévolutionnaire (1795-1815), ce dernier se concentre sur la souffrance existentielle qui sera par la suite appelée « mal du siècle », pour reprendre une expression de Sainte-Beuve parue pour la première fois en 1833. Cette forme de malaise de l'existence, cette « maladie du siècle[74] », permet d'établir une relation entre la souffrance et un contexte historique bien précis et ouvre sur la dimension collective de la construction émotionnelle du sujet. Les écrivains que l'auteur prend en considération, d'orientations politiques différentes (Chateaubriand, Constant, Maine de Biran, De Maistre, Senancour, Foscolo, Goethe, Mme de Staël, etc.), sont pourtant rapprochés par une caractérisation commune de la souffrance qui peut être résumée en deux aspects fondamentaux, dont le premier est le caractère non éphémère de la condition douloureuse : elle n'est pas liée à « une altération passagère ou accidentelle des facultés[75] », n'a aucune relation avec un quelconque mal physique ou événement venant rompre l'écoulement paisible des jours ; au contraire, cette nouvelle forme de souffrance se configure comme un état propre au sujet, inéluctable et durable. Souffrir *est* exister et, inversement, exister *est* souffrir. La représentation de la souffrance se situe encore dans le cadre d'une esthétisation et même d'une réévaluation éthique de la douleur, envisageable parfois comme « une ressource ouvrant sur des nouveaux horizons[76] » : une souffrance sans limites, explique Pascal Hintermeyer relisant ces auteurs, permet de voir l'infini et la souffrance proche de la mort paraîtrait favoriser l'accès à une forme supérieure de connaissance. Comme une sorte d'inoculation de la mort avant la mort, la souffrance est à la fois mal et remède : elle fait souffrir, mais en même temps elle immunise l'être contre des souffrances plus grandes et le prépare au trépas.

Le deuxième caractère du mal du siècle que l'on peut retrouver chez ces auteurs concerne les considérations sur les causes du souffrir, reliant étroitement celui-ci aux événements historiques contemporains : la souffrance est engendrée par une fracture entre la subjectivité et la société, par la fin de la coïncidence entre les ambitions individuelles et les possibilités que la société est à même d'offrir à ses membres. Il y a

74 Comme Benjamin Constant la nomme, voir infra, p. 183.

75 Voir infra, p. 185.

76 Voir infra, p. 188.

des périodes où les ambitions individuelles subissent une frustration du fait des changements des contraintes sociétales et où la critique sociale prend la forme de la plainte et de la lamentation. Pouvant être interprétée comme « le revers de la promotion de l'individu, responsabilisé à outrance et sommé de faire preuve de ses qualités[77] », cette souffrance serait peut-être à remettre en relation avec le malaise dans la société, de matrice freudienne. L'atmosphère de ferment de la Révolution aurait créé des attentes en laissant entrevoir aux individus plusieurs possibles susceptibles de réalisation ; or, ces attentes sont vite déçues et les événements se font de plus en plus confus : « Une tension se crée [...] qui fait apparaître un espace vide entre ce qui paraît perdu et ce qui n'a pas encore été conquis. Par conséquent, un espace se libère pour la souffrance et celle-ci représente, aujourd'hui encore, une demande qui appelle une réponse du sens[78]. » Ces manifestations du « mal du siècle », qui oscillent entre un pôle passif (le désintérêt, l'indifférence et l'ennui de la vie, jusqu'au suicide) et un pôle plus actif, presque frénétique (des formes de versatilité et inconstance) montrent une désillusion progressive vis-à-vis des promesses de l'existence. Les illusions perdues, le vide intérieur, le tourment perpétuel décrits par les auteurs plongent les lecteurs dans les affres d'une souffrance existentielle que l'auteur résume par la formule, stendhalienne, de « cristallisation par la souffrance de la trajectoire anthropologique[79] ».

CORPS INDIVIDUELS, CORPS COLLECTIFS

Parallèlement à ces célébrations esthétiques de la douleur et de la passion, d'autres discours jaillissent de la réflexion sur la souffrance qui, sous des formes différentes, remettent en question le rapport de l'individuel et du collectif et le rôle de l'institution qui devrait les régler : c'est sur les écrits du comte Pietro Verri, un des esprits les plus éclairés des Lumières milanaises, que Marco Sirtori concentre son analyse, et plus précisément sur les observations du philosophe sur le plaisir et la douleur et l'usage judiciaire de la torture, respectivement consignées dans

77 Voir infra, p. 197.

78 Rosa, Fabio, *« Il mio nome è sofferenza » Le forme e la rappresentazione del dolore*, Trente, Editrice Università degli Studi di Trento Dipartimento di Scienze Filologiche e Storiche, 1993, p. 10 (je traduis).

79 Voir infra, p. 185.

le *Discorso sull'indole del piacere e del dolore* (1773) et les *Osservazioni sulla tortura* (1777). Selon Marco Sirtori, ces deux ouvrages sont à interpréter dans le cadre plus général de la curiosité personnelle manifestée pour la médecine par le comte milanais, qui porte sur cet art un regard acéré, lié à une expérience pour le moins décevante des pratiques médicales de son époque, et à une conscience des évolutions des connaissances dans ce domaine. Au-delà de la mise en cause classique de l'imposture des charlatans, un des points majeurs de divergence, cristallisé autour des soins prodigués à sa femme dans sa lente agonie, se focalise sur l'attention au patient et à sa douleur, ou plus simplement à l'existence du corps, quasiment niée, par exemple, dans la brutalité des pratiques obstétriques de l'époque. Ce souci presque instinctif d'une attention profonde à la souffrance inutilement causée par l'inintelligence se prolonge chez Verri par une volonté de revisiter les discours philosophiques de l'époque sur le plaisir et la douleur, jugés parfois simplistes, voire tautologiques. À ces conceptions il souhaite substituer un modèle plus complexe, inspiré de Locke, et dans lequel la réaction au stimulus est médiatisée par l'inquiétude, promue au rôle d'arbitre entre plaisir et douleur. Mais son discours se durcit lorsque, dans les *Osservazioni sulla tortura*, il aborde, à l'opposé des prises de positions de son père Gabriele Verri au sénat de Milan, l'usage fait de la torture dans les procédures judiciaires, usage qu'il attaque non seulement pour son inhumanité, mais pour l'incompréhension des phénomènes liés au ressenti ou à l'appréhension de la douleur, qui permettent d'expliquer aussi bien des aveux d'innocents que des cas de résistance à la torture par des criminels avérés. Là aussi, le rôle des nouvelles conceptions psychophysiologiques fondées sur la sensibilité est majeur : reprenant l'idée qu'à une plus grande sensibilité correspond une plus grande susceptibilité à la douleur, Verri, comme déjà l'avait fait Beccaria[80], conçoit la torture pendant la question comme une manière de faire avouer les innocents sensibles et d'acquitter les coupables, plus accoutumés à une vie rude et par conséquent moins sensibles aux instruments du bourreau. Toute une pensée politique se développe, à cette époque, autour de la souffrance et

80 Dans son célèbre *Des délits et des peines*, ouvrage qui, à la base du droit moderne de punir, suscita à l'époque des échos internationaux remarquables. Voir C. Beccaria, *Des délits et des peines*, trad. X. Tabet, Paris, Gallimard, 2015. L'introduction de Tabet éclaire l'influence du traité sur la Constitution de 1791.

elle ne se limite pas à envahir le discours juridique (Verri étant un haut fonctionnaire de l'administration autrichienne dans l'État de Milan), mais se retrouve parmi toutes les élites éclairées.

On le voit bien dans la communication de Loïc Chalmel, qui, par une relecture des *Annales du Ban de La Roche*, sorte de journal que le pasteur philanthrope Jean Frédéric Oberlin rédige pendant son ministère dans ce territoire où la misère sévit au quotidien, montre l'émergence d'une prise de conscience de l'urgence d'une action sociale d'aide à cette population vivant dans des conditions extrêmement misérables. Conciliant divers champs du savoir, Oberlin, qui est pasteur, pédagogue et animateur rural, fasciné à la fois par la pensée scientifique et les expériences mystiques de la foi, nous laisse un témoignage poignant des conditions de vie des provinces les plus pauvres, ainsi que de sa volonté de transmettre le quotidien de ces gens « sans histoire ». De l'analyse du récit du sauvetage de la jeune Concorde Caquelin, ayant risqué la noyade, qu'Oberlin rédige en double version, allemande pour sa mère et française pour le professeur Ehrmann de Strasbourg, Loïc Chalmel fait ressortir plusieurs points d'ancrage d'une nouvelle vision de la souffrance, physique comme sociale. S'imposant par son action de secouriste, secondé par son ancien élève le maître d'école Sébastien Scheidecker, Oberlin, tel que Chalmel le présente, montre le pouvoir d'une médecine en action, non institutionnelle, mais guidée par l'empathie à l'égard de l'autre et se fondant sur l'attention aux gestes du malade comme base du diagnostic, ainsi que de la thérapie. Une réflexion médicale se dégage en effet de la narration de cet accident, indiquant d'une part, bien sûr, la finesse d'esprit de l'observateur, d'autre part la diffusion des théories médicales les plus récentes : voyant la jeune fille, aussitôt ranimée par ses soins, crier et s'agiter, Oberlin devine qu'elle est encore en état de choc et que ses gestes ne sont qu'une répétition de la situation dans laquelle elle se trouvait avant de perdre connaissance. C'est ainsi qu'il peut émettre un jugement, exact, sur le degré de conscience d'un accidenté en état de choc, en anticipant certaines conclusions de la psychologie moderne sur la question. En même temps que sur le corps de la petite noyée, le « regard clinique » du pasteur se pose sur la société : le récit se trouve parsemé de réflexions sur le mauvais état de la société dans les campagnes, de dénonciations des abus, de l'incompétence et du mépris des autorités locales et permet ainsi de constater la prise de conscience que l'appel de la douleur demande.

EN GUISE DE CONCLUSION
De l'autopathographie aux thérapo-récits ?

« La narration a le pouvoir de faire disparaître les distinctions entre la fiction et la non-fiction », écrit D. B. Morris dans un article relativement récent qui réhabilite la valeur cognitive et éthique des récits. Effectivement, comme le *narrative turn* qui a lieu depuis quelques années dans les sciences sociales le montre, le récit, en l'espèce le récit de la souffrance, ne se limite jamais à nous renseigner sur la dimension événementielle, sur les faits : il met en jeu une série de facteurs qui ont trait à la personnalité du narrateur, à son état d'âme, comme aux conditionnements culturels et historiques dans lesquels il est plongé. Le récit est une fenêtre ouverte sur le monde, avec un angle de vue conditionnant la vision. Les formes et les transformations des récits de la douleur qui émergent de cette étude permettent, nous semble-t-il, d'esquisser quelques premières lignes d'évolutions et d'ouvrir un certain nombre de pistes de recherche.

Nous soulignerons donc que, si l'autopathographie[81] commence à s'affirmer au dix-huitième siècle, se configurant comme une forme de participation des patients au savoir médical et comme une appropriation de l'écriture de la part d'un public plus vaste que les seuls littéraires (quoique toujours faisant partie des élites privilégiées), elle paraît, vers la fin du siècle, acquérir une place de plus en plus large dans l'espace de la représentation, jusqu'à envahir le champ littéraire, avec les écritures du mal de vivre et du « mal du siècle ». La douleur n'est plus, ici, déclenchée par un événement qui implique une rupture du quotidien ; elle est l'état permanent de l'être, la condition d'existence du moi. Le « désir infini et sans nom[82] » qui, de Werther aux Romantiques, remplit l'espace littéraire *et* médical, car les médecins ont commencé à prendre en compte l'idée d'une douleur entièrement enfantée par l'imagination, donne vie à une nouvelle conception de la littérature, conçue comme espace d'expression du moi.

---

81 Le terme est emprunté à S. Vasset, « Narrating pain in British medicine and fiction », dans S. Arnaud, H. Jordheim, *op. cit.*, p. 199-217.

82 D. B. Morris, *The Culture of Pain*, *op. cit.*, p. 209.

Dans cette nouvelle configuration, le récit n'est plus autopathographie demandant une intervention et un diagnostic, il *est devenu* la thérapie ; l'écriture du moi est, dans la plupart des cas, écriture du moi maladif. La médicalisation progressive de la société va de pair avec une pathologisation du mal-être qui a imprégné l'espace littéraire : le récit est, désormais, thérapo-récit, non plus description de symptôme, mais forme du soin.

Marilina GIANICO

PREMIÈRE PARTIE

LITTÉRATURE ET MÉDECINE

NOUVEAUX PARTAGES DU SENSIBLE

RACONTER LA DOULEUR ?

Littératures et médecine

> un récit
> que les mots désertent, cette
> pensée
> offerte avec ses trous
> ne plus dire
> jusqu'à
> n'imaginer pas même
> l'autre versant
> Claude ESTEBAN, *Trajet d'une blessure.*

Vers la fin du XXe siècle, dans les années 1980-1990 qui voient l'émergence de la maladie VIH, se produisent deux considérables bouleversements, l'un dans l'ordre de la médecine l'autre dans celui de la littérature au sens large des écritures non techniques. Dans l'exercice pratique de la médecine tout d'abord, l'imagerie médicale va rapidement supplanter la clinique traditionnelle (l'examen, le médecin penché sur le lit du malade) ; certes elle ne l'abolit pas mais elle semble trop souvent lui ôter sa valeur diagnostique. C'est un changement considérable de lecture du corps. Déjà à l'époque des premières radiographies du squelette il s'agissait aussi d'un bouleversement, comme le notait Apollinaire :

> Mais n'y a-t-il rien de nouveau sous le soleil ? Il faudrait voir. Quoi ? On a *radiographié ma tête*. J'ai vu, moi, vivant, mon crâne. Et cela ne serait en rien de la nouveauté ? À d'autres[1] !

Et dans un chapitre clef de *La Montagne Magique* alors que le médecin du sanatorium pose un œil médical sur la radio des poumons de Hans

1 G. Apollinaire, « L'esprit nouveau et les poètes », *Œuvres en prose complètes*, Bibliothèque de la Pléiade, Tome II, p. 949.

Castorp, ce dernier découvre l'image de son squelette avec un double sentiment ; il est à la fois admirateur de la nouveauté technique mais également mélancolique devant l'image emblématique d'une Vanité. Simultanément à l'épidémie du sida s'est produit un retour de la valeur sociale des récits fondés sur les expériences singulières, dont celles de la maladie. On classe généralement ces récits dans le cadre des écritures ordinaires de soi dont la valeur anthropologique est considérable, reconnue par les historiens et les sociologues de la médecine depuis plus de vingt ans. En effet, dans la bibliographie de sa classique *Histoire du sida*, Mirko Grmek répertorie un certain nombre de textes littéraires des années 1990. Interrogé sur la pertinence de ces références pour le domaine médical, l'historien insiste d'une part sur le fait que ces récits permettent pour la première fois d'accéder au vécu personnel de la maladie ainsi qu'aux relations avec le corps médical et avec les protocoles d'essais médicamenteux. Le second point, et non des moindres, est qu'il est disposé, par son ouverture, à leur accorder le statut de connaissance scientifique, à savoir, universalisable. Et c'est également, avec son langage de sociologue de la santé, que Claudine Herzlich écrit :

> Sous diverses formes, les conflits et les mouvements qui se nouent autour de la santé, de la maladie, du corps visent à faire reconnaître l'existence des nouvelles représentations profanes, de ces discours, de cette culture autre que médicale des phénomènes du corps. Ces représentations, devenues en quelque sorte d'autant plus conscientes d'elles-mêmes, de leur spécificité et de leur valeur, qu'elles sont plus menacées par le discours médical envahissant veulent s'affirmer comme discours collectif légitime[2].

Ces récits de malades qui portent autant sur les stigmatisations sociales que sur le vécu intime et les rapports tumultueux avec le corps médical, conduisent les médecins à leur accorder un statut de connaissance d'un autre ordre que biologique mais tout aussi fondamental. C'est qu'il devenait nécessaire pour la relation thérapeutique, de comprendre les diverses dimensions d'une si grave pathologie qui bouleversait les rapports au sexe, au sang, à la mort. Cette prise de conscience, liée en partie au fait que le corps médical se voyait impuissant devant une nouvelle épidémie mortelle, entraînera un bouleversement des représentations

---

2 C. Herzlich, « Médecine moderne et quête de sens », *Le sens du mal, Anthropologie, histoire, sociologie de la maladie*, Paris : E.A.C. ; 1983., p. 207-208.

sensibles du médecin et des malades. Cependant le changement de mentalités n'est pas le fait premier des médecins. Il est globalement social et contemporain du retour de la valeur accordée aux récits. Dans le cadre de l'écriture historique, il s'agit de reconstruire l'histoire passée en exhumant des histoires singulières. Arlette Farge écrit la vie « des gens de peu » dans la cité du XVIIIe siècle :

> La saisie de la parole répond au souci de réintroduire des existences singulières dans le discours historique, de dessiner à coups de mots des scènes qui sont autant d'événements[3].

Nommer permet ainsi de donner une humanité aux sans-grades, à tous les « corps vils » des hospices et des hôpitaux depuis des siècles et de réintroduire des affects dans le récit de certains destins individuels. Dans *L'accompagnement*, René de Ceccatty écrit à propos des nouveaux malades : « Nous craignions tous à l'hôpital de perdre notre identité. Ce n'est pas seulement une crainte de malade. Nous redoutons de cesser d'exister[4] ». D. Defert conférait ainsi en 1990 aux malades du sida qui ne cessaient de se rebeller et de témoigner par écrit, un pouvoir de « réformateur social[5] ». Il s'est produit en effet une véritable mutation. Si bien que très encadré institutionnellement on assiste maintenant (inaugurés par des auteurs médecins américains comme Howard Brody, Rita Sharon ou Byron Good) à des enseignements d'éthique narrative et de « *narrative medicine* » dans les études médicales. Si les rationalités médicales sont souvent en tension violente entre les identités singulières et les normes sociales, les récits permettent de nuancer, de comprendre la complexité des situations interindividuelles et sociales de toute maladie vécue ; l'acte de lecture ouvre nécessairement à la subjectivité du médecin lecteur.

Il fallait ainsi réagir aux plaintes des patients qui accusaient le corps médical hospitalier de parler avec désinvolture et de les recevoir rapidement entre deux portes pour annoncer un diagnostic de cancer ou de sida. Les autorités ont donc mis en place un « dispositif d'annonce » pour répondre à cette urgence et comme stratégie de régulation des rapports

3 A. Farge, *Le cours ordinaire des choses dans la cité du XVIIIe siècle*, Paris, Seuil, 1994, p. 9.

4 R. Ceccatty, *L'accompagnement*, Paris, Gallimard, 1994, p. 100.

5 D. Defert, « Un nouveau réformateur social : le malade », *Journées d'étude « Écritures, mémoire, maladies »*, Caen, Imec, 1999 (document dactylographié non paginé).

de savoirs et de pouvoirs. C'est qu'il est nécessaire de tenir compte de ce que G. Leblanc a nommé dans un numéro de la revue *Esprit* : « La vie psychique de la maladie[6] ». Face au médecin qui pourrait vouloir trop souvent le traiter comme un arrangement d'organes, le patient ne cesse d'en référer à sa vie subjective. Cette vie psychique est bien souvent déroutante pour le médecin non averti du fait que « la guérison au sens médical ne recouvre pas la guérison au sens psychique. » La pratique narrative qui circule entre médecin et patient reconfigure les représentations sensibles de l'un et de l'autre. Son atout majeur est de réintroduire des affects, de la subjectivité et de l'empathie. Bien qu'incluse dans le vaste projet des « humanités médicales » est-elle suffisante pour penser la médecine ? Certes non, et penser la médecine doit et peut se faire sous plusieurs angles[7], dont celui du récit et de la littérature, mais aussi de l'histoire, de la philosophie et de la linguistique. C'est ainsi par exemple que des analyses linguistiques de dialogues entre le médecin et le patient dans des consultations d'annonce en cancérologie ont pu montrer que le médecin se protégeait en utilisant soit le « il » soit le « on », et les verbes à l'infinitif; rarement le pronom « je » qui impliquerait un « tu » et lui permettrait de s'affirmer Sujet de l'énoncé dans son acte d'énonciation[8]. Ce qui signifie également que, bien sûr involontairement, il tend ainsi à s'autoréifier et donc à réifier en regard le patient face à lui[9]. C'est contre cette tendance réifiante (donc pathogène) de la pratique médicale hospitalière que H. Gadamer[10] insistait par ailleurs sur la puissance thérapeutique de la conversation et du dialogue en langue commune avec le minimum de termes techniques entre le malade et le médecin.

6 G. Leblanc, « La vie psychique de la maladie », *Esprit*, *Les nouvelles figures du soin*, Janvier 2006, p. 109-122.

7 C. Vollaire, « L'exercice médical entre esthétique et politique », Thèse pour le doctorat de philosophie, Université Paris VIII, 2014, tapuscrit non publié.

8 G. Lozachmeur, « Analyse linguistique des marques de la subjectivité : les relations patients/soignants/famille dans le dispositif d'annonce du cancer », *Annales Université de Craïova Sciences philologiques, Langues étrangères appliquées* (ANUL IX Nr. 1/2013), Craiova, Roumanie, p. 125-142.

9 A. Honneth, *La réification, petit traité de Théorie critique*, Paris, Gallimard, 2007.

10 H. G. Gadamer, (1993) *Philosophie de la santé*, Paris, Grasset, 1998.

AUTOBIOGRAPHIES D'INSTITUTION *VS* RÉCITS LITTÉRAIRES

Dans le cadre médical et en particulier pour le traitement de la douleur chronique, ou les soins palliatifs ou encore lors des entretiens précédant une interruption volontaire de grossesse, des récits sont sollicités par un membre de l'institution ; cependant il n'est en rien certain que la parole du récitant soit ainsi librement exprimée dans la durée. Il y a comme le soulignent D. Memmi (2003) et G. Leblanc (2006), une véritable difficulté à faire rentrer ces récits d'institution dans les définitions classiques de l'autobiographie ou du récit littéraire de soi. Ainsi pour P. Lejeune (1975), l'autobiographie est « un récit rétrospectif en prose que des personnes réelles font de leur propre existence lorsqu'elles mettent l'accent sur leur vie individuelle, en particulier sur l'histoire de leur personnalité. » En médecine aujourd'hui le patient est certes valorisé mais les attentes autobiographiques sont écrites ou proférées en direction de ce qui est estimé significatif pour l'institution. On remarquera donc une certaine ambivalence ; en aucun cas il n'est attaché de valeur à la parole exprimée par cette formule lapidaire de Freud relevée dans « Ma vie et la psychanalyse » : « Il ne se passe entre eux rien d'autre que ceci : ils causent ». Et c'est seulement dans les mailles narratives de ces « causeries » libres et étalées dans le temps que peut émerger « ce qui est au premier plan de la maladie pour un malade, la révélation de la fragilité, la certitude d'une vie précaire » (G. Leblanc, 2006).

Face à ces nouvelles narrations de soi qui ont cours maintenant en médecine et qui imposent un certain modèle mental, le mouvement de la clinique psychanalytique paraît, dit encore Leblanc, « une rêverie anachronique ». Et pourtant elle ne l'est pas ; tous les médecins et soignants qui pratiquent des « groupes Balint » (des groupes de paroles supervisés par un psychanalyste où le médecin fait part de ses difficultés verbales et émotionnelles avec tel ou tel patient) en font l'expérience et en tirent un bénéfice qualitatif considérable pour la relation thérapeutique. Une pratique qui n'apporte pas un savoir, mais une transformation du rapport à soi et au patient dans l'exercice de la fonction. Pour résumer ma position sur le récit dans le cadre médical hospitalier, j'observe un progrès considérable depuis le sida puisque le patient peut dans les services et avec les médecins les plus éclairés être replacé au centre du raisonnement médical comme le souhaitait G. Canguilhem. Mais quand il s'agit de décisions extrêmes (début et fin de vie), les récits sont le plus souvent calibrés, orientés vers le désir de l'institution. Cependant pas toujours. Il faut saluer le travail récent d'une psychologue clinicienne et linguiste qui recueille les récits de malades en soins palliatifs, construit avec eux et leur famille un objet livre qu'elle leur remet une fois imprimé. Cette expérience moins normative que les récits d'institution habituels reste encore très marginale[11].

DOULEUR ET SOUFFRANCE

Bien que les deux termes puissent s'employer indifféremment (en langage courant et dans les textes littéraires), on considère sans doute sous l'influence du discours médical que la douleur implique une certaine objectivation alors que la souffrance concerne l'expression d'un sujet dans toutes ses dimensions. La douleur, nous dit P. Ricœur dans un article célèbre, est un affect fermé ; le douloureux s'isole « au creux de sa douleur[12] ». En outre le lexique de la douleur physique est très pauvre quand il faut s'adresser au médecin, comme l'avait déjà noté V. Woolf, si bien que les textes écrits au cours même de la douleur physique violente sont rares ; celle-ci s'inscrit dans la pauvreté syntaxique, en négatif, dans les blancs du texte, en « un récit que les mots désertent[13] ».

Le poème de Michaux « Bras cassé », publié dans le recueil *Face à ce qui se dérobe*, est une approche poétique écrite sur plusieurs années à partir de quelques notes saisies au plus près de l'événement. Ce qui intéresse Michaux est l'écoute du corps bouleversé par une fracture, événement mémoriel (se brisant le bras droit, le poète devient gauche ce qui modifie sa kinesthésie) et l'observation des complications de cette fracture. Il faut, dit-il, en faire quelque chose pour ne pas avoir perdu

11 V. Milewski (et coll.), *Récits de soi face à la maladie grave*, Limoges, Lambert-Lucas, 2014.

12 P. Schiulder, *L'image du corps*, Paris, Gallimard, 1968 ; E. Scarry, *The body in pain, The Making and Unmaking of the World*, Oxford University Press, 1985.

13 C. Esteban, *Trajet d'une blessure*, Paris, Farrago, 2006.

son temps, « ne pas avoir souffert en vain ». En note de « Bras cassé », Michaux nous rappelle que la douleur physique ne peut se partager alors que la souffrance est un affect ouvert :

> La souffrance physique, on n'en peut rien faire, au lieu que les souffrances morales, c'est un délice (pour certains) de les communiquer, de s'en vider autant de fois qu'il le faut sur d'autres qui s'y associent. Mais comment associer quelqu'un à une fracture, à une péritonite, à un cancer[14] ?

Non seulement les mots sont pauvres pour dire la douleur mais ils arrivent « quand c'est fini, apaisé. Ils parlent de souvenir, impuissants ou menteurs[15] ». Il faut en passer nécessairement, pour représenter le vécu douloureux, par le « détour du signe ». Les mots douleur (dol) et deuil ont la même origine étymologique. Ce qu'écrivait Barthes après la mort de sa mère, dans *Journal de deuil (1977-1979)* :

> 1er août 1978
> Je me suis toujours (douloureusement) étonné de pouvoir – finalement – vivre avec mon chagrin, ce qui veut dire qu'il est à la lettre supportable. Mais – sans doute – c'est parce que je peux, tant bien que mal (c'est-à-dire avec le sentiment de ne pas y arriver) le parler, le phraser. Ma culture, mon goût de l'écriture me donne ce pouvoir apotropaïque, ou d'intégration : j'intègre, par le langage…

L'ALGOPHILIE DE M. DURAS OU LA DOULEUR DE L'ATTENTE

Si les maladies chroniques ou chronicisées par l'efficacité des traitements appellent le récit surtout oral parfois écrit, un certain nombre de nouvelles plaintes (singulières et sociales) dominent le panorama de l'existence quotidienne : je veux parler des états de tension de l'unité somato-psychique. On se souvient de la définition de la santé selon Leriche : « La vie dans le silence des organes[16] ». S'il s'agit du vivant,

---

14 H. Michaux, *Bras cassé*, Paris, Fata Morgana, 1973, p. 59.

15 A. Daudet, *La Doulou* (1930), ed. Les Mille et Une Nuits, 2002, p. 16-17.

16 René Leriche, « De la santé à la maladie, la douleur dans les maladies, où va la médecine ? », in *Encyclopédie française*, VI, 1936.

la formule est recevable mais non quand il est question du vivre, de l'existence. Le corps alors n'est pas silencieux mais au contraire vécu en tension, on pourrait dire « de base », liée au fait même d'exister, une attente, une souffrance à minima ; et cette attente, cette souffrance demande et attend généralement la détente, la résolution (la fatigue, la faim, le désir sexuel sont les témoins d'une exigence de la vie, rappelle J. Clavreul). On peut parler donc d'une certaine érotisation du sentiment de la conscience du corps. Certains auteurs psychanalystes ont dans ce sens distingué deux formes de masochismes : l'un mortifère pathologique, l'autre plus discret nommé « gardien de la vie », comme si en effet un certain quantum de déplaisir (une tension), un gradient variable de douleur-plaisir colorait le sentiment de vivre[17].

La pratique médicale alliée à la lecture de nombreux textes littéraires et poétiques confirme qu'il existe des personnes réelles comme des personnages fictifs prédisposés à la douleur (Engel, 1959). La lecture des Mystiques (St Jean de la Croix ou Thérèse d'Avila) jusqu'à Baudelaire : « Je suis la plaie et le couteau, je suis le soufflet et la joue », ne cesse de nous rappeler ce que Freud théorisera en posant l'hypothèse que les pulsions peuvent se retourner sur la personne propre, que la psyché secrète également sa propre souffrance[18]. Les textes de M. Duras sont composés dans la souffrance d'une histoire singulière et d'une souffrance collective : la guerre de 1940 et la Résistance au nazisme. L'attente du retour du mari (Robert L.) dans le texte *La Douleur* se traduit par un chaos du corps et de la pensée. Duras se fait le réceptacle des violences de l'histoire. Selon Claude Burgelin :

> La guerre se défait et se dénoue dans ses entrailles, dans son ventre de femme qui a enfanté pour la mort (elle a perdu un enfant à la naissance en 1942), dans ses nausées et ses sanglots. Le temps de l'attente de Robert L. ressemblerait à une grossesse avant l'accouchement d'un enfant non d'Éros, mais de Thanatos. Les prisonniers que l'on fusille, les morts dans les fossés, les bombardements, toute cette œuvre de la mort se dissout ou s'exprime en ce chaos des nerfs et des viscères. Le corps chavire devient la proie d'un trop-plein de symptômes et se laisse envahir par l'angoisse et la folie frôlée[19].

---

17 B. Rosenberg, « Masochisme mortifère et masochisme gardien de la vie », *Monographie de la Revue Française de Psychanalyse*, Paris, Puf, 1991.

18 J. Starobinski, « Brève histoire de la conscience du corps », *Revue Française de Psychanalyse*, Tome XLV Mars-Avril 1981, Colloque de Deauville, « Les problèmes du corps », p. 261-279.

19 C. Burgelin, « Duras témoin de l'histoire », *L'écriture de soi peut-elle dire l'histoire ?*, Colloque BPI, dir. J.-F. Chiantaretto, Paris, Presses de la BPI, 2002.

L'attente du retour, à la fois redouté et souhaité, toujours remis et incertain crée une tension douloureuse renforcée par l'ambivalence de son désir vis-à-vis de l'événement attendu. Attend-elle Robert L. vivant, ou l'annonce de sa mort ? La tension produit un double flux simultané du temps : l'un représente ce qu'elle attend (le retour du mari des camps, toujours remis dans le temps). L'autre flux correspond à ce à quoi elle s'attend, c'est-à-dire le plaisir ambigu du retour (le soulagement de la tension), en fait la douleur du retour. Son corps exprime ce conflit par des symptômes douloureux :

> Le battement des tempes continue. Il faudrait que j'arrête ce battement dans les tempes. Sa mort est en moi. Elle bat à mes tempes. On ne peut pas s'y tromper. Arrêter le battement dans les tempes – arrêter le cœur – le calmer – il ne se calmera jamais tout seul, il faut l'y aider. Arrêter l'exorbitation de la raison qui fuit, qui quitte la tête[20].

Elle erre dans Paris, les rues, un pont de pierre, la Seine, le parapet, la tentation mortifère. Mais soudain dans un brutal ressaisissement de soi, la tension douloureuse se calme. Elle renverse les termes de l'attente. Elle n'attend plus, elle devient l'attendue d'un autre : « Il faut rentrer. D. m'attend. », dit-elle.

HISTOIRE ET MÉMOIRE
« La tache aveugle du trauma »

J'ai pu montrer combien l'initiation à la médecine était violente[21]. Il s'agit d'un véritable rite de passage au sens ethnologique du terme. Généralement le rite est passé avec succès et l'initié accède au monde des docteurs qui l'autorise à proférer un discours destiné à faire reculer la souffrance et la mort. La violence rituelle est ainsi oubliée, mise en réserve, encryptée dans la psyché. Cependant pour certains la violence de

---

20 M. Duras, *La Douleur*, Paris P.O.L, 1985, p. 13.

21 G. Danou, *Le corps souffrant, littérature et médecine*, Seyssel, Champ Vallon, L'or d'Atalante, 1994 ; G. Danou, *Langue, récit, littérature dans l'éducation médicale*, préface de F. Dagognet, Limoges, Lambert Lucas, 2007.

l'initiation médicale inscrite dans une histoire personnelle a pu réaliser un traumatisme psychique toujours prégnant dont témoignent les écrivains médecins, même si leur œuvre n'aborde pas ou peu le fait médical. Leurs écrits tournent alors autour de ce que j'ai nommé « la tache aveugle du trauma », un indicible qui taraude et ne se révèle qu'indirectement sous le masque de thèmes insistants. Chez Jean Reverzy, médecin et écrivain lyonnais (1914-1959) par exemple, c'est la découverte à peine sorti de l'adolescence, de la mort à l'hôpital et du travail destructeur du Temps auxquels il tentera d'opposer l'écriture, car il n'y a pas plus sûr trompe-la-mort que le texte :

> Celui qui écoute battre le sang dans les cœurs et qui, à chaque pas, se heurte à la mort devrait se redire sans cesse : « ça ne va pas durer. Tout s'écoule. La vie est d'une seconde. » En fait c'est un homme comme les autres (…) Pas plus que l'état bourgeois du médecin et son enlisement dans le monde, je ne blâmerai cette ostentation de talents ou de vanités, mais je répète que cela m'étonne, et me force à penser que l'expérience de la mort, recommencée chaque jour, loin d'enrichir l'esprit paralyse la pensée. L'égarement du médecin attaché aux valeurs de la fortune, et de la renommée, procède de son illusion de durée. Il se comporte comme si la vie ne devait pas finir, alors qu'à travers la maladie, forme visible de notre dissolution dominée par le temps contre lequel la thérapeutique n'est qu'une entreprise précaire, il pourrait constater de celui-ci l'irrémédiable écoulement. N'y a-t-il pas de quoi être surpris du paradoxe des médecins[22] ?

La littérature contemporaine utilise souvent la notion de montage comme manière d'assembler des éléments disparates et de remédier aux trous de la mémoire. Le temps d'une vie est à la fois un film continu de la naissance à la mort et en même temps fait d'épisodes et de chemins chaotiques, de rupture de bifurcations. Le montage permet de faire résonner entre eux des éléments hétérogènes. Certains textes évoquent l'histoire déchirée, trouée, en lambeaux d'un proche, par exemple le récit de P. Pachet : *Devant ma mère*, un essai « de philosophie fiction » écrit contre le constat navrant (blessant) de la détérioration psychique maternelle atteinte d'une maladie d'Alzheimer.

Avec le retour des récits se pose aux écrivains (en fait surtout à la critique universitaire) la question de savoir si un réalisme lyrique est possible de nos jours. Les émotions, sentiments, affects soit le lyrisme est

22 J. Reverzy, « Mon métier de médecin », *Œuvres*, Paris, Flammarion, 1977, p. 421-426.

au cœur de bien des récits du genre autobiographique. Pour T. Samoyault (2004) : « au lieu de dénoncer la “pulsion” autobiographique nécessairement mauvaise pour ses détracteurs, de la littérature contemporaine, on pourrait y voir l'effort parfois désordonné et maladroit quoique philosophiquement raisonnable de refondation du sujet ». C'est en effet la finalité des écritures ordinaires sur la maladie vécue. Les récits contemporains, des écritures ordinaires de soi aux textes d'auteurs les plus confirmés, interrogent la mémoire personnelle et collective ; et généralement du côté des vaincus, raison pour laquelle la vision inspirée de Clio par W. Benjamin est souvent convoquée par les romanciers dont le plus connu pour utiliser le montage texte-image est sans doute W. G. Sebald. C'est en commentant un tableau de P. Klee (*Angelus novus*, 1920) que W. Benjamin définit sa conception de l'histoire comme une longue série de destructions. L'ange de l'Histoire de Benjamin :

> [...] a le visage tourné vers le passé. Où se présente à nous une chaîne d'événements, il ne voit qu'une seule et unique catastrophe, qui ne cesse d'amonceler ruine sur ruine et les jette à ses pieds. Il voudrait bien s'attarder, réveiller les morts et rassembler les vaincus. Mais du paradis souffle une tempête qui s'est prise dans ses ailes, si forte que l'ange ne les peut plus refermer. Cette tempête le pousse incessamment vers l'avenir, auquel il tourne le dos, cependant que jusqu'au ciel devant lui s'accumulent les ruines. Cette tempête est ce que nous appelons le progrès[23].

Pour W. G. Sebald l'écriture veut pallier un déficit de mémoire face à la destruction en particulier des mémoires allemandes. Il insère des photos, car pour lui l'écrit « n'est pas un vrai document, c'est la photographie le vrai document par excellence ». La photo, comme l'exemple que l'on met sous les yeux du lecteur, convainc mieux que l'écrit, dit-il. Sebald la regarde comme un récit à approfondir. Ainsi l'épisode de la leçon d'anatomie du Dr. Tulp de Rembrandt. L'auteur insère l'image dans son roman *Les Anneaux de Saturne*, après avoir évoqué un épisode personnel d'hospitalisation pour un malaise cardiaque. Il inscrit le Nom oublié de ce « corps vil ». Le supplicié anatomisé s'appelait Aris Kindt. L'art de Sebald serait analogue au montage cinématographique selon Brecht qui met en coprésence des éléments qui ne devraient pas

23 W. Benjamin, « Sur le concept d'histoire », *Œuvres*, tome III, Paris, Gallimard/Folio 2000, p. 434.

l'être pour faire choc et créer une résonance. Par analogie avec l'exercice médical, c'est une attention à l'autre, à son histoire narrée et au dialogue qui produit non un collage mais un montage entre deux regards différents et simultanés et les fait résonner (et raisonner également). Le regard médico-scientifique, qui cherche la cause des phénomènes et le regard poétique qui en explore la forme entrent en résonance. C'est le mouvement qui importe, la dynamique du passage, le fondu.

La nouvelle imagerie médicale constitue une certaine interprétation du réel que le médecin apprend à lire et à critiquer ; il doit en être de même par analogie, face à toute image photographique du monde d'aujourd'hui supposée montrer le réel et l'interprétant. L'image, nous dit M-J Mondzain, « [c]'est avant tout de l'articulation. C'est du temps, des lieux, des corps, des récits ». S. Sontag dans un bel essai : *Devant la douleur des autres* :

> Ces images ne peuvent guère faire plus que nous inviter à prêter attention, à réfléchir, à apprendre à examiner les rationalisations par lesquelles les pouvoirs établis justifient la souffrance massive. À qui doit-on ce que l'image montre ? Qui est responsable ? Est-ce excusable ? Était-ce inévitable ? Y a-t-il un état des choses que nous avons accepté jusqu'à présent et qu'il faille désormais contester ? Tout cela assorti de la conscience que l'indignation pas plus que la compassion ne peut nous dicter une manière d'agir[24].

CONCLUSION

Avec le retour de la valeur des récits se produisent des reconfigurations sensibles de l'image de soi et des autres, en particulier en médecine. Noëlle Lasne, médecin praticien et grande lectrice, définit ainsi l'apport de la littérature à sa pratique médicale :

> Sans la littérature je serais simplement un médecin plus pauvre. Un médecin plus démuni pour penser ce qu'il fait, pénétrer des univers qui lui sont étrangers, voyager de la réalité du corps physique à ce corps remodelé par la parole qui est tout autant l'objet de la médecine que le corps des organes[25].

24 S. Sontag, *Devant la douleur des autres*, Paris, Bourgois, 2003, p. 125.

25 N. Lasne, « Personnes et personnages : pratique du soin et pratique de l'imaginaire », dans Actes du colloque « Médecine et littérature », *Textuel*, Université Paris-Diderot Paris VII, Hors-série, printemps 2008, p. 105-108.

Mais peut-on acquérir le plaisir d'écouter les récits ? Il ne se décrète pas ; les étudiants les plus sensibles ont eu soit une histoire personnelle de maladie, ce qui les rend plus empathiques, soit (ou les deux) un goût depuis l'enfance pour l'attente narrative (un mélange de curiosité et de surprise) et pour le romanesque. Souvenons-nous. Dans *Moonfleet* de John M. Falkner, ce magnifique roman d'aventures anglais du XVIIIe siècle (porté à l'écran par F. Lang), le narrateur adolescent dit :

> J'étais arrivé à un passage de Mille et une Nuits à ce point palpitant que j'en avais la gorge serrée et qu'il me donnait envie de suspendre ma lecture ne fût-ce que pour le plaisir de prolonger un peu l'anxiété de l'attente[26].

Quant au romanesque, il se caractérise par un certain regard sur le monde. Le romanesque, selon Barthes, est « un mode de notation, d'investissement, d'intérêt au réel quotidien, aux personnes à tout ce qui se passe dans la vie ». Le romanesque en bref c'est la reconnaissance du roman que chacun porte en soi. Le regard clinique médical traditionnel nous a formés à observer et traduire les plus fins détails observés sur le corps du patient, c'est le roman de la médecine. Pour que la pratique de la médecine narrative apporte quelque chose de neuf dans l'exercice médical, ne devrait-elle pas éveiller chez l'étudiant (ou éviter d'assoupir) ses capacités imaginatives et réflexives à travers le roman encore tout frais qu'il porte en lui ?

Gérard DANOU
Université Paris Diderot – Paris VII

26 J. M. Falkner, *Moonfleet*, Paris, Phébus, 1988, p. 20.

LA DOULEUR EST TOUJOURS DE LA PERSONNE

La douleur appartient à la condition humaine, nul n'y échappe à un moment ou à un autre, quel que soit l'âge et le niveau de santé. Elle frappe provisoirement ou durablement selon les circonstances. Mais la plupart du temps elle est sans autre incidence qu'un malaise de quelques heures aussitôt oublié dès lors que le soulagement est obtenu. Elle renvoie toujours à un contexte personnel et social qui en module le ressenti. Impossible dans la vie courante d'échapper un jour ou l'autre au mal de dos, à une migraine, à un mal de ventre, une angine, une carie, une écorchure, une brûlure, un heurt contre une porte, une chute, voire à un accident. Paradoxe, parfois pour soigner la maladie ou la plaie il faut encore avoir mal. Comme la maladie ou la mort, la douleur est le prix à payer de la dimension corporelle de l'existence.

Parce qu'enraciné dans la chair, tout individu est voué à la vulnérabilité, mais simultanément si son corps est voué à cette fragilité qu'incarne la douleur, celui-ci est aussi la condition de la saveur du monde. La douleur est le privilège et le tragique de la condition humaine ou animale. Une vie sans douleur est impensable même si son action est toujours à double tranchant et ambivalente. Souvent la douleur ressentie est sans lésion décelable par les examens médicaux et inversement des lésions sérieuses ne suscitent aucune douleur. Parfois utile pour signaler un processus pathologique, elle est souvent absente pour marquer la progression d'une maladie grave découverte trop tard, et quelquefois elle s'enraye en dehors de toute nécessité de protection pour démanteler l'existence. La douleur est souvent elle-même la maladie à combattre. En un mot la douleur est une maladie, même si elle participe du diagnostic, son soulagement s'impose.

La douleur n'est pas du corps, mais de la personne. En elle s'efface la dualité entre physiologie et conscience, entre corps et âme, physique et psychologique, organique et psychologique, par son insistance, elle affirme l'enchevêtrement de ces dimensions seulement distinguées par une longue tradition métaphysique de nos sociétés. Quand elle frappe elle n'est pas le fait d'un organisme, elle ne se cantonne pas à un fragment du corps ou à un trajet nerveux, elle marque un individu et envahit son rapport au monde, elle ne se conçoit pas sans retentissement moral, elle est donc toujours souffrance. Si elle est un phénomène neurophysiologique, elle n'est pas que cela, car il y a toujours un individu pour l'éprouver et en moduler l'impact par la signification qu'elle revêt pour lui, et les outils qu'il emploie pour en être soulagé, qu'ils soient médicaux ou relèvent de ses ressources intérieures. La douleur n'est donc pas la pure conséquence physiologique d'une altération organique. Elle est ressentie selon une grille d'interprétation inhérente à l'individu. La douleur n'est pas seulement sensation, mais aussi émotion, elle laisse donc émerger la question du sens. Au-delà encore elle est perception, c'est-à-dire activité de déchiffrement sur soi et non de décalque d'une altération somatique.

Il n'y a pas de douleur « objective » attestée par l'examen médical et plus ou moins ressentie par les patients, mais une douleur singulière perçue et marquée par l'alchimie de l'histoire individuelle et le degré de l'atteinte. Sa perception est modulée selon les filtres sociaux, culturels et personnels et le contexte particulier où elle frappe. G. Canguilhem le disait avec force : « L'homme fait sa douleur – comme il fait une maladie, ou comme il fait son deuil – bien plutôt qu'il ne la reçoit ou ne la subit[1] ». La douleur est confrontation d'un événement corporel à un univers de sens et de valeur. Le ressenti algique n'est pas l'enregistrement d'une affection, mais une traduction, elle est la résonance en soi d'une atteinte réelle ou symbolique. L'affectivité est toujours première dans le ressenti de la douleur, elle en mesure l'intensité et la tonalité. La douleur n'affecte pas le corps, elle affecte l'individu, elle rompt l'écoulement de la vie quotidienne et transforme la relation aux autres. Il n'y a pas de peine physique qui n'entraîne de conséquences dans la relation de l'homme au monde. Le mal de dent n'est pas dans la dent, il est dans la vie, il altère toutes les activités de l'homme, même celles qu'il affectionne, elle imprègne les gestes, traverse les pensées : elle contamine la totalité du rapport au monde. Si la douleur restait paisiblement enfermée dans le corps, elle n'aurait guère d'incidence sur la vie quotidienne. Nécessairement elle contamine l'existence. L'homme souffre dans toute

1 G. Canguilhem, *Le normal et le pathologique*, Paris, PUF, 1966, p. 56 et 57.

l'épaisseur de son être. Il ne se reconnaît plus et son entourage découvre avec surprise qu'il a cessé d'être lui-même. La douleur « ne donne plus goût à rien », arrachant l'homme à ses anciens usages et le contraignant à vivre à côté de soi sans pouvoir se rejoindre, dans une sorte de deuil de soi. La souffrance nomme cet élargissement à toute l'existence.

LA SOUFFRANCE EST LA MESURE SUBJECTIVE DE LA DOULEUR

La souffrance est le degré de pénibilité de la douleur. Elle traduit la bascule de l'existence vers le pire, là où disparaît le goût de vivre. Plus elle s'accentue plus elle est impuissance, envahissement de soi, là où, à son niveau minimal, elle reste sous le contrôle de l'individu, elle fait mal, mais sans plus. Immense ou dérisoire selon les circonstances, elle n'est jamais organiquement liée à une lésion. Elle est graduée de la simple gêne à la déchirure de soi. Résonance intime d'une douleur, sa mesure subjective, elle est ce que la personne fait de son expérience, c'est-à-dire sa résignation ou sa résistance à être emportée dans un flux douloureux, ses ressources physiques ou morales pour tenir devant l'épreuve, les techniques médicales ou personnelles utilisées pour en diminuer l'intensité. Elle n'est jamais le simple prolongement d'une altération organique, mais une activité de sens pour la personne qui en souffre. Si elle est un séisme sensoriel, elle ne frappe qu'en proportion de la souffrance qu'elle implique, c'est-à-dire du sens qu'elle revêt[2]. Pour P. Ricœur, le terme douleur s'applique à des « affects ressentis comme localisés dans des organes particuliers du corps ou dans le corps tout entier, et le terme de souffrance à des affects ouverts sur la réflexivité, le langage, le rapport à soi, le rapport à autrui, le rapport au sens, au questionnement[3] ». Dans souffrance, il faut entendre sens. Si douleur est un concept médical, souffrance est le concept du sujet qui la ressent.

---

2 Sur tous ces points je renvoie à mes deux ouvrages *Expériences de la douleur. Entre destruction et renaissance* (Métailié, 2010) et *Anthropologie de la douleur* (Métailié, 2004).

3 P. Ricœur, « La souffrance n'est pas la douleur », in J.-M. von Kaenel (dir.), *Souffrances. Corps et âmes, épreuves partagées*, Paris, Autrement, 1994, p. 59.

Toute douleur transforme en profondeur pour le meilleur ou pour le pire l'homme qui en est frappé. Mais seules les circonstances qui l'enveloppent lui donnent sens en provoquant une somme plus ou moins grande de souffrance. Dans le contexte de la maladie, de l'accident ou d'une douleur rebelle, l'expérience est presque toujours celle d'une mutilation, d'une dépersonnalisation. L'individu est changé, mais surtout diminué, réduit à l'ombre de lui-même. Il n'est plus le même et sa peine est intense. Pourtant, même dans ces circonstances où la souffrance colonise la douleur, la question du sens introduit une modulation due à la qualité de l'entourage, aux appartenances sociales, culturelles, aux singularités personnelles, à l'image de techniques du corps qui permettent d'exercer un contrôle du ressenti (relaxation, imagerie mentale, hypnose, autohypnose...). Freud note « le fait remarquable que lorsque l'esprit est distrait par un intérêt d'un autre genre, les douleurs corporelles même les plus intenses ne se produisent pas, trouve son explication dans la concentration de l'investissement sur le représentant psychique de l'endroit du corps douloureux[4] ».

LA DOULEUR CONSENTIE N'EST PAS SOUFFRANCE

Une douleur choisie et contrôlée par une discipline personnelle dans un but de révélation de soi (activités physiques ou sportives, body art, performances, suspensions, etc.) ne contient qu'une parcelle dérisoire de souffrance, même si elle fait mal. L'individu sait que sa peine est le prix à payer de l'œuvre qu'il construit avec son corps. Il assume une pénibilité supportable dont il sait par ailleurs pouvoir se retirer si elle déborde trop. L'activité sportive, par exemple, n'exige pas seulement une technicité et une aptitude particulière à l'effort et à la fatigue, elle est aussi une lutte intime avec la souffrance. Là est l'ennemie, non la douleur toujours acceptée, mais la souffrance qui ébranle les ressources de l'individu. L'expérience de Nicolas est emblématique en ce sens. C'est un coureur de courses ultras qui s'étalent sur des centaines

4 S. Freud, *Inhibition, symptôme, angoisse* [1926], Paris, PUF, 1968, p. 101.

de kilomètres dans des conditions très dures. « Sans la douleur, dit Nicolas, les courses ultras ne seraient pas attractives. Sans douleur ce serait donné à tout le monde. Je veux dire, tu as la fierté de finir, même dans la douleur. Même à la limite si je ne ressens rien, aucun problème physique, je fais un temps canon, mais qu'est-ce que j'aurai comme souvenir de cet ultra, rien. C'est nul, tes meilleurs ultras tu les fais en surmontant tes difficultés ». Si elle demeure sous son contrôle, la douleur a l'avantage appréciable de fournir une limite, de symboliser le contact physique avec le monde. Mais Nicolas dit l'intolérable de la douleur qui vient le forcer dans ses retranchements, quand il ne l'a pas choisie. « C'est pas pareil, une sciatique, je ne peux pas courir, c'est une douleur mécanique, subie, désagréable. Quand je m'aligne sur un ultra j'ai les muscles qui brûlent, mais c'est moi qui gère ma douleur, c'est ma douleur. Je l'ai choisie, je l'ai acceptée, je sais qu'elle va venir. Tandis qu'une blessure comme une sciatique c'est involontaire, c'est un ennemi, moi je ne lui ai rien demandé ». Nicolas fait intuitivement la distinction entre douleur et souffrance, la première, conçue comme la condition de sa progression lors de l'épreuve et dont il contrôle l'intensité, et l'autre, la sciatique, qui n'est que souffrance et s'impose à lui comme une forme de violence.

De même dans le domaine des suspensions qui consistent à ficher des broches sur différents points du corps sans anesthésie pour être suspendu dans l'espace et vivre une expérience intérieure : « Tu ne ressens pas la douleur, le corps la ressent, et tu l'observes enregistrant ou éprouvant la sensation », dit Fakir Musafar en commentant ses performances.

> Alors ce n'est plus la douleur. Si tu peux apprendre à séparer la conscience et ton attention de ton corps, tu peux lui faire presque n'importe quoi et ne pas ressentir la souffrance ! Si toute ton attention est centrée sur ton corps ou sur un endroit précis de ce corps, alors tu ressentiras la douleur (...) Pour moi, il n'y a pas de réelle douleur, mais de la sensation. C'est formidable de l'éprouver, car tu sens que tu es vraiment vivant (...) Le corps ressent la sensation, mais vous pouvez apprendre vite à la séparer de votre conscience. Lorsque je me suspens avec des crochets les gens disent que c'est incroyablement douloureux. Je réponds que c'est extatique et merveilleux... Ça dépend de votre entraînement, de comment vous vous êtes conditionné et de l'état dans lequel vous pouvez vous mettre. Car si à un certain point, je n'opère pas une transition au moment de me suspendre, je préfère ne pas le faire. Je dis "non, aujourd'hui, je ne peux pas".

Fakir Musafar explique la suppression de la souffrance par le contrôle personnel, expérience proche de celle du sportif ou du stoïcien, éloignant les aspects de souffrance en ne laissant agir que la douleur. Le séisme de cette dernière bouleverse alors en profondeur le sujet sans le détruire et il vit une expérience à tonalité initiatique. « La négativité de la douleur (force, sensation inattendue) ne touche que ceux qui n'ont pas fait de recherches sur eux-mêmes. Si vous avez assez d'entraînement, d'instruction et de pratique, vous pouvez transcender, transmuter ou changer une sensation en ce que vous voulez[5] ».

S'agissant des modifications corporelles comme le tatouage ou le piercing, pour la plupart des clients la douleur est sublimée par le processus qu'elle accompagne, la métamorphose qu'elle annonce, elle en accentue même la valeur en en faisant un moment d'exception puisqu'il s'agit de transformer définitivement la forme ou l'apparence du corps, et d'autre part d'accepter les yeux ouverts la douleur sans s'y dérober. « Je suis marquée et j'ai dû souffrir pour l'avoir. Si maintenant on m'avait posé un tatouage sans la douleur je ne suis pas sûr que je l'apprécierais autant que maintenant. S'il devait tomber du ciel, comme ça il n'aurait aucun intérêt » (Lydie, 24 ans, étudiante). « Pour ce qui est du tatouage ou du piercing, il y a une part de souffrance. La souffrance fait partie du mécanisme. On sait qu'on va souffrir, mais on connaît le résultat. À la limite on est content de souffrir. Il faut le mériter » (Éliane, 27 ans, déléguée commerciale). Beaucoup disent le brouillage singulier entre douleur et plaisir, l'impossibilité d'une opposition nette. L'expérience des marques corporelles ébranle la dichotomie et ouvre à des sensations inédites. Les femmes évoquent à ce propos souvent l'expérience de l'accouchement comme témoignant d'une même ambivalence. « Tu as une douleur très vive, mais après tu te dis que tu fais quelque chose de fort avec ton corps. C'est un peu comme un accouchement. C'est un peu comme un plaisir. Ce n'est pas la douleur qui te fais plaisir, c'est quelque chose que tu souhaites vivant sur toi, c'est pas une douleur qui fait mal » (Anne, 28 ans). « Tu as une douleur très vive, mais c'est aussi un plaisir. Ce n'est pas la douleur qui procure le plaisir. Peut-être en un sens qu'accoucher c'est pareil. Tu as mal, mais après. Cette douleur n'était pas oppressante, tu ne te focalises pas dessus » (Valérie, 26 ans).

5 V. Vale V., A. Juno, *Modern primitives. An investigation of contemporary adornment and ritual*, Re/search, 1989, p. 12-13.

Même si la douleur est ressentie, elle est investie d'une dimension morale qui en transforme le sens et en érode la pénibilité. L'individu fait ainsi œuvre de son corps en s'infligeant une épreuve personnelle et en ressentant la douleur, mais en sachant qu'il peut y mettre un terme à sa guise. Cette dimension de contrôle est une donnée antalgique, un outil symbolique de modulation de l'intensité algique. Dans ce contexte d'exploration de soi, ces femmes ou ces hommes explorent les marges du tolérable, défrichent leurs limites, mais ils cheminent au seuil seulement de la souffrance, et leur ressenti induit un arrachement à soi vécu sur un mode propice. Une certaine érotisation de la douleur contribue même parfois à en émousser le tranchant.

Dans ces démarches, la douleur est acceptée par l'individu comme un élément de sa passion. Le mélange des sensations et le sentiment d'accomplissement qui accompagnent l'épreuve induisent une satisfaction, un plaisir difficile à caractériser avec des mots ordinaires. La douleur peut même aboutir à l'orgasme dans le cadre d'un contrat sadomasochiste, son érotisation atteignant son point ultime. Mais l'examen du parcours de vie de certains adeptes est parfois significatif de la reprise en main d'anciennes souffrances aujourd'hui neutralisées sur la scène SM[6].

De même, les scarifications délibérées sont un paravent face à une souffrance intolérable. Il s'agit alors de se faire mal pour avoir moins mal comme l'attestent nombre d'adolescent(e)s en souffrance qui entaillent leur peau pour échapper un moment au sentiment de *breakdown* qui les a saisi(e)s. Dans ce contexte la douleur auto-infligée et contrôlée désamorce la souffrance qui, justement, échappe à toute maîtrise. La blessure matérialise une souffrance autrement intolérable en en reprenant le contrôle. Ces adolescentes opposent la douleur (contrôlable) à la souffrance (incontrôlable) dans une sorte d'homéopathie symbolique. Elles inventent une technique de survie en attendant de trouver un moyen plus propice de combattre leur mal de vivre. Un exemple : un homme arrive chez son médecin généraliste pour un léger trouble de santé. En ôtant son t-shirt, l'homme dévoile une poitrine lacérée de longues plaies. Le médecin, interloqué, lui demande une explication. Très ému, l'homme évoque un vif conflit avec sa femme. Celle-ci, dit-il, ne le comprend pas. Elle fait, dit-il, des choses qui le font souffrir,

6 *Cf.* D. Le Breton, *Expériences de la douleur. Entre destruction et renaissance*, Paris, Métailié, 2010.

mais refuse d'en discuter. Lors du repas de la veille, n'en pouvant plus de son indifférence et de ses moqueries, il a saisi un couteau, déchiré son vêtement et il s'est balafré la poitrine. Il a alors dit à sa femme : « Tu vois, ce que je me fais ce n'est rien au regard de ce que toi tu me fais ». Muriel (16 ans) amoureuse d'un garçon toxicomane et dealer mis en garde à vue, grave sur sa peau les initiales de son copain, et formule de manière exemplaire la puissance d'attraction de l'entame dans ces moments de détresse : « T'es tellement malheureuse au fond de toi-même, c'est le chagrin d'amour, tu vois. T'es tellement malheureuse dans ton cœur, et puis tu te fais mal pour avoir une douleur corporelle plus forte pour ne plus sentir ta douleur dans le cœur, tu vois un peu comment c'est ? ».

Cette limite restaure un rapport au monde plus apaisé, elle endigue le flux de souffrance en lui opposant la douleur. Loin d'être une tentative de suicide, l'attaque au corps participe d'une sauvegarde paradoxale. Elle est une saignée identitaire qui draine le « mauvais sang », le « pus ». Le sentiment de détente tient au soulagement que produit aussitôt l'acte après la purgation des sentiments, il donne le sentiment de reprendre pied, de ne plus être emporté par le chaos. « Partout où ça fait mal c'est moi », dit Fritz Zorn[7]. Cette disparition de la tension et l'étonnement de redevenir soi-même est ce qui induit cette formulation commune, pleine de malentendus, faisant référence à une sensation agréable, exquise, etc. qui traduit la résolution soudaine de la tension. Le sang qui coule est un baume paradoxal posé sur le manque à être. La douleur ressentie est un rappel d'existence, elle rend le monde présent. « Je crois que je me coupe pour sentir que je suis encore vivante. Parce que je sais très bien qu'en me coupant, c'est pas comme ça que je mourrais. Ça je le sais très bien. Donc je suis pas morte et mon corps n'est pas mort. Enfin, je ne sais pas expliquer, mais non, je ne suis pas morte. Voilà, c'est comme ça » (Anna). La fragilité des assises narcissiques du sujet requiert le cran d'arrêt de la douleur, mais la souffrance du geste est absente, la souffrance est ailleurs, dans l'histoire de vie de l'adolescente[8].

En revanche la souffrance déborde à l'infini la douleur dans le cas notamment de la torture, c'est-à-dire d'une douleur infligée par un autre sans être en mesure de l'en empêcher. La torture provoque une souffrance

7 F. Zorn, *Mars* [1977], Gallimard, 1979, p. 205 (tr. fr. par Gilberte Lambrichs).

8 *Cf.* D. Le Breton, *La peau et la trace. Sur les blessures de soi*, Paris, Métailié, 2014.

sans limites sur laquelle la victime est non seulement sans prise, mais où elle dépend absolument de l'arbitraire de qui la lui inflige. Elle est en ce sens le pire de la souffrance. Exercice d'une violence absolue sur un autre, impuissant à se défendre et livré tout entier à l'initiative du bourreau, technique d'anéantissement de la personne par la dislocation minutieuse du sentiment d'identité à travers un mélange de violences physiques et morales, elle vise à saturer la victime de souffrance avec un acharnement méthodique que seule la mort limite. La conscience que ce sont d'autres hommes qui agissent ainsi ajoute à l'impensable et fracture toute confiance envers le monde. Cette douleur infligée de manière traumatique et délibérée laisse une trace de souffrance même lorsqu'elle s'efface. Elle mutile une part du sentiment d'identité. Le survivant n'arrive plus à oublier. On sait à ce propos la difficulté d'une clinique de la torture.

Pourtant, même ici dans le pire, certains survivants de la torture réussissent à résister au traumatisme et à reprendre une existence propice. Un exemple parmi d'autres : longuement torturé dans les prisons de la dictature militaire, l'écrivain uruguayen Carlos Liscano pense à ses parents et à la conviction que s'il parle les bourreaux lui arracheront toute possibilité de continuer à vivre la tête haute. Il s'accroche passionnément à sa dignité. « Ce n'est peut-être pas la dignité du militant politique, mais une autre, plus primitive, faite de valeurs simples, apprises il ne sait pas quand, peut-être à la table de la cuisine de chez lui, quand il était enfant, au travail sur les bancs de l'école. Ce n'est pas une dignité abstraite, mais une dignité très spécifique. Celle de savoir qu'un jour il devra regarder en face ses enfants, sa compagne, ses camarades, ses parents. Même pas autant de personnes : il lui suffit de vouloir, un jour, se sentir digne devant une seule personne[9] ». Parfois, les survivants construisent ainsi un bouclier de sens qui repousse la volonté de traumatisme qui anime les tortionnaires. L'organisme est une chose, mais la personne en est une autre, et c'est cette dernière qui souffre non son organisme.

---

9 C. Liscano, *Le fourgon des fous* [2001], Paris, Belfond, 2001, p. 81 (tr. fr. par Jean-Marie Saint-Lu).

AMBIVALENCES DE LA DOULEUR

Plus la souffrance s'accentue plus elle est envahissement de soi, dépersonnalisation, altération du goût de vivre, là où, sous le contrôle de l'individu, la douleur fait mal, mais sans plus. La douleur peut rester contenue à l'intérieur des processus de protection mis en place par l'individu dans sa maladie ou les séquelles de son accident, ou dans son choix d'une activité qui le sollicite durement (sport extrême, body art…). Il ne se laisse pas déborder, la douleur reste à sa mesure, elle ne suscite qu'une souffrance minime, tolérable. Il est dans une relation de contrôle avec ce qu'il s'inflige et ce qu'il ressent, il sait pouvoir en sortir à tout instant et ce sentiment désamorce la virulence attachée à la souffrance. La douleur n'existe plus qu'au titre d'une sensation qui bouleverse les assises de soi et donne accès à une pluralité personnelle inattendue. Les protagonistes de ces épreuves cherchent une expérience mémorable. Spiritualité, dépassement de soi, quête du réel, jouissance dans un cadre masochiste, démonstration de virilité, performance artistique, etc. La douleur les transforme pour le meilleur.

La souffrance, en revanche, a toujours à voir avec l'impuissance, elle est surgissement de l'intolérable, elle intervient dès lors que la douleur entame son travail d'érosion, déborde les défenses de l'individu et ruine ses capacités de résistance, là où il perd le contrôle et éprouve le sentiment que son existence se défait. Elle implique une identité menacée et le sentiment du pire. Si la douleur (la souffrance encore à son niveau élémentaire) est un ressenti pénible, mais encore dans la marge de tolérance de l'individu, la souffrance est effraction. Elle varie selon la signification de la douleur et la part de contrôle exercée sur elle. Le sentiment tragique de la douleur, l'embrasement de la souffrance, vient de n'avoir aucune prise sur elle. Dans un contexte de maladie, d'accident ou de torture, la douleur se mue d'emblée en souffrance et détruit la personne. Puissance de métamorphose, elle est toujours redoutable, car elle modifie le rapport au monde, elle crée un avant et un après de l'expérience.

Mais nul n'est à l'abri, elle peut aussi lui échapper et le sportif de l'extrême ou le body artiste peut vivre des expériences malheureuses, de même que le malade peut réussir à reprendre le contrôle de sa souffrance grâce à des techniques du corps ou à une imagerie mentale efficace, comme l'hypnose par exemple. Toujours la douleur est d'abord du sens mêlé à la chair. L'homme souffre moins de son corps ou de mécanismes physiologiques que des significations qu'il vit[10].

David LE BRETON
Université de Strasbourg

10 Pour une approche plus détaillée des différents points soulevés dans ce texte, je renvoie à D. Le Breton, *Expériences de la douleur. Entre destruction et renaissance*, Paris, Métailié, 2010.

DEUXIÈME PARTIE

LA REPRÉSENTATION DE LA DOULEUR ET LES PASSIONS

LARMES DE DOULEUR ET MISE EN SCÈNE DU CORPS SOUFFRANT

dans la poésie de dévotion anglaise du premier dix-septième siècle

Cette contribution propose une réflexion sur la mise en scène du corps souffrant dans la poésie de dévotion de Richard Crashaw (1613-1649) et Henry Vaughan (1621-1695), tous deux auteurs contemporains de la Révolution anglaise au milieu du dix-septième siècle. À cause de ses préférences affichées pour le catholicisme, le premier dut s'exiler sur le continent où il se convertit à la religion de Rome. Le second était de confession anglicane ; sympathisant royaliste, il vivait et pratiquait la médecine au pays de Galles, sa terre natale ravagée par les guerres civiles. Certes, la poésie de dévotion de ces deux auteurs se distingue par une écriture et des caractéristiques formelles propres : exubérante et redondante, celle de Crashaw emprunte à l'esthétique baroque tandis que celle de Vaughan, intérieure et solipsiste, met en scène une conscience tourmentée par le poids des péchés. Ni les particularités stylistiques de leurs vers, ni leur divergence confessionnelle ne suffisent toutefois à gommer ce qui réunit ces deux auteurs : une poésie que l'on pourrait qualifier de « doloriste », dans laquelle la larme prend toute sa place.

Ce qualificatif pourrait s'appliquer à la poésie dévotionnelle d'autres auteurs anglais du dix-septième siècle, nourrie par la patristique chrétienne et la mystique médiévale, poésie qui se plait à représenter le corps souffrant. La mise en scène de la douleur s'exprime singulièrement grâce à une abondante effusion lacrymale. Le verbe « exprimer » est utilisé ici à dessein afin de rendre compte au mieux de la subtile polymorphie des larmes : celles-ci « ex-priment », au sens étymologique du terme, les passions, singulièrement la douleur, qu'elles expulsent hors de l'enveloppe charnelle. Dans le même temps, elles manifestent au sujet et à son entourage l'existence de telles passions qui, si elles n'étaient ainsi « oralisées », exprimées au sens courant du mot, ne pourraient être véritablement perçues. Si l'on ne craignait d'utiliser une terminologie médicale quelque peu anachronique, l'on dirait sans doute qu'elles somatisent chez le sujet un dérèglement émotionnel plus ou moins intense. Elles vocalisent certaines des maladies de l'âme qui, sans elles, risqueraient de demeurer enfouies et muettes au tréfonds de l'être.

L'évolution du rôle assigné aux larmes entre la littérature du dix-septième siècle et celle du siècle suivant révèle une fracture anthropologique liée au développement de la nouvelle *epistémè* ainsi qu'à l'autonomisation du savoir médical. Au siècle des Lumières, le motif de la larme rencontre un succès considérable comme phénomène social, alors que le dolorisme spirituel semble faire place à une forme de sensiblerie mondaine. Il s'agit de « socialiser l'affect », comme l'écrit Anne Coudreuse dans *Le goût des larmes au XVIIIe siècle* : « La douleur se donne en spectacle », ajoute-t-elle, mais « donner une forme esthétique à la souffrance ne signifie pas qu'on s'y abandonne[1] ». Le sens qu'on donne à la douleur et l'importance que revêt celle-ci témoignent d'une « construction culturelle et sociale », voire philosophique[2]. La représentation poétique de la douleur et des larmes dans l'œuvre de Crashaw et de Vaughan est fortement imprégnée de cet échafaudage épistémologique.

Chez ces deux poètes, la douleur est avant tout affliction spirituelle mais sa représentation engage le corps humain dans son entier, jusque dans sa matérialité. Passion de l'âme, elle met en mouvement un processus corporel qui conduit le sujet souffrant à verser des larmes. C'est précisément la représentation de ce cheminement qui fait l'objet de la présente étude. Nous montrerons en premier lieu comment les poèmes mettent en scène la douleur en tant que passion de l'âme, puis nous nous attacherons à définir la représentation du processus de fabrication lacrymale comme expression du corps et de l'âme en proie à la souffrance.

Le débat sur les passions de l'âme, entamé dans l'Antiquité gréco-romaine et poursuivi par les auteurs chrétiens du Moyen Âge, connaît d'intéressants développements au dix-septième siècle. Nombreuses,

1 A. Coudreuse, *Le goût des larmes au XVIIIe siècle*, Paris, Presses Universitaires de France, 1999, p. 215.

2 R. Rey, *Histoire de la douleur* (1993), Paris, Éditions La Découverte, 2000, p. 6.

singulièrement en France, sont les contributions théoriques à la discussion[3]. Résumons les tenants et les aboutissants du débat. L'étymologie du mot « passion » est, à cet égard, particulièrement éloquente puisque à l'origine, παθος signifiait dans l'usage courant « maladie », « douleur », « souffrance » ; impuissante victime, l'être humain subissait les assauts des *pathè* sans coup férir. Là où Aristote ne voyait que des perceptions ou des sensations, certes reçues passivement[4], les Stoïciens faisaient des passions une véritable Hydre de Lerne à combattre, coupable de troubles émotionnels sérieux de nature à bouleverser l'intégrité physique et morale du sujet. Aux tourments provoqués par la passion, il convient, selon la doctrine stoïcienne, d'opposer l'impassibilité de la raison que seule la sagesse peut conférer. La *recta ratio* est seule à même de triompher des *passiones*[5]. Les larmes, signes de passions de l'âme, n'échappent pas à sa condamnation[6].

La théologie augustinienne assimile les passions à des péchés, des « *concupiscentiae carnis*[7] », par lesquelles l'animalité de l'homme prend le pas sur sa spiritualité. Toutefois, à l'instar d'autres auteurs chrétiens, Augustin conçoit les passions comme des passages obligés du parcours

3 Voir « De la *Passio* aux Passions », essai très éclairant d'Erich Auerbach dans son ouvrage *Le Culte des passions : Essais sur le XVIIe siècle français*, Paris, Macula, 1998.

4 En guise d'illustration, citons cet extrait du traité intitulé *De l'âme* : « Or il semble que les affections de l'âme soient données avec un corps : courage, douceur, crainte, pitié, audace, la joie aussi et l'amour comme la haine ; dans tous ces cas, le corps éprouve une certaine passion », Aristote, *De l'âme*, texte établi par A. Jannone, traductions et notes de E. Barbotin, Paris, Les Belles Lettres, 1989, p. 4.

5 Voir par exemple cet extrait de Sénèque : « L'objet de tes aspirations est d'ailleurs une grande et noble chose, et bien près d'être divine, puisque c'est l'absence de trouble. Les Grecs nomment cet équilibre de l'âme *euthymia*, et il existe sur ce sujet un très bel ouvrage de Démocrite. Moi, je l'appelle "tranquillité" », Sénèque, *De la tranquillité de l'âme*, *Dialogues*, tome IV, Texte établi et traduit par R. Waltz, Paris, Les Belles Lettres, 1959, p. 75.

6 « Enfin, pour qui juge les choses d'un point de vue supérieur, on montre une âme plus forte en s'abandonnant au rire qu'en cédant aux larmes, puisqu'on ne se laisse troubler que d'une émotion toute superficielle et qu'on ne voit rien d'important, rien de sérieux, rien de déplorable non plus dans toute la comédie humaine. », Sénèque, *De la tranquillité de l'âme*, *op. cit.*, XV, 3, p. 101. Et Sénèque de conclure, pour signifier son rejet catégorique des sécrétions lacrymales : « Quant à ceux qui [...] au seuil de la mort, se retournent vers la vie, il n'y a qu'à les pousser de vive force. Je ne pleurerai ni qui se réjouit, ni qui pleure : le premier sèche mes larmes d'avance et l'autre se rend, par ses larmes, indigne de celles des autres. », Sénèque, *De la tranquillité de l'âme*, *op. cit.*, XVI, 3-4, p. 102.

7 La formule, citée par Auerbach dans *Le Culte des passions*, p. 57, est empruntée à la Vulgate (Rom. 1, 26 ; Rom. 7, 5 ; ou encore Thess. 1, 4-5).

téléologique qui mène le croyant du péché à la rédemption ; il adopte un point de vue ambivalent à leur endroit, les exécrant mais soulignant dans le même temps leur impérieuse raison d'être[8]. La souffrance engendrée par les passions et la même, volontaire cette fois, employée comme remède aux passions, comme renoncement à la chair et aux plaisirs futiles et pernicieux de ce monde, président de concert à l'ascèse chrétienne, quand l'âme humaine s'élève *ex corpore* afin de rejoindre Dieu. Ce n'est qu'en subissant la passion – à l'instar du Christ qui souffrit (*patior*, en latin) la sienne sur la Croix – que le croyant, guidé par l'amour de Dieu, peut espérer en triompher. Il connaîtra alors l'existence de *bonae passiones* aptes à pacifier son âme, dont l'amour fervent dû à Dieu, cette *dilectio* ressentie par les saints lors de leur union spirituelle avec le Créateur.

L'acceptation ou le rejet qu'inspirent les larmes ont évidemment partie liée avec ces considérations plus globales consacrées aux passions de l'âme. Auteur d'un traité sur ce sujet, le Révérend Père Jean-François Senault, par exemple, se désole de ce que la philosophie stoïcienne « a deffendu [*sic*] à ses disciples l'usage de larmes & rompant la plus sainte de toutes les amitiez, elle a voulu que l'ame fust insensible aux douleurs du corps[9]. » Dans son traité sur les larmes, le savant français Marin Cureau de la Chambre regrette que « vous ne travaill[i]ez qu'à bannir [les larmes] de la France ; que tous vos soins sont ocupez à en tarir les sources, & qu'estant filles de la Douleur elles ne peuvent estre bien receües dans une Cour où leurs Ennemis ont un si grand pouvoir[10]. »

Les penseurs qui éprouvent le plus de sympathie à l'égard des passions de l'âme les considèrent comme constitutives de l'homme et rejettent par conséquent les thèses qui font d'elles des mouvements subversifs et antinaturels. Ils reconnaissent même que les passions de l'âme sont aussi

8 « Le soupçon du mal n'entre pas dans l'âme qui n'approuve ni ne consent : car le consentement seul est en son pouvoir. Et c'est en quoi diffèrent l'âme de l'insensé et celle du sage. L'une s'abandonne aux passions et leur prête son assentiment ; l'autre, soumise à la nécessité de les souffrir, s'attache néanmoins, par une détermination stable et vraie, au discernement raisonnable de ce qu'elle doit rechercher ou fuir », Saint Augustin, *La Cité de Dieu*, 3 vol., Paris, Seuil, 1994, volume I, livre IX, IV, p. 377.

9 J.-F. Senault, *De l'Usage des passions*, Paris, 1641, p. 463.

10 M. Cureau de la Chambre, *Les Characteres des passions. Dernier volume. Où il est traitté de la nature des causes & des Effects des larmes, de la crainte, du desespoir* [abrégé ci-après en *Les Charactères des larmes*], Paris, 1662, Dédicace au Roi. Le volume précédent, publié la même année, traite « de la Nature et des Effets de la Douleur » ; dans l'avis au lecteur, Cureau de la Chambre souligne le lien intime unissant tristesse et douleur corporelle.

celles du corps, par lequel elles s'expriment. Toutefois – et l'ambiguïté est réelle –, les passions sont irréductibles aux épiphénomènes organiques qui sont censés les susciter : elles reposent au contraire sur une réciprocité totale des échanges entre le corps et l'âme, la matérialité et la spiritualité de l'être humain se faisant écho. Descartes écrit même qu'elles sont la raison d'être du lien qui unit le corps à l'âme : « Notre âme n'aurait pas sujet de vouloir demeurer jointe à notre corps un seul moment si elle ne pouvait ressentir [les passions][11]. »

Dans l'Angleterre du dix-septième siècle, les traités sur les passions de l'âme rencontrèrent un certain succès. Les ouvrages sur les passions composés par des savants français comme Coeffeteau, Cureau de la Chambre, Descartes ou Senault furent rapidement traduits en anglais[12]. Les savants anglais ne furent pas en reste, à l'image de Thomas Wright, membre de la Société de Jésus, dont l'ouvrage *The Passions of the Minde in Generall* élabore un tableau des passions semblable à ceux d'autres savants européens[13]. Fidèle à la tradition patristique, Wright fait la différence entre les bonnes et les mauvaises passions et, conformément aux théories de la médecine classique, il rappelle que les passions de l'âme sont enracinées dans le corps et qu'elles l'asservissent ; aussi convient-il de les modérer. À l'instar des Stoïciens, Wright préconise la tempérance par le recours à la raison. Cependant, il prend soin de se démarquer de l'héritage stoïcien pour lui donner un tour chrétien et forger un idéal de vie qui intègre les vertus chrétiennes[14].

Les auteurs des traités sur les passions s'accordent pour reconnaître et saluer le rôle primordial que les larmes ne manquent pas de jouer dans l'expression de la tristesse ou du chagrin. Telle est leur raison d'être, principalement, et le savant anglais Timothy Bright établit à cet égard un lien

11 Extrait d'une « lettre à Chanut » du 1er novembre 1646 cité dans R. Descartes, *Les Passions de l'âme* (1649), Paris, Garnier Flammarion, 1996, p. 279.

12 Nous indiquons entre crochets la date de publication originale en langue française : F.-N. Coeffeteau, *A Table of Humane Passions. With their Causes and Effects*, trad. E. Grimeston, Londres, 1621 [1620] ; M. Cureau de la Chambre, *The Characters of the Passions*, Londres, 1649 [1640] ; R. Descartes, *The Passions of the Soule*, Londres, 1650 [1649] ; J.-F. Senault, *The Use of Passions*, trad. Henry comte de Monmouth, Londres, 1649 [1641]. Le volume *Les Charactères des larmes* de Cureau de la Chambre ne fut curieusement pas traduit en anglais.

13 T. Wright, *The Passions of the Minde in Generall* (1601), 5e éd. revue et corrigée, 1630, Chicago, University of Illinois Press, 1971.

14 T. Wright, *The Passions of the Minde in Generall*, p. 17.

de causalité univoque et exclusif entre la tristesse qui s'empare du sujet pour une raison déterminée et sa propension à verser des larmes : « Des causes qui provoquent chez nous perturbations et passions, seule celle qui suscite le chagrin et la tristesse fait verser des larmes [...]. D'ailleurs, seule la tristesse fait pleurer les hommes[15]. » Tous ces savants, peu ou prou, soutiennent que les hommes, à des degrés divers, sont pourvus de larmes, et même que ces dernières participent intimement de la condition humaine, tant la douleur est une passion profondément humaine. Cette thèse est notamment défendue par Henry Vaughan qui, dans *Flores Solitudinis*, traduction libre d'un traité du jésuite espagnol Juan Eusebio Nieremberg, écrit : « Pleurer constitue le premier signe et la première preuve de la vie. Les primevères ou les premières fleurs en sont les larmes [...]. L'homme n'est pas né qu'il souffre déjà ; en effet, il gémit et se plaint en arrivant sur terre. Le premier hommage qu'il rend à la vie est la souffrance[16]. » C'est aux larmes, et parce que celles-ci expriment la souffrance, que l'homme doit, partiellement du moins, sa stature d'être humain.

Les passions sont très souvent mises en scène dans les poèmes de Crashaw et de Vaughan, en premier lieu la douleur, morale ou physique, qui fait verser des larmes. Il est fréquent que les termes « grief », « sorrow » ou « affliction », qui désignent plutôt une douleur morale, liée à un dérèglement des passions, et qu'on pourrait traduire en français par « peine », « chagrin » ou « affliction », côtoient le mot « pain », qui peut renvoyer tout ensemble à une douleur physique ou morale, ou soient associés à des mots qui désignent la médecine du corps. Le poète lui-même peut être accablé de douleur, à l'image de George Herbert, modèle poétique revendiqué par Vaughan, qui écrit dans un de ses poèmes :

> Ne suis-je que gorge ou œil, / Pour pleurer ou crier ? / N'ai-je d'autres instruments que ceux du chagrin[17] ?

---

15 « *Of such causes as draw us into perturbation and passion, that only which moueth griefe and sorow of hart causeth teares [...]. For else we see no man weep but in sorow* », T. Bright, *A Treatise of Melancholie*, Londres, 1586, p. 137-138. Toutes les traductions en français des sources anglaises sont miennes.

16 « *The first token, and evidence of life is crying. The prim-roses, or first blossoms of it are teares [...]. Man is not borne before he suffers : yea, he grones and complaines in his very passage into the World. The first homage he pays to life is sufferance* », H. Vaughan, *Flores Solitudinis*, in *The Works of Henry Vaughan*, éd. L. C. Martin, 2e ed., Oxford, Clarendon Press, 1957, p. 227.

17 « *Am I all throat or eye, / To weep or cry? / Have I no parts but those of grief?* », G. Herbert, « Complaining », in *The Temple. Sacred Poems and Private Ejaculations*, Cambridge, 1633, v. 13-15.

Les larmes sont évidemment présentées comme le véhicule privilégié de la souffrance, renvoyant celui qui les verse à sa matérialité d'être humain et occultant de ce fait, temporairement du moins, sa dimension spirituelle. Car, dans ce théâtre de la vie, le rôle dévolu au poète ainsi qu'à tout être humain consiste à se lamenter.

Symptômes et moyens d'expression privilégiés de certaines passions de l'âme, les larmes en sont aussi le remède le plus efficace. Ainsi, dans « Jesus Weeping (II) », Vaughan rend hommage au pouvoir curatif de celles qu'il nomme les « larmes qui guérissent » (« healing tears », v. 9). On pourra nous objecter qu'il s'agit des larmes versées par le Christ, sécrétions dont la fonction baptismale et rédemptrice ressortit à la spiritualité chrétienne, plus qu'elles ne sous-tendent une quelconque démonstration anatomique. Il reste que la valeur médicinale de la larme est vantée dans d'autres poèmes de Vaughan, dont « The Sap ». La larme y est assimilée à une rosée bienfaisante, baume qui apaise conjointement le corps et l'âme :

> Tu trouveras à chaque instant (bien qu'enfermée) en toi / Une rosée rare et puissante / Que seuls le chagrin et l'amour peuvent extraire ; avec elle / N'omets jamais et prends soin / De bien laver ta coque : puis sers-toi avec humilité / De ce baume utile aux maux de l'âme[18].

L'image du baume est récurrente chez Crashaw aussi, notamment dans son poème dédié à Marie Madeleine. Les larmes de la sainte y apparaissent dotées d'un fantastique pouvoir curatif surpassant celui de la précieuse liqueur extraite du baumier :

> Il n'est nul besoin / Que la branche suante du baumier / Laisse si timidement couler / Ses larmes médicinales ; car désormais / La nature a appris à extraire de toi / Une rosée plus souveraine et douce. / Cependant laisse ces pauvres gouttes pleurer / (Pleurer soulage la douleur) [...] / Elles qui, bien que n'étant pour les autres d'aucune aide, / Serviront peut-être de baume à leur propre chagrin[19].

18 « *There is at all times (though shut up) in you / A powerful, rare dew, / Which only grief and love extract ; with this / Be sure, and never miss, / To wash your vessel well: then humbly take / This balm for souls that ache* », H. Vaughan, « The Sap », in *Silex Scintillans*, Londres, 1650, v. 40-44. Ce recueil fut enrichi d'autres poèmes en 1655 ; la date d'édition sera précisée dans les références ultérieures aux poèmes.

19 « *There's no need at all / That the balsom-sweating bough / So coyly should let fall / His med'cinable teares ; for now / Nature hath learn't to extract a deaw / More soueraign & sweet from you. / Yet*

Ces vers énoncent une manière de postulat scientifique, à savoir que les larmes soulagent la souffrance de l'âme. Pleurer garantit à coup sûr la guérison, à telle enseigne que le baumier lui-même, pourtant plein d'une précieuse substance à l'incommensurable vertu curative, pleure, métaphoriquement certes, car la sève qui s'amalgame en gouttelettes sur ses rameaux ressemble à des larmes, mais il pleure comme pour se purifier à son tour. La larme est ambivalente : exprimant les passions, elle permet à l'homme de guérir de leurs excès.

Cette image de la larme comme baume s'appuie sur des conceptions dûment explicitées dans les traités scientifiques de l'époque. Selon Cureau de la Chambre, par exemple, la larme « diminue le mal qu'elle souffre[20]. » Senault écrit, quant à lui : « Un homme qui pleure se soulage, il se console en se plaignant, il trouve quelque plaisir dans ses plaintes, et si elles sont des marques de sa douleur elles en sont aussi des remedes[21]. » Ainsi, le jeu des larmes est double : signes des passions de l'âme, les larmes y remédient, favorisant de ce fait la guérison corporelle et spirituelle du sujet qui les verse. Instruments du corps au service de l'âme, reflétant passivement les tourments de l'âme et, dans le même temps, contribuant activement à la conversion physiologique du sujet d'un état de désordre à un état d'équilibre et de sérénité, elles transcendent la dualité intrinsèque à l'être humain. Elles sont à la fois le miroir et le baume de l'être blessé, dont elles incarnent – c'est-à-dire représentent et « corporalisent » – les passions. Par une subtile alchimie, elles purifient l'âme de ses affects.

Les poètes de dévotion anglais transposèrent dans leurs poèmes ces préceptes scientifiques communément admis dans l'Europe du dix-septième siècle. C'est probablement l'ambivalence propre à la larme ainsi que son infini pouvoir de conversion qui aiguisèrent leur intérêt pour un motif porteur d'une inépuisable vigueur sémiotique. Le *topos* de la larme permet en effet la réconciliation entre une poétique des sens et une poétique de l'esprit. Comment cela est-il possible ? La réponse à cette question se trouve dans les théories sur le processus de fabrication des larmes, alchimie que Crashaw et Vaughan mettent volontiers en scène dans leur poésie doloriste.

---

let the poore drops weep / (Weeping is the ease of woe) [...] / They, though to others no releife / Balsom maybe, for their own greife », R. Crashaw, « Sainte Mary Magdalene or the Weeper », in *Carmen Deo Nostro*, Paris, 1652, st. IX, X.

20 M. Cureau de la Chambre, *Les Characteres des larmes*, p. 117.

21 J.-F. Senault, *De l'Usage des passions*, p. 338.

Comment cette matière corporelle qu'est la larme permet-elle la conversion et la guérison de l'âme ? Nombreux sont les traités scientifiques des seizième et dix-septième siècles, tant en Angleterre que sur le continent, qui assimilent les larmes à des excréments rejetés par le corps humain et qu'ils comparent à d'autres fluides, *a priori* moins nobles, comme la sueur ou l'urine. Subtil élément, la larme associe d'emblée le corps et l'âme en une dynamique irréductible. Le corps-alambic transforme la matière organique ; les larmes n'échappent pas à cette règle et passent donc par des états successifs, gazeux et liquide pour l'essentiel, avant de s'évacuer. Mi-air, mi-eau, la larme se situe dans un entre-deux anatomique qui favorise son intégration aux grands cycles théologiques et cosmologiques. Mais même lorsqu'elle a partie liée avec la transcendance, toutefois, la larme affiche, telle une réminiscence platonicienne inversée, son origine charnelle et ne saurait se départir de sa corporalité.

La nature potentiellement vile, sinon excrémentielle, de la larme a également retenu l'attention des poètes de dévotion anglais qui, s'ils s'érigent, à bien des égards, en thuriféraires de l'objet, lui reconnaissent incidemment des manquements tendant à la désacraliser. Quelque peu décriée, voire malmenée, la larme s'ancre prosaïquement dans la corporéité, celle de la chair percluse de douleurs. Vaughan admet que la larme véhicule quelque chose d'impur, impureté qu'elle chasse de l'enveloppe charnelle. Le texte de l'emblème qui accompagne la première édition de son recueil *Silex Scintillans* révèle que :

> Tu t'approches et brises cette masse qu'est mon cœur de pierre, et ce qui était naguère roche est maintenant devenu chair. Regarde comme il est déchiré ; ses fragments embrasent enfin tes cieux et des larmes coulant du silex me salissent les joues[22].

Par la main de Dieu, le cœur du poète se trouve purifié, et tous les miasmes qui l'encombraient s'évacuent grâce aux larmes répandues, miroirs souillés de l'être intérieur.

C'est qu'en effet le *topos* échappe à un dualisme de mauvais aloi. Quand, dans « The Wreath », Vaughan tresse une couronne poétique

---

22 « *You draw nearer and break that mass which is my rocky heart, and that which was formerly stone is now made flesh. See how it is torn, its fragments at last setting your heavens alight, and tears from the flint staining my cheeks* », H. Vaughan, « The Author's Emblem (of Himself) », in *Silex Scintillans*, 1650.

au Christ, il intègre à son panégyrique les larmes, dont il brocarde pourtant le caractère salissant :

> Mais c'est une couronne entrelacée de douleur et de louanges, / Louanges souillées par des larmes, et encore des larmes / Scintillant de joie, tels des jours baignés de rosée, / Qu'aujourd'hui j'apporte en gage de toutes tes souffrances[23].

Si les pleurs du poète, émergeant du tréfonds de son être et charriant des scories d'affect, sont salissants, ils peuvent également paraître aussi purs que la rosée, émanation presque éthérée d'une spiritualité retrouvée.

L'on ne s'étonnera guère que les quelques réserves formulées au sujet de la nature des larmes le soient par un poète d'obédience anglicane comme Vaughan. Il n'est en effet pas de retenue comparable à leur sujet chez Crashaw. Les effusions corporelles sont sujettes à caution, même quand elles sont censées corriger des excès intérieurs, chez des poètes dont la foi est faite d'équilibre et de modération. Le remède pourrait, si l'on n'y prenait garde, s'avérer pire que le mal, semblent-ils nous signifier. Il serait toutefois inexact d'affirmer que, chez eux, toute expression de la corporalité est gommée, mise sous l'éteignoir d'une pudibonderie aux accents puritains. Les larmes favorisent précisément une expression corporelle de l'être, comme le soutient Cureau de la Chambre : « Si ce [les larmes] n'estoient que les excremens de l'Œil, ils ne pourroient fournir aux ruisseaux & aux deluges qu'elles font si souuent[24]. » Les larmes engagent le corps entier, dont elles sont des excréments, ou des productions, pourrait-on dire, si l'on souhaite utiliser une terminologie moins péjorative.

La fabrication des larmes par l'organisme est un phénomène complexe et raffiné que l'âme élabore dans le cabinet secret des passions humaines et qui s'opère par étapes. Bien que le corps entier subisse une métamorphose au moment où le sujet pleure, ce sont fondamentalement le cœur et l'âme qui, conjuguant leurs forces, favorisent les sécrétions lacrymales. Selon la théorie classique, les larmes naissent en effet dans le cœur qui, soumis aux passions de l'âme, se gorge du sang provenant des viscères digestifs et affluant en lui[25]. Accablée par les passions, l'âme pousse le

23 « *But a twined wreath of* grief *and* praise, / *Praise soiled with tears, and tears again / Shining with joy, like dewy days, / This day I bring for all thy pain* », H. Vaughan, « The Wreath », in *Silex Scintillans*, 1655, v. 9-12.

24 M. Cureau de la Chambre, *Les Characteres des larmes*, p. 20.

25 Les théories médicales classiques considéraient que l'âme était située dans le cœur.

cœur à se contracter avec vigueur ; celui-ci ne peut alors recevoir qu'à grand peine le sang qui se presse en lui et, sur le point de déborder, rejette quantité d'esprits qui, en un mouvement ascensionnel, rejoindront les yeux et concourront à l'élaboration des larmes.

La verticalité des larmes est une véritable source d'admiration chez nos deux poètes doublée d'un *leitmotiv* poétique signifiant. Quand Crashaw s'enthousiasme devant les larmes de Marie Madeleine, écrivant : « Tes larmes montent vers le ciel[26] », il évoque bien sûr l'humilité dont doit faire preuve le croyant à l'égard du Tout-Puissant qui l'observe depuis son trône céleste. Ce faisant, il sait gré à la larme d'établir, à la manière du clocher des églises, un lien spirituel entre l'univers des hommes et celui de Dieu, désormais à l'unisson. Ce mouvement vertical et ascensionnel par lequel les larmes montent au ciel fait également pendant à celui qu'elles décrivent, dans le corps humain, pour se hisser du cœur aux yeux. Grâce à la larme, microcosme et macrocosme se répondent donc afin de satisfaire la quête spirituelle de l'homme, et la larme sert ici d'intercesseur entre les deux règnes.

C'est des intestins et du foie, et avant qu'il ne transite par le cœur, que se répand le sang propre à se métamorphoser en larmes. Toutefois, le cœur est véritablement l'organe matriciel qui conditionne le mouvement ascensionnel présidant à la naissance des larmes. Dans ces vers extraits de « Anguish » Vaughan voudrait, également métonymiquement, déverser son cœur afin qu'il se fonde en larmes :

> Mon Dieu, si je pouvais pleurer du sang, / Je le ferais volontiers ; / Ou si tu consens à me transmettre cet art / Qui par les yeux déverse le cœur / Je le consumerai entièrement et tout mon être / Deviendra pleurs, un lac de larmes[27].

Dieu seul peut, par ses pouvoirs démiurgiques, conférer l'art de réduire cet organe énigmatique qu'est le cœur en pleurs. Cureau de la Chambre d'ailleurs ne manque pas de souligner le rôle primordial que joue le

---

26 « Upwards thou dost weep », R. Crashaw, « Saint Mary Magdalen or the Weeper », in *Carmen Deo Nostro*, st. IV. Signalons que « Saint Mary Magdalen or the Weeper » connut deux versions différentes : la première, publiée en 1646 dans *Steps to the Temple*, fut substantiellement modifiée et augmentée en 1648, résultant en fait de l'assemblage et de la réécriture de deux poèmes distincts : « The Weeper », première mouture du poème, et « The Tear ». La version publiée dans *Carmen Deo Nostro* en 1652 reprend à l'identique le poème de 1648. Il est significatif que le vers cité apparaisse de la même façon dans les deux versions.

27 « *If thou wilt give me that art, / Which through the eyes pours out the heart, / I will exhaust it all, and make / My self all tears, a weeping lake* », H. Vaughan, « Anguish », in *Silex Scintillans*, 1655, v. 9-12.

cœur : « On sent l'effort que le Cœur fait pour faire sortir [les larmes] ; Et puisque c'est de luy que vient la facilité qu'on a de pleurer [...], on peut dire que leur première vague & leur premier flot commence en cette partie[28]. » Le médecin du roi Jacques Ier, Helkiah Crooke, auteur d'un célèbre manuel d'anatomie, rappelle le postulat suivant, faisant autorité depuis Hippocrate : « L'âme de l'homme, selon lui [Hippocrate] se trouve dans le ventricule gauche et se nourrit non pas de viandes ou de boissons provenant du bas ventre mais d'une substance très pure et lumineuse que produit la séparation du sang[29]. » Ainsi les larmes sont-elles intimement liées au cœur dont le mouvement même les suscite.

Au moment où le cœur se contracte, il laisse échapper les substances propices à la formation des larmes, qui soulagent *in fine* leur matrice de ses excès calorifères. C'est l'apanage des âmes pures que d'intimer au corps l'ordre de se métamorphoser, la bonté de l'âme et la tendreté des organes corporels favorisant de manière égale la naissance des larmes. À l'inverse, les sujets au cœur endurci ne possèdent pas la faculté de pleurer, car ils sont insensibles aux passions de leur âme[30]. Le théologien anglican Culverwel va même jusqu'à écrire que « la dureté du cœur est la peste la plus douloureuse ; elle est commune, contagieuse et mortelle[31]. » L'ambiguïté est réelle : si le cœur est dur, c'est que l'âme est elle-même viciée ; à moins que ce ne soit l'inverse, comme le maintient Cureau de la Chambre : « La Dureté du Cœur rend l'Ame dure & insensible, sur laquelle les biens ny les maux d'autruy ne font jamais d'impression[32]. » On

28 M. Cureau de la Chambre, *Les Characteres des larmes*, p. 24.

29 « *The Soule of a man (sayth hee) is seated in the left ventricle and is nourished not by meates or drinkes from the lower belly, but by a most pure and bright substance out of the separation of the bloud* », H. Crooke, *Mikrokosmographia : A Description of the Body of Man*, Londres, 1615, p. 410. D'après les théories classiques, le sang est produit par le foie où il se fortifie grâce aux aliments ingérés, avant de cheminer vers le cœur. Ce n'est qu'au cours du dix-septième siècle que ces thèses seront battues en brèche par la théorie révolutionnaire de Harvey sur la circulation sanguine. L'âme, intangible et immatérielle, ne peut se nourrir de substances corporelles brutes.

30 La métaphore du cœur de pierre apparaît dans un verset du Livre d'Ézechiel (Ez. 36, 26).

31 « Hardnesse of heart is the sorest plague, common, infectious and deadly », E. Culverwel, *Time Well Spent in Sacred Meditations, Divine Observations, Heavenly Exhortations*, Londres, 1635, p. 184. Si elle comporte un caractère religieux indéniable, cette sentence peut aussi s'entendre littéralement, scientifiquement même. Rappelons que, au dix-septième siècle, le savoir, loin d'être compartimenté, se voulait globalisant, entraînant une porosité des discours relevant de ses différents champs.

32 M. Cureau de la Chambre, *Les Characteres des larmes*, p. 93. Cureau de la Chambre était un savant d'obédience catholique très vraisemblablement, puisqu'il officiait à

ne sait véritablement qui du cœur ou de l'âme agit sur l'autre, mais on se rend compte que les dimensions corporelle et spirituelle sont étroitement imbriquées chez l'être humain.

Nombreuses sont chez Crashaw et Vaughan les occurrences du *topos* du cœur endurci que les larmes assouplissent. Ainsi, chez Vaughan, l'image du cœur pétrifié ou minéralisé est parfois liée à une métaphore hivernale. Dans « Love-sick », le poète se désespère de ce que son cœur est comme plongé dans un état d'hibernation, sorte de léthargie qui l'engourdit et l'empêche de remplir la fonction corporelle qui lui est naturellement impartie. C'est pourquoi il supplie le Christ de guérir son mal, celui dont il est question dans le titre même du poème, de lui redonner vie en brisant la glace qui lui congèle le cœur :

> Et par ta présence fais couler ces montagnes, / Ces montagnes de glace froide en moi ! Tu es / Feu qui raffine, raffine donc mon cœur / Mon cœur tout souillé[33].

Le remède à sa douleur physique et morale, car les deux vont de pair, ne peut venir que de l'action de l'amour divin, source ignée propre à raffiner ou raréfier le sang du pécheur et, ce faisant, à libérer son cœur. Dans un poème encomiastique intitulé « *Sancta Maria Dolorum* or the Mother of Sorrows », Crashaw sollicite l'intercession de la Vierge Marie, « Reine suprême de douleurs », la conjurant de prendre soin de son cœur endurci et froid : « Donne-moi / mes larmes à moi aussi qui, bien que tout entier de pierre, / Me désole que tu sois seule à porter le deuil[34]. » Le processus de fabrication des larmes semble donc bien se distinguer par

la cour de Louis XIV. Pourtant, la communauté de pensée paraît grande entre lui et Culverwel, malgré des croyances religieuses différentes. L'enseignement à tirer de cette constatation est significatif : il convient de ne pas juger les écrits théoriques, mais également poétiques, par le prisme quelque peu réducteur des divergences religieuses qui opposaient catholiques, protestants et, s'agissant de l'Angleterre, anglicans. Le syncrétisme de pensée entre les Églises chrétiennes est sans doute plus solide qu'on ne l'imaginerait, et, surtout, la récupération politique des dissidences théologiques a largement contribué à éloigner les différentes confessions les unes des autres, alimentant les luttes factieuses et favorisant l'expression politicienne, c'est-à-dire matérialiste, de désaccords avant tout spirituels.

33 « *And at thy presence make these mountains flow, / These mountains of cold ice in me! Thou art / Refining fire, O then refine my heart, / My foul, foul heart!* », H. Vaughan, « Love-sick », in *Silex Scintillans*, 1655, v. 11-14.

34 « *Great Queen of greifes [...] Give / Me too my teares; who, though all stone, / Think much that thou shouldst mourn alone* », R. Crashaw, « *Sancta Maria Dolorum* or the Mother of Sorrows », in *Carmen Deo Nostro*, st. VI.

sa réflexivité, quand le cœur et les larmes, le feu et l'eau, se répondent en un jeu de miroirs sans fin.

La production des larmes s'articule en fait autour de l'expulsion par le cœur d'esprits qui cheminent jusqu'aux yeux avant de se transformer en larmes. Selon le jésuite Étienne Binet, l'esprit est « une subtile vapeur espraínte de sang[35] » ; sensiblement à la même époque, Crooke écrivait : « L'esprit vital est composée d'une matière double, aérienne et sanguine[36]. » D'après la médecine galénique, le cœur produit des esprits vitaux dont les savants du dix-septième siècle affirment qu'ils étaient composés d'air et de sang raréfié. Le sang qui s'échappe du cœur comprimé se gazéifie, en quelque sorte, tout en conservant un aspect fluide. Dès son origine, la double nature de la larme apparaît : le sang se convertit en partie en vapeur qui se liquéfiera à la surface des yeux. Conversion et conservation : tels semblent être les secrets de l'élaboration des larmes. Cureau de la Chambre décrit le processus de la façon suivante :

> Quand elle [l'Âme] ioint les Larmes à cette Passion [la Tristesse], il faut qu'elle change de dessein, & qu'au lieu de rappeler les esprits et le sang au Cœur, elle les fasse monter au visage pour faire rougir les paupières, le nez et les levres ; pour porter aux yeux l'humeur qui se doit changer en larmes, & pour la faire sortir[37].

Le corps entier est affecté chez le sujet qui est sur le point de pleurer, et les esprits, gagnés par un refroidissement soudain quand ils atteignent les yeux, se métamorphosent alors en larmes. Le froid extérieur à l'enveloppe charnelle fait donc, pour utiliser la terminologie appropriée, se « distiller » les esprits en larmes, ainsi que le note Bright par exemple : « La tristesse fait sortir des larmes des yeux, en un mouvement de compression ; le trop-plein d'esprits ainsi que la chaleur à l'intérieur du corps expulsent ces mêmes larmes [...], l'humeur humide évoquée ci-dessus est expulsée des yeux et se distille en larmes[38]. » La larme résulterait donc d'une

35 E. Binet, *Essay des Merveilles de Nature, et des plus nobles artifices* (1621), édition de 1632, préfacée par Marc Fumaroli, Évreux, Association du théâtre de la ville d'Évreux, 1987, p. 566.

36 « *This vitall sprit hath a double matter aery and sanguine* », H. Crooke, *Mikrokosmographia*, p. 410.

37 M. Cureau de la Chambre, *Les Charactères des larmes*, p. 14.

38 « *Teares in sorowe do issue out of the eyes by compression, and that internal fulnesse of spirits, and heat which forceth out these teares, [...] and the moysture before mentioned is forced out of the eyes,*

spiritualisation de la corporalité, point d'achèvement d'une dialectique dépassée entre le corps et l'âme, la matérialité de l'être humain et sa spiritualité enfouie[39].

Que la larme soit perçue par nos poètes comme l'aboutissement de ce processus alchimique, ces vers dans lesquels Vaughan rend hommage à une lampe éclairant la nuit suffiront à en témoigner :

> Tu ne dépenses point tes larmes en vain, car au moment même / Où tu te dissous en elles et qu'elles se distillent, / Elles sont entreposées dans l'orbite, où elles attendent, / Quand tout est fini, l'ultime et certaine provision[40].

Les deux opérations successives de la fabrication des larmes sont ici suggérées à travers la lampe dont l'huile ruisselante finit par se solidifier, formant des amalgames semblables à des gouttelettes : la dissolution des humeurs malignes dans le sang, voire du cœur entier, puis leur distillation et reconstitution en larmes, substances précieuses et pourtant inépuisables. Crashaw éprouve une fascination semblable pour ce processus dont le déroulement apparaît en filigrane de ces vers issus de « The Weeper » :

> Même l'or tendre qui / S'échappe de l'arbre pleurant de l'ambre / Ne change la peine en richesse aussi grande / Que les gouttes que tu distilles[41].

Les larmes de Marie Madeleine sont comme une évocation de son être intérieur, ce qui les rend plus chères encore que l'ambre. Les larmes permettent donc au sang de se purifier. Raffinement ou purification ne signifiant pas disparition, elles portent en elles, telles des réminiscences, les traces du fluide dont elles sont le produit transformé.

---

and distilleth into drops of teares », T. Bright, *A Treatise of Melancholie*, p. 149.

39 Toutes les larmes ne sauraient exprimer la spiritualisation de l'être. Certaines, notamment celles que la douleur physique fait verser, ou bien encore les larmes feintes, restent trop attachées au corps pour favoriser un dépassement de cette dialectique. C'est en cela que les théoriciens et les poètes du dix-septième siècle leur associent le qualificatif peu flatteur d'excrémentielles. Celles dont ils se font les chantres sont liées aux passions nobles, telles que l'amour, singulièrement l'Amour sacré.

40 « *Nor dost thou spend one tear in vain, for still / As thou dissolv'st to them, and they distil, / They're stored up in the socket, where they lie, / When all is spent, thy last, and sure supply* », H. Vaughan, « The Lamp », in *Silex Scintillans*, 1650, v. 17-20.

41 « *Not the soft Gold which / Steales from the Amber-weeping Tree, / Makes sorrow halfe so Rich, / As the drops distil'd from thee* », R. Crashaw, « The Weeper », in *Steps to the Temple*, Londres, 1646, st. 8. Il s'agit de la première version du poème.

Toutes ces remarques appellent plusieurs conclusions. Premièrement, en une forme de recyclage si caractéristique de la diffusion de l'écrit au dix-septième siècle, les poèmes réutilisent le discours médical sur les passions de l'âme et leurs manifestations organiques. La représentation poétique de la douleur et des larmes participe d'une économie physiologico-spirituelle associant corps et âme en une vision holiste, non fragmentaire, de l'être humain. Deuxièmement, empruntant intensément aux hypotextes biblique et patristique ainsi qu'à la mystique rhénane et ignacienne, c'est la spiritualité chrétienne qui, dans les poèmes, charpente cet édifice scientifique. Les différences entre la spiritualité catholique et anglicane disparaissent devant l'éthique de la souffrance et de la compassion que mettent en scène les poèmes, où le poète-croyant doit souffrir et compatir – au sens étymologique du terme, c'est-à-dire souffrir avec – afin d'imiter au mieux ce corps souffrant tutélaire qu'est le Christ de douleurs. La douleur et les larmes sont donc envisagées selon une perspective axiologique alors que le corps souffrant du poète se consume, s'essentialise, mais sans jamais se départir de sa matérialité, lors de la communion lacrymale qu'impose le sacrifice christique.

Troisièmement, la larme, étroitement associée au sang sur le plan physiologique, est l'instrument privilégié d'une purgation de l'âme et, métaphoriquement, d'une purification accomplie. C'est parce qu'elle opère constamment dans cet entre-deux ontologique, oscillant entre le matériel et le spirituel, qu'elle possède un inépuisable potentiel sémiotique. Elle se laisse infléchir et soumettre à des degrés variables de métaphorisation, suscitant *ipso facto* l'engouement des poètes. Patchwork polysémique, la larme se convertit aisément en figure de style quand il s'agit, par exemple, d'exprimer les passions de l'âme et, singulièrement, l'expiation des péchés par le pénitent ou l'amour que ressent le croyant pour Dieu. Même enveloppée dans cet habit, elle conserve son sens littéral, qui rappelle son fondement anatomique et l'ancre dans la réalité matérielle de l'être. Quand Vaughan écrit : « Avec des larmes sincères lave ta fange » et « les larmes nettoient et adoucissent sans faillir[42] », il fait l'éloge de la dimension baptismale et régénératrice de la larme qui permet au pécheur d'expier ses fautes et favorise donc son

42 « *With true tears wash off your mire* », « *Tears cleanse and supple without fail* », H. Vaughan, *Silex Scintillans*, 1655, v. 4, 7. Ces vers sont extraits d'un poème sans titre placé en exergue du recueil, juste au-dessous des vers dédicatoires adressés au Christ et à la Vierge Marie.

repentir. Métaphoriquement, la larme lave l'âme et attendrit le cœur comme, physiologiquement, elle délivre ces deux organes de leurs scories d'affects. La purification spirituelle se confond avec la purgation corporelle, la métaphore avec le sens premier. La littéralité de cet objet scientifique qu'est la larme ne saurait donc se perdre dans les nombreuses potentialités sémiotiques dont la gratifie l'usage métaphorique qu'en font les auteurs, et derrière le motif poétique, quelque part à travers les interstices du poème, l'objet larme se laisse deviner, à la fois symptôme et image du corps souffrant.

Laurent CURELLY
Université de Haute-Alsace

QUELQUES CONSIDÉRATIONS AU SUJET DE LA REPRÉSENTATION DE LA SOUFFRANCE

dans le livret d'opéra entre les XVIIe et XVIIIe siècles

Le concept de la représentation des passions, « *Affectus exprimere* », est utilisé dans la théorie musicale depuis le XVIe siècle[1]. Le thème de la mélancolie, un sentiment très présent dans la musique de cette époque, connut alors son expression maximale avec le compositeur et luthiste anglais John Dowland (1563-1626) ; notamment avec une pièce pour ensemble intitulée *Semper Dowland, Semper Dolens* [toujours Dowland, toujours souffrant] et d'autres compositions telles que *Lachrimae Pavane* / *Flow My Tears.*

Les mots-clés sont la fatalité, le destin inéluctable, la perte de l'espoir qui mène au désir de mort, quand la détresse, la douleur et la peur de l'avenir deviennent le seul « espoir » (« *And fear and grief and pain for my deserts / Are my hopes, since hope is gone* [et la peur et l'affliction et la peine sont mon lot / et mes espoirs, puisque l'espoir est parti][2] »).

> *Flow, my tears, fall from your springs! / Exiled for ever, let me mourn; / Where night's black bird her sad infamy sings, / There let me live forlorn. // Down vain lights, shine you no more! / No nights are dark enough for those / That in despair their lost fortunes deplore. / Light doth but shame disclose. // Never may my woes be relieved, / Since pity is fled; / And tears and sighs and groans my weary days / Of all joys have deprived. // From the highest spire of contentment / My fortune is thrown; / And fear and grief and pain for my deserts / Are my hopes, since hope is gone. // Hark! you shadows that in darkness dwell, / Learn to contemn light / Happy, happy they that in hell / Feel not the world's despit*[3].

1 *Cf.* J. W. Hill, « The Doctrine of the affections », *Baroque Music : Music in Western Europe, 1580-1750* (The Norton Introduction to Music History), New York, Norton, 2005, p. 389-396.

2 J. Dowland, *Lacrymae*, CD avec livret et traductions françaises, Outhere Music / Alpha productions, 2012, p. 32-33.

3 *Ibid.*

Bien que ce ne soit pas un texte appartenant au genre de l'opéra, beaucoup de motifs et *topoi* qui apparaissent dans cette chanson deviendront récurrents dans la littérature poétique de l'époque baroque : « *There let me live forlorn.* » (Laissez-moi vivre dans la solitude) ; « *No nights are dark enough for those / That in despair their lost fortunes deplore.* » (Nulle nuit ne peut être assez sombre pour ceux / qui pleurent leur fortune perdu (sic) dans le désespoir) ; « *Never may my woes be relieved* » (Jamais mes douleurs ne s'apaiseront) ; « *My fortune is thrown ; / And fear and grief and pain for my deserts / Are my hopes, since hope is gone.* » (Ma fortune a été jetée bas ; / et la peur et l'affliction et la peine sont mon lot / et mes espoirs, puisque l'espoir est parti) ; « *Happy, happy they that in hell / Feel not the world's despite.* » (Heureux, heureux ceux qui en enfer / ne sentent pas le dépit de ce monde).

Dans le livret d'opéra la souffrance est représentée depuis les débuts du genre. La tradition de l'« aria lamento », avec la célèbre complainte du *Lamento d'Arianna* (1608) composée par Claudio Monteverdi sur un texte d'Ottavio Rinuccini, deviendra un *topos* que l'on trouve dans l'opéra italien des XVIIe et XVIIIe siècles. *L'Arianna* est le deuxième opéra composé par Claudio Monteverdi (après *L'Orfeo* ; premier chef-d'œuvre d'opéra connu en musique[4]). Il fut créé à Mantoue au printemps 1608. Son sujet s'appuie sur la légende grecque d'Ariane et Thésée : l'histoire de l'abandon d'Ariane par Thésée sur l'île de Naxos et son élévation ultérieure au rang d'épouse du dieu Bacchus. La musique en est perdue, à l'exception du lamento, la scène centrale, connue sous le nom de *Lamento d'Arianna*[5].

---

4 La tragédie en vers *Euridice* d'Ottavio Rinuccini, écrite à l'occasion du mariage de Marie de Médicis et Henri IV de France, et mise en musique par Jacopo Peri (Florence, Palazzo Pitti, 6 Octobre 1600) est considérée comme le premier opéra (dans le sens le plus pur du terme) dont la mise en scène est historiquement documentée.

5 La complainte d'Ariane eut un grand écho. Dans son œuvre *Il sesto libro de madrigali a cinque voci* (Venezia, Ricciardo Amadino, 1614 ; réimpression 1620, et par Pierre Phalèse à Anvers en 1639) Monteverdi arrangea le lamento à cinq voix. La version monodique a été publiée deux fois en 1623, dans le *Lamento d'Arianna del signor Claudio Monteverde… Et con due lettere amorose in genere rappresentativo* (Venezia, B. Magni, 1623), et dans *Il maggio fiorito : arie, sonetti, e madrigali, a 1.2.3. de diversi autori : posta in luce da Gio. Battista Rocchigiani orvietano, musico nel Duomo d'Orvieto : primo libro : opera terza* (Orvieto : Michelangelo Fei et Rinaldo Riuli, 1623). Le pendant sacré de la complainte (Contrafactum) de Monteverdi apparut également dans le florilège *Selva morale e spirituale* (Venise, 1641) sous le titre *Pianto della Madonna. Cf.* S. G. Cusick, « "There Was Not One Lady Who Failed to Shed a Tear": Arianna's Lament and the Construction of Modern Womanhood », *Early Music*, vol. 22, no 1, (Monteverdi II), Feb. 1994, p. 21-41.

La complainte d'Ariane se compose de quatre sections qui alternent assez brutalement entre différents sentiments. Tout d'abord le mortel désespoir (« *Lasciatemi morire [...] / E che volete voi che mi conforte / in così dura sorte, / in così gran martire ?* » [Laissez-moi mourir [...] / Et que voulez-vous qui me console / en un sort si cruel, / en un si grand martyre ?]), ensuite l'évocation nostalgique de joies passées (« *O Teseo, o Teseo mio, / sì che mio ti vo' dir, che mio pur sei* [...] » [O Thésée, o mon Thésée, / car je veux te dire mien, que tu es bien à moi]) et la description de ses souffrances (« *O Teseo, o Teseo mio, [...] Se tu sapessi, ohimè ! come s'affanna / la povera Arianna* » [O Thésée, o mon Thésée, / si tu savais, o Dieu, / si tu savais, hélas ! comme se tourmente / la pauvre Ariane]) ; puis viennent des accusations contre l'amant infidèle (« *Dove, dove è la fede, / che tanto mi giuravi ? [...] // Ahi, che non pur risponde ! / Ahi, che più d'aspe è sordo a' miei lamenti !* », [Où donc, où est la foi, / que tu m'as jurée ? [...] // Hélas, il ne répond pas. / Hélas !, Plus qu'un aspic il est sourd à mes plaintes !]) ; enfin le serment de vengeance au fugitif (« *O nembi, o turbi, o venti, / sommergetelo voi dentr'a quell'onde !* » [Oh nuées, o tornades, o tempêtes, / plongez-le dans la mer orageuse !]) avec, immédiatement après, la consternation de l'impiété de ses propres mots.

Dans la dernière strophe, Ariane regrette d'avoir maudit Thésée : « *Che parlo, ahi ! che vaneggio ? [...] Parlò l'affanno mio, parlò il dolore, / parlò la lingua sì, ma non già 'l core.* » [Que dis-je ? Hélas, je delire ! [...] c'est mon angoisse qui a parlé, c'est ma douleur ; / oui, c'est ma bouche qui parla, mais pas mon cœur.]

C'est la douleur qui conduit au délire. Ici aussi, dès l'incipit (« *Lasciatemi morire* »), la mort est invoquée comme la seule délivrance possible à la souffrance.

Du point de vue de la technique de composition, le tétracorde descendant (que l'on retrouve également dans l'opéra vénitien du XVIIe siècle) devient, comme le souligne Ellen Rosand, l'emblème du lamento :

> *The descending tetrachord ostinato [...] was a means for setting the lament apart from its context and at the same time maintaining its intense emotional power [...] The pattern offered the possibility of consistent, yet unpredictable conflict between voice and bass line, creating dissonances of melody, rhythm, and texture; and the effect of this conflict was increased by the nonverbal impact of reiterated descent in the minor mode as a fitting expression of endless suffering*[6].

---

6 E. Rosand, « The Descending Tetrachord : An Emblem of Lament », *The Musical Quarterly*, vol. 65, no 3 (Juli 1979), p. 346-359 : 356. *Cf.* aussi Lorenzo Bianconi, « Convenzioni

> « Le tétracorde descendant ostinato [...] était un moyen pour séparer la complainte de son contexte et de maintenir en même temps son intense puissance émotionnelle [...]. Cette configuration offrait la possibilité d'un conflit profond, quoiqu'imprévisible, entre la voix et la ligne de basse, créant des dissonances de mélodie, de rythme et de texture ; et l'effet de ce conflit était accru par l'impact non verbal des répétées descentes au mode mineur comme expressions naturelles d'une souffrance sans fin. »

Quelques années plus tard, en 1649, René Descartes publie son traité philosophique *Les Passion de l'âme*[7], qui devient le fondement philosophique de la description des sentiments (« affetti ») dans l'opéra. Parmi les passions qu'il décrit se trouve également « la tristesse ». Déjà en 1618, dans son œuvre *Compendium musicae*[8], Descartes étudia le son pour comprendre la façon dont la musique peut nous émouvoir, et il décrivit la relation entre la musique et les sentiments. Dans le *Compendium musicae*, la description du son est faite principalement du point de vue physique.

Voici la définition que donne Descartes pour la *Tristesse* :

> *La définition de la Tristesse* (Article XCII)
> La Tristesse est une langueur désagréable, en laquelle consiste l'incommodité que l'âme reçoit du mal, ou du défaut, que les impressions du cerveau lui représentent comme lui appartenant. En il y a aussi une tristesse intellectuelle qui n'est pas la passion, mais qui ne manque guère d'en être accompagnée[9].

Il décrit également les effets de la tristesse sur notre corps, notamment à l'article 100, où les effets de la tristesse sont décrits comme suit :

> que le pouls est faible et lent, et qu'on sent comme des liens autour du cœur, qui le serrent, et des glaçons qui le gèlent, et communiquent leur froideur au reste du corps ; et que cependant on ne laisse pas d'avoir quelquefois bon appétit, et de sentir que l'estomac ne manque point à faire son devoir, pourvu qu'il n'y ait point de haine mêlée avec la tristesse.

et à l'article 105, qui revient sur cette symptomatologie de la tristesse :

---

formali e drammaturgiche. Il lamento », *Il Seicento* (*Storia della Musica*, vol. 5), Torino, EdT, 1991, p. 230.

7 Descartes décrit dans son traité six passions originelles : l'étonnement, l'amour, la haine, la tristesse, la joie, l'envie. R. Descartes, *Les Passions de l'âme*, in *Œuvres et lettres*, Paris, Gallimard, « Pléiade », 1953.

8 *Cf.* P. Gozza, « Una matematica rinascimentale : la musica di Descartes », *Il Saggiatore musicale*, n. 2, 1995, p. 237-257.

9 R. Descartes, *op. cit.*, p. 739.

> Au contraire, en la tristesse, les ouvertures du cœur sont fort rétrécies par le petit nerf qui les environne, et le sang des veines n'est aucunement agité, ce qui fait qu'il en va fort peu vers le cœur ; et cependant les passages par où le suc des viandes coule de l'estomac et des intestins vers le foie, demeurent ouverts, ce qui fait que l'appétit ne diminue point, excepté lors que la haine, laquelle est souvent jointe à la tristesse, les ferme[10].

Parallèlement la tradition de l'opéra se développe dans toute l'Europe. Le lamento de Didon, tiré de l'opéra *Dido and Aeneas* d'Henry Purcell (1688-1689)[11] constitue un autre exemple très célèbre de lamento dans l'histoire de l'opéra.

Le texte de Nahum Tate fait allusion à la légende romaine de l'Énéide (Livre IV). Énée cherchant à gagner l'Italie pour s'y installer et assurer la descendance de son fils. Énée erre sur les rives d'Afrique du Nord et arrive à Carthage où règne Didon. Didon et Énée s'éprennent l'un de l'autre, mais Énée reprend sa quête vers l'Italie et abandonne la reine à son désespoir. Sa détresse est telle qu'elle se précipite sur le bûcher, à la scène 2 de l'acte III :

> RECITATIVE
>
> *Thy hand, Belinda, darkness shades me, / On thy bosom let me rest, / More I would, but Death invades me; / Death is now a welcome guest.*
>
> « Ta main, Belinda : les ténèbres m'enveloppent. / Laisse-moi reposer sur ton sein ; je voudrais / t'en dire davantage, mais la Mort s'empare de moi ; / la Mort est à présent une hôte bienvenue[12]. »

Le récitatif secco d'ouverture, « Thy hand, Belinda, darkness shades me », est accompagné seulement par le continuo. Les mots « darkness » [ténèbres] et « Death » [mort] sont présentés avec le chromatisme, symbole de la mort. La mort est invoquée « Death is now a welcome guest » [La mort est maintenant la bienvenue].

> ARIA
>
> *When I am laid in earth, may my wrongs create / no trouble in thy breast; / Remember me, but ah! forget my fate.*

---

10 R. Descartes, *op. cit.*, p. 744.

11 C. Price, « Dido and Aeneas, Questions of Style and Evidence », *Early Music*, vol. 22, no 1, (Monteverdi II) Feb. 1994, p. 114-125.

12 H. Purcell, *Dido and Aeneas*, libretto de Nahum Tate, Virgin Classics, 2003, p. 48-49.

« Quand je serai portée en terre, / puissent les torts que j'ai soufferts / ne point troubler ton cœur ; / souviens-toi de moi, mais ah ! oublie mon sort[13]. »

Henry Purcell met l'accent sur les mots « laid » [posé], avec une ligne chromatique descendante représentant la mort et l'agonie. Au texte « Remember me » correspond un passage syllabique avec un *crescendo* soudain : c'est son cri désespéré au moment où elle se prépare à accomplir son destin. La mort courageuse rachète ainsi la reine trahie, ce qui différencie le lamento de Didon de celui d'Ariane chez Monteverdi. Les deux protagonistes (Ariane et Didon) souffrent de l'abandon de leurs amants et expriment leur peine *ad spectatorem*, une profonde souffrance qui mène à la mort. Le lamento, que nous avons vu dans ces deux exemples, devient un *topos* que l'on retrouve, doté d'une structure poétique et dramatique différente, dans l'opéra italien du XVIIIe siècle avec l'« aria di sgomento » [frayeur] et l'« aria agitata ».

Il est cependant important de noter que l'une des règles dramatiques de l'opéra, en particulier du XVIIIe siècle, est l'alternance entre différents affects : selon l'expression italienne, le clair-obscur (*chiaroscuro*).

Au tournant des XVIIe et XVIIIe siècles, Jean Racine et Pierre Corneille font référence en matière de livret. Comparé à un *dramma per musica* du XVIIe siècle, les péripéties et le nombre de personnages diminuent, les rôles de servantes et les scènes comiques disparaissent progressivement de l'action au début du XVIIIe siècle. Le *dramma per musica* du XVIIe siècle a évolué sous l'influence de librettistes tels que Silvio Stampiglia, Apostolo Zeno et – quelques années plus tard – Pietro Metastasio vers un opéra « sérieux », *opera seria*[14].

Les livrets italiens du XVIIIe siècle imitent la construction dramatique des œuvres de Racine et Corneille. Ainsi, la liaison des scènes est respectée. Toutefois, un *dramma per musica* du XVIIIe siècle est divisé, non pas en cinq actes comme la tragédie classique française, mais en trois, avec un *lieto fine* obligatoire pour l'opéra italien.

En ce qui concerne les sujets dramatiques, ils mettent habituellement en scène des personnages historiques de l'antiquité.

---

13 H. Purcell, *op. cit.*, p. 48-49.

14 R. Strohm, *Die italienische Oper im 18. Jahrhundert*, Wilhelmshaven, 1979 ; *Zur Dramaturgie der Barockoper : Bericht über die Symposien 1992 und 1993*, hg.v. H. J. Marx (Veröffentlichungen der Internationalen Händel-Akademie, vol. 5) Laaber, 1994, p. 33-54 ; P. Gallarati, *Musica e maschera : Il libretto italiano del settecento*, Torino, EdT, 1984.

Un élément clé de l'*opera seria* est la succession entre récitatifs et airs. Le récitatif est un moment dynamique permettant à l'intrigue de progresser. Sur le plan de la versification et de la métrique, il s'agit de vers heptasyllabiques ou hendécasyllabiques sans rime. Sur le plan musical, ce peut être un récitatif sec ou accompagné. Pendant un récitatif sec le chanteur est accompagné seulement par le continuo (clavecin ou théorbe, violoncelle) provocant un effet très similaire au discours parlé pour l'auditeur. Le récitatif accompagné, aussi appelé « *Instrumentato* », implique un accompagnement instrumental de l'orchestre. Il est généralement utilisé pour des moments particulièrement pathétiques de l'action et produit un effet similaire à celui des monologues dramatiques dans le théâtre. L'Air (les vers en sont rimés) est un moment plus statique de l'histoire, où les émotions et les sentiments sont représentés.

Le malheureux destin de la reine de Carthage est également traité par Metastasio, le plus grand librettiste de l'opéra italien du dix-huitième siècle. Voici sa version de *Didone abbandonata* en 1724, sans le *happy end* attendu. Ici, comme dans la légende, Didon s'immole dans les flammes.

SCENA ULTIMA

DIDONE *sola.*

Ah che dissi infelice ! A qual eccesso / mi trasse il mio furore. / Oh dio cresce l'orrore. Ovunque io miro / mi vien la morte e lo spavento in faccia, / trema la regia e di cader minaccia. / Selene, Osmida, ah tutti, / tutti cedeste alla mia sorte infida, / non v'è chi mi soccorra o chi m'uccida. // Vado… Ma dove ?… Oh dio ! / resto… Ma poi, che fo ! / Dunque morir dovrò / senza trovar pietà ? // E v'è tanta viltà nel petto mio ? / No no. Si mora. E l'infedele Enea / abbia nel mio destino / un augurio funesto al suo camino. / Precipiti Cartago, / arda la regia e sia / il cenere di lei la tomba mia[15]*.)*

« Ah, que dis-je ? que je suis malheureuse ! dans quels excès m'a entraînée ma fureur ? oh Dieux ! l'horreur augmente : de quelque côté que je tourne mes regards, je rencontre l'épouvante e la mort. Le Palais tremble et menace de tomber. Sélène, Osmida, tous tant que vous êtes, vous m'avez tous abandonnée à mon sort malheureux ; il n'y a personne pour me secourir ou pour me tuer. Je vais… mais où ? … O Dieux ! je reste… mais après tout, que fais-je ? il faudra donc que je meure sans trouver de compassion ? Y-a-t-il (*sic*) tant de

15 P. Metastasio, *Didone abandonata*, Naples, Ricciardo, 1724, aujourd'hui lisible en ligne dans *Pietro Metastasio Drammi per musica* (Université de Pavie, projet dirigé par Anna Laura Bellina et Luca Tessarolo) : http://www.progettometastasio.it/pietrometastasio/libretti/DIDONE/libretti/P1-0.jsp. Ceci est une exception par rapport aux conventions dramatiques de l'époque ; Métastase a modifié le final de la version de Didon abandonnée (Madrid 1752), qui contient la légende de la licence de Neptune.

> bassesse dans mon cœur ? non, non ; que je meure, et que l'infidèle Énée ait dans mon destin, un augure funeste pour son voyage : que Carthage tombe en ruine, que le Palais brûle ; et que ses cendres deviennent mon tombeau[16]. »

La structure en est très différente de celle de *Dido and Aeneas* de Purcell/ Tate. Il s'agit ici d'un arioso délimité par un récitatif dont les mots clés sont la mort, l'horreur, la peur, le destin perfide. De façon similaire au lamento de Purcell, la mort est vue comme la seule voie de rédemption (« *Precipiti Cartago, / arda la regia e sia / il cenere di lei la tomba mia.* » ([que Carthage tombe en ruine, que le Palais brûle et que ses cendres deviennent mon tombeau]). Elle meurt comme une reine.

Les livrets de Pietro Metastasio deviennent un modèle pour les librettistes tout au long de la première moitié du XVIIIe siècle ; dans les « *scene d'ombra* » et les « *scene di carceri* » [scènes d'ombre et de prison], la proximité de la mort et le détachement de la vie sont souvent exprimés, et appartiennent certainement au répertoire de l'*opera seria*. De telles scènes se trouvent par exemple dans *Demofoonte, Antigone, Ezio, Siroe* de Metastasio[17]. En particulier à la fin du siècle les scènes de cette nature s'inspirent de la pièce larmoyante.

Le même registre se retrouve dans *Lucio Silla* mis en musique par le jeune Mozart (livret de Giovanni De Gamerra), pour la saison 1772 du Teatro Ducale de Milan. Ce livret a été inspiré par le surnaturel et les « *drammi lagrimosi* » (drames larmoyants).

De Gamerra était un admirateur du théâtre espagnol, anglais et français ; et par-dessus tout des pièces larmoyantes. Bien que son œuvre poétique suive la tradition métastasienne, il développe l'aspect surnaturel de ces scènes, comme le montrent les nombreuses *scene d'ombra* de *Lucio Silla*. La préférence du librettiste pour les scènes sombres et terrifiantes trouve un pendant musical dans la partition du jeune Mozart. L'air « *Parto, m'affretto* » de Giunia (la *prima donna*, la protagoniste) est particulièrement remarquable. Mozart a mis en musique cet air en reprenant les caractéristiques d'un « *aria agitata* », dans lequel le désespoir de Giunia, qui

16 *Didon abandonnée*, traduit de l'italien par Marie Grignon together with an extract from the life and writings of the Abate Metastasio : by Charles Burney, seconde édition revue et corrigée, Londres, W. Flint, Old Bailey, non daté.

17 Ceci est une longue tradition dans l'opera depuis la fin du XVIIe siècle. *Cf.* A. Romagnoli, *"Fra catene, fra stili e fra veleni"... ossia della scena di prigione nell'opera italiana (1690-1724)*, Lucca, LIM, 1995.

veut la mort (« *Il cor si spezza. Mi manca l'anima.* » [Mon cœur se brise, mon âme s'en va.] / « *E smanio e gemo. E piango e peno.* » [Et je m'agite et je gémis, et je pleure et je souffre] ; « divien la morte istessa / pietosa in questo dì. » [Ce jour aussi, la mort devient pitoyable]) est exprimé par la tourmente et l'instabilité de la ligne mélodique.

Le schéma formel de cet air ne respecte pas celui de la tradition[18]. Du point de vue de la versification il s'agit d'un sizain en « *doppi quinari* », décasyllabes avec deux hémistiches de cinq syllabes. La deuxième Strophe est un quatrain d'heptasyllabes.

> *Parto, m'affretto. Ma nel partire / il cor si spezza. Mi manca l'anima. / Morir mi sento. Né so morire.*
> *E smanio e gemo. E piango e peno. / Ah se potessi, potessi almeno / fra tanti spasimi, morir così. // Ma per maggior mio duolo, / verso un'amante oppressa / divien la morte istessa / pietosa in questo dì.*

> « Je pars, je me hâte. Mais, dans ce départ, / mon cœur se brise. L'âme me manque, / je me sens mourir. Et puis mourir, / et je délire, et me glace. Et je pleure, et je souffre, / Ah, si je pouvais au moins, / dans ces spasmes, mourir ainsi. / Mais, pour accroître ma peine, / envers une amante oppressée, / aujourd'hui la mort même / est prise de pitié[19]. »

On retrouve le *topos* de l'héroïne abandonnée également à la fin du XVIIIe siècle, avec un arrière-plan culturel différent. Un thème récurrent dans la littérature du XVIIIe siècle est le lien entre la douleur et la folie.

Un exemple ultérieur qui pourrait être cité est celui de *Nina, ossia la pazza per amore*[20], une comédie en musique du compositeur Giovanni Paisiello sur un livret de Giuseppe Carpani et Giovanni Battista Lorenzi. *Nina ou La Folle par amour* de Benoît-Joseph de Marsollier Vivetières, livret pour un opéra de Nicolas Dalayrac inspira Lorenzi. L'opéra de Paisiello a été mis en scène au Belvedere di San Leucio (Caserta) et ensuite au *Teatro dei Fiorentini* à Naples à l'automne 1789, et dans le même théâtre l'année suivante dans une version en deux actes. Nina

---

18 *Parto, m'affretto* : A (1. Strophe) : *a* (Versets 1–4) *b* (Versets 5–6/3–4) ; A' (1. Strophe) : *a'* (Versets 1–4) *b'* (Versets 5–6) ; B (2. Strophe). *Cf.* A. De Feo, « Lucio Silla und der Typus der Opera seria », *Mozarts Lucio Silla – Ein frühes Meisterwerk*, hg.v. Ulrich Leisinger, Michael Fischer, Johannes Honsig-Erlenburg, Salzburg, Pustet Verlag, 2013, p. 61-72.

19 Il s'agit de la scène 11 du troisième acte. Pour le texte du libretto et la traduction française : *Mozart, Lucio Silla, L'avant-scène Opéra*, bimestriel n. 139, mai-juin, 1991, p. 66.

20 S. Leopold, Art. « Giovanni Paisiello : Nina ossia La pazza per amore », in : *Pipers Enzyklopädie des Musiktheaters*, vol. 4, München – Zürich, 1986, cl. 643/645.

perd l'esprit, de sorte qu'elle ne reconnaît plus les gens qui sont autour d'elle. La jeune fille est la promise de Lindoro. Mais son père trouve un meilleur prétendant et rompt les fiançailles avec Lindoro, qui, après avoir combattu avec son rival, a été mortellement blessé. À la suite de ces événements Nina plonge dans la folie et ne vit plus que dans l'espoir de revoir l'être aimé.

Dans l'air *Il mio ben quando verrà*, Nina est désespérée par la perte de son Lindoro et dans son délire croit le voir arriver. Il s'agit d'une scène de folie comme elles foisonnent dans le livret des XVIIe et XVIIIe siècles. Pendant le récitatif, Nina exprime son égarement et sa douleur : « O quale funesto e tetro orrore ingombra la natura ! » [Hélas, quelle fatale et sombre horreur de la nature !] « Io non esisto più… no, più non vivo né viverò finch'egli meco non sia. » [Je n'existe plus… non plus, je ne vis plus ou ne vivrais plus jusqu'à ce qu'il revienne chez moi.] « Oh come sto male ! qui… dappertutto… Ma se Lindoro viene, allora tutto è gioia, tutto è bene. » [Oh que je souffre ! ici… partout… Mais si Lindoro revient alors tout est joie, tout va bien.]

NINA

Il mio ben quando verrà, / a veder la mesta amica, / di bei fior s'ammanterà / la spiaggia aprica. / Ma nol vedo… / ma sospiro… / e il mio ben, / ahimè, non vien ! / Mentre all'aure spiegherà / la sua fiamma, i suoi lamenti, / mille, o augei, v'insegnerà / più dolci accenti. / Ma non l'odo ! / E chi l'udì ? / Ah ! il mio bene / ammutolì. / Tu, cui stanca omai già fé / il mio pianto, Eco pietosa, / ei ritorna, e dolce a te / chiede la sposa ! / Pian… mi chiama… / piano… ahimè ! / Non mi chiama : / oh Dio ! non c'è[21].

« Lorsqu'en ces lieux Lindor viendra / consoler sa triste amie, / le printemps ranimera l'oiseau les bois et la prairie / mais… je regarde / mais hélas ! le bien-aimé ne revient pas / ne revient pas / le bien-aimé ne revient pas / le bien-aimé ne revient pas / lorsqu'au zéphire il confiera le doux nom de son amante jusqu'à moi l'écho portera sa voix gémissante / mais… on m'appelle ? c'est Lindor ? erreur cruelle tout se tait encore non… il m'appelle / tout se tait encore / Âme des bois plaintive écho confidente de sa tendresse enivré d'un espoir nouveau il te demande sa maîtresse / paix c'est lui-même / c'est lui je crois / c'est lui je crois / O peine extrême / Lindor ce n'est pas toi[22]. »

21 G. Paisiello, *Nina, o sia la pazza per amore*, Venise, auprès de Modesto Fenzo, 1796, p. 19-20. Imprimé conservé à la Bibliothèque Braidense, Milan côte RACC. DRAMM 4716 et non publié, aujourd'hui numérisé : http://www.braidense.it/rd/04716.pdf.

22 G. Paisiello, *Il mio ben quando verrà, rondò della Nina*, Traduction française par M. de Gourbillon, Paris, Aux Troubadours, partition non datée.

Peu de temps après le spectateur apprend que Lindoro n'est pas mort. Il a été grièvement blessé, et le comte l'accueille comme un fils. La sérénité restaure progressivement la raison de Nina, qui parvient à reconnaître de nouveau les personnes qui l'entourent ainsi que Lindoro. L'opéra se termine par le mariage des deux amoureux.

Nina fait partie de la tradition de l'opéra sentimental et larmoyant : avec un élément comique, mais très émotionnel, pathétique et élégiaque.

Cette brève étude vise à mettre en lumière le parcours emprunté par la représentation de la douleur et de la souffrance au sein d'un genre complexe et multiforme tel l'opéra. Plusieurs fluctuations se dégagent à travers les siècles et les lieux où il est pratiqué et nombreuses sont les traditions qui confluent dans ces différentes représentations. Dès les débuts de l'opéra en Italie avec *l'Arianna* de Monteverdi (1608), en passant par l'opéra baroque en Angleterre avec la complainte de *Dido and Aeneas* de Purcell (1688), le genre offre un spectre varié des possibilités d'expression des passions douloureuses.

Dans ce parcours complexe, des lignes de filiation et des intertextes peuvent être retrouvés, qui montrent à quel point la représentation de la souffrance s'inscrit dans un ensemble déterminé de conventions de composition et de mise en scène et peut être mise en relation avec une tendance plus générale des représentations artistiques de l'époque. Parfois, en effet, les diverses traditions musicales se mélangent et s'inspirent des modes littéraires et/ou théâtrales du moment : nous avons brièvement illustré les caractéristiques de l'*opera seria* de Métastase avec la scène-monologue de *Didone abbandonata* (1724) et montré dans quelle mesure, dans *Lucio Silla* de De Gamerra/Mozart un livret de la tradition métastasienne de la fin du XVIIIe siècle peut être inspiré par le modèle français de la pièce larmoyante couplé à la tradition du surnaturel, en vogue auprès des lecteurs et des spectateurs dans le deuxième moitié du XVIIIe siècle. Notre parcours s'est achevé sur la dernière saison de l'opéra italien du XVIIIe siècle, avec la comédie en musique *Nina ossia la pazza per amore* de Paisiello 1789 où, à travers des motifs larmoyants, le thème de la douleur et la folie émergent à la surface de la représentation.

Dans tous les exemples que nous avons montrés et succinctement analysés, il s'agit bien d'exprimer les passions de l'âme au travers de la musique, de faire de la musique le moyen pour ex-primere (pousser en dehors) et re-présenter les mouvements intérieurs de l'âme ou de l'esprit. C'est une intention qui est déjà présente dans la théorie musicale du XVIe siècle avec l'« *Affectus exprimere* » (expression de l'affect), qui atteint le paroxysme de la mélancolie avec John Dowland et qui se métamorphose au fil des époques suivant les théories et les pratiques de la composition musicale et suivant les méthodes et les aspirations des esthétiques contemporaines.

Quant aux moyens propres à chaque forme artistique, l'opéra exprime les différentes passions de l'âme, « *affetti* » (affects), principalement dans l'air, grâce au chant, à la voix. La souffrance trouve sa représentation musicale à travers le lamento, l'« *aria di sgomento* », l'« *aria agitata* », qui propose aux spectateurs une palette d'émotions douloureuses dont les nuances seraient difficilement classifiables. Les débordements sentimentaux sont confiés essentiellement à un personnage féminin : par le biais de la complainte de l'héroïne, la douleur est exprimée sans retenue et de manière pathétique et touchante. Les *Prime donne* expriment *ad spectatorem* la douleur poignante, mettent en scène les passions douloureuses à leur comble et en délivrent les spectateurs, suivant la tradition aristotélicienne de la *catharsis*. Aristote, cela est connu, avait énoncé sa théorie de la *catharsis*, en théorisant les pouvoirs purificatoires du spectacle, dans la *Poétique*, qui a, pendant des siècles, présidé à la composition littéraire, théâtrale et musicale. Or, dans le contexte du livret d'opéra, cette *catharsis* est efficiente grâce à la musique qui se fait le porte-parole des mouvements de l'âme, des *affetti*.

Adriana DE FEO
Mozarteum, Salzbourg

TROISIÈME PARTIE

REPRÉSENTATIONS DE SOI DANS LA DOULEUR

PHYSIQUE DE LA DOULEUR DANS LA *CORRESPONDANCE* DE SÉVIGNÉ

Exploration et pratique de soi

Est-il possible de reconstituer une pensée sévignéenne de la douleur ? Sonder le lexique de la souffrance, relever les réseaux métaphoriques, repérer les schèmes savants sous-jacents : tout cela nous permettrait certes de mettre au jour quelques aspects de la représentation de la douleur dans la *Correspondance* de Sévigné – la continuité entre douleur physique et douleur morale, la thématique du corps *offensé*, l'intérêt pour les symptômes les plus manifestes[1]. En l'état, une telle étude serait pourtant promise à des résultats restreints. En effet, les traces théoriques qui parsèment la *Correspondance* perdent sous la plume de Sévigné leur valeur conceptuelle. Comme l'a montré Delphine Reguig à propos de Descartes, ce type de références ne participe pas d'une construction savante mais sert toujours un autre but[2]. Ainsi les indications lexicales ou doctrinales à propos de la douleur n'impliquent pas forcément une affiliation théorique. De manière plus générale, s'attacher aux mots et aux images de la douleur ouvre un chemin semé d'embûches. L'héritage du galénisme est encore si vivant dans cette seconde moitié du XVIIe siècle qu'il modèle le vocabulaire de l'affect et de la sensation : mais là encore, les termes « humeur », « sérosité », « fièvre » témoignent moins d'un rapport personnel à la douleur que d'une mentalité diffuse et générale, relayée avec acuité par les médecins eux-mêmes. Est-ce à dire que la révolution qui commence à inventer d'autres modèles ne concerne que

1 Cette étude reste d'ailleurs à faire.

2 D. Reguig, « Descartes à la lettre : poétique épistolaire et philosophie mondaine chez Mme de Sévigné », *Dix-septième siècle*, 2002/3 n° 216, p. 511-525. Si nous suivons l'auteure lorsqu'elle expose les stratégies de détournement de la référence philosophique dans la *Correspondance*, nous estimons qu'il faudrait nuancer ses conclusions à propos d'un investissement affectif du repère cartésien au profit de l'échange mère-fille.

les savants les plus novateurs ? Ne faut-il pas, au lieu de chercher une « pensée » de la douleur chez Sévigné, faire l'hypothèse d'une souffrance vécue et méditée en deçà ou au-delà des masques terminologiques qui la relayent ?

C'est dans cette perspective que nous nous proposons d'esquisser une lecture de la douleur dans la *Correspondance*, texte qui nous lance le défi d'une écriture-expérience en perpétuelle invention et d'une langue qui se transforme, qui ne peuvent s'apprécier que dans le cadre d'une lecture au long cours, à l'opposé des pratiques de fragmentation qui s'attardent souvent sur des lettres esseulées et brisent de ce fait l'espace textuel créé par l'échange épistolaire. La lecture suivie d'une chronique, celle du rhumatisme de 1676, constituera notre terrain d'investigation. Souvent commentée par allusion, cette crise de rhumatisme forme la matière de nombreuses lettres à Mme de Grignan, envoyées de janvier à septembre 1676. L'épistolière y fera encore référence des années après. Sans aller jusqu'à septembre 1676, les lettres écrites entre l'acmé de la crise – janvier 1676 – et la première cure à Vichy – mai 1676 – constituent déjà un corpus cohérent et resserré autour d'un même objet, dont il est possible de saisir les nuances, les miroitements, les ondoiements. D'une perspective physiologique précise, dans laquelle Sévigné donne des nouvelles rassurantes et livre le détail des remèdes et d'une lente guérison, l'écriture en vient à s'approprier l'objet-douleur : celui-ci devient alors le prisme à travers lequel l'épistolière fait l'expérience de soi.

Sans occulter l'enjeu pragmatique qui module l'expression de la douleur – il faut bien se garder d'inquiéter inutilement Mme de Grignan, la fille bien aimée – nous voudrions nuancer l'idée selon laquelle l'expression de la douleur est contrainte. La lecture des lettres évoquant les maladies, y compris les plus dangereuses, montre que les sujets les plus préoccupants ne sont jamais complètement évincés de l'espace communicationnel. Le désir de ne pas alarmer Mme de Grignan ne doit pas être surestimé : il est au moins aussi important que le désir de donner des nouvelles et de signaler les indices d'une guérison. L'affaire est d'ailleurs immédiatement *située* dans ce régime de la parole, parole contagieuse qui, en même temps qu'elle fait circuler les émotions, transmet les maladies :

> À force de me parler d'un torticolis, vous me l'avez donné. Je ne puis remuer le côté droit ; ce sont, ma chère enfant, de ces petits maux que personne ne plaint, quoiqu'on ne fasse que criailler. Mon fils s'en pâme de rire ; je lui

> donnerai sur le nez tout aussitôt que je le pourrai. En attendant, ma chère enfant, je vous embrasse avec le bras gauche, de tout mon cœur. [...] Votre eau de la reine de Hongrie m'aura guérie avant que cette lettre soit à Paris[3].

Le « torticolis » – l'épistolière parlera de « rhumatisme » à partir de la lettre du 19 janvier – dérive de la parole, il y trouve sa source ; et le temps de la guérison est envisagé à l'aune du trajet postal. Pour le reste, Sévigné construit une atmosphère qui mêle les cris et les rires et se plaît à rappeler que, si elle ne peut « remuer le côté droit », le côté gauche est encore assez vaillant pour procéder aux embrassades finales, *the show must go on.* Et Charles de Sévigné de corriger :

> Je ne ris point, comme ma mère vous le mande, mais, comme son mal n'est rien qui puisse causer la moindre inquiétude, on la plaint de ses douleurs, on l'amuse dans son lit, et du reste on fait tout du mieux que l'on peut pour son soulagement[4].

La stratégie adoptée dans les lettres du rhumatisme de 1676 est donc beaucoup plus retorse qu'un simple passage sous silence ou qu'une simple atténuation. Adoucir le trait ne consiste pas à se taire mais à expliquer, décrire pour rétablir une vérité face à ce que pourrait imaginer la comtesse, à tort ou à raison. Tout au plus remarquera-t-on une volonté de désamorcer l'inquiétude par l'usage marqué de l'ironie dont l'hypocoristique « un très bon petit rhumatisme » est le parangon : mais là encore, le désir de valoriser la gaité et l'enjouement au cœur d'une situation critique tient autant d'une pragmatique de l'échange épistolaire que d'une *énergétique* de l'existence.

L'expression de la douleur physique prend donc des détours que seule une analyse de l'épaisseur sémiotique des mots peut révéler. Lorsque Sévigné évoque les « douleurs », ce n'est que dans une perspective vague, sur un mode binaire qui oppose la présence de douleurs à l'absence de douleurs, l'état douloureux à l'état non douloureux. À l'inverse, mille petits détails sur les remèdes expérimentés, les incommodités qu'entraîne l'immobilité en position assise, la lassitude morale face à un mal qui

3 Lettre du 15 janvier 1676. Madame de Sévigné, *Correspondance*, édition de Roger Duchêne, Paris, Gallimard, Bibliothèque de la Pléiade, tome II, p. 224. Toutes les citations de l'année 1676 se réfèrent à cette édition et à ce tome ; nous n'indiquerons dorénavant que la date de la lettre et la page.

4 15 janvier 1676, p. 225.

s'éternise. Est-ce à dire, comme le suggèrent parfois les historiens des mentalités, que toute expression de l'organique intérieur est impossible avant Diderot[5], que la formulation consciente des sensations reste, au XVIIe siècle, dépendante de schèmes conceptuels, traditionnels ou modernes, qui empêchent la constitution et l'exploration d'un espace intérieur sensible ? Dans cette perspective, on pourrait conclure que les variations douloureuses constituent un non-dit car un non-pensé et qu'elles désertent donc logiquement la lettre. Or, à bien y regarder, non seulement cette approche nous semble être fautive sur le plan de la méthodologie, mais en outre on pourra aisément montrer que malgré l'indexation de la pensée de soi sur des modèles anciens, hérités d'Aristote et surtout du galénisme, la *Correspondance* témoigne bien souvent d'une conscience de cet « intérieur organique[6] ». Un certain nombre de passages suggère ce lien avec l'intérieur du corps et la volonté d'en exprimer la vie, le mouvement. Ainsi, dans la lettre du 4 mai 1676, alors que la guérison progresse :

> Je crois que mes mains seront bientôt guéries, mais je me sens si pleine de sérosités par les continuelles petites sueurs dont je suis importunée que je comprends qu'une bonne fois, il faut sécher cette éponge[7].

Toutes ces notations convergent vers le constat d'une moiteur dont l'origine interne est retracée, même de manière imprécise. La sensation intérieure résulte d'une manifestation visible, mais elle n'en vient pas moins parachever une impression globale du sujet, parlant et sentant, incarnée par l'image de l'éponge : le démonstratif a ici valeur de clôture de *soi sur soi*, de présentation de soi.

À partir de ces réflexions, nous nous proposons d'évoquer quelques aspects de l'appropriation textuelle de la douleur dans la chronique du rhumatisme de 1676, des remarques qui nous permettront de comprendre

---

5 C'est ce que suggère Georges Vigarello dans *Le sentiment de soi. Histoire de la perception du corps (XVIe-XXe siècle)* (Paris, Seuil, 2014) traçant à la hâte des lignes de rupture qui sont à notre avis beaucoup plus mouvantes. Il nous paraît délicat de constituer une histoire de la perception du corps indépendamment d'une histoire de sa représentation et partant, de sonder des textes anciens à l'aune de repères modernes.

6 Il resterait bien sûr à montrer, pour être complet, que ce témoignage pose aussi les bases d'une redéfinition du sujet, ce que nous nous proposerons d'explorer dans notre travail de thèse.

7 4 mai 1676, p. 282.

comment l'épistolière en fait un objet personnel, intégré au quotidien et une voie d'exploration de soi.

LA MAIN, OBJET SÉMIOTIQUE DE LA CHRONIQUE DES DOULEURS

À la recherche des traces de la douleur et de son interprétation dans la chronique du rhumatisme de 1676, le lecteur moderne fait d'abord l'expérience d'un déplacement. Aux signes traditionnels – le lexique de la souffrance – se substituent d'autres signes, en l'espèce les lieux physiques de la douleur. Autrement dit, en lieu et place de la douleur du rhumatisme, l'épistolière évoque bientôt l'enflure de la main droite.

> Je ne vous saurais écrire aujourd'hui. J'ai la main droite encore fort enflée. Pour la gauche, elle ne l'est plus du tout ; elle est toute désenflée et toute ridée. C'a été une joie extraordinaire de la voir en cet état[8].

Ce choix, qui est un détour lexical mais aussi une restriction du champ, prélève un des membres souffrants – parmi lesquels les genoux, les pieds : la « main » désigne alors à la fois physiquement et métaphoriquement la douleur passée et l'ancrage présent des suites de la crise de rhumatisme. La main devient le point focal de cet épisode car la maladie prive Sévigné de son usage et ainsi la conversation épistolaire se trouve menacée : c'est le lien physique entre les correspondantes qui est fragilisé. Charles de Sévigné écrit le 21 janvier :

> [...] ne vous effarouchez point si par hasard vous ne voyez point de l'écriture de ma mère. L'enflure est encore si grande sur ses mains que je ne crois pas que nous lui permettions de les mettre à l'air[9].

Une fois assumée, cette incommodité fait peu à peu de la main un objet dont l'épaisseur sémiotique sert à la fois l'expression de la douleur et sa compréhension physiologique. La douleur se dit alors par les détours du dispositif épistolaire, profondément remodelé suite à l'indisponibilité

8 2 février 1676, p. 232.
9 21 janvier 1676, p. 227.

de la main droite. Se mettent en place des relais, palliatifs de la plume de l'épistolière – Charles de Sévigné, la *petite personne*[10], le prêtre Pierre de La Mousse – que Sévigné va savamment mettre en scène.

> Voilà donc mon petit secrétaire, aimable et joli, qui vient au secours de ma main tremblotante[11].
>
> Ne craignez point, ma fille, que j'abuse de mes mains ; je n'écris qu'à vous, et même je ne puis aller bien loin. Voilà mon petit secrétaire[12].

C'est bien souvent après quelques mots écrits de la main de l'épistolière que le ou la secrétaire est « introduit(e) », introduction à double tranchant puisqu'en même temps qu'elle prouve l'avancement de la guérison, elle souligne la présence persistante de l'enflure de la main droite. Or celle-ci témoigne de la douleur passée ; elle est comme le nom de code d'une douleur qui s'est plus ou moins évanouie mais qui a laissé des traces et qui menace de se réveiller. La main enflée se déploie donc dans ces lettres comme un dispositif de l'entrave physique mais aussi de l'entrave morale puisque Sévigné, gênée par la présence accommodante mais aussi contraignante du secrétaire, ne dit plus ce qu'elle veut à sa fille. Ainsi, en parlant de La Mousse :

> Je n'aime point à avoir des secrétaires qui aient plus d'esprit que moi. Ils font les entendus ; je n'ose leur faire écrire tout ce que je pense. La petite fille me convenait bien mieux[13].

Plus profondément, mettre en valeur la main enflée est l'occasion d'une réflexion sur la matérialité de l'écriture épistolaire, réflexion qui

10 Jeannette, petite fille de la Marcille, également surnommée la *petite fille*.

11 8 mars 1676, p. 248.

12 15 mars 1676, p. 252.

13 8 avril 1676, p. 261. En réalité, on ne sait si ce secrétaire de circonstance est La Mousse ou Corbinelli, les versions des éditeurs Perrin et Amé-Nicolas divergeant. Quoiqu'il en soit, la lettre du 8 avril laisse apparaître un jeu à deux voix ou à deux plumes : « De La Mousse J'arrive, Madame, et je veux soulager cette main tremblante ; elle reprendra la plume quand il lui plaira. Elle veut vous dire une folie de M. d'Armagnac. Il était question de la dispute des princes et des ducs pour la scène. [Mme de Sévigné à nouveau] Ceci est très mal orthographié, car il faut mettre *cène*, et non pas *scène* de théâtre, ni *saine* de santé, ni *Seine* de rivière, ni *senne* pour pêcher ; cela soit dit par parenthèse. De La Mousse Voici comment le Roi l'a réglée [...] [Mme de Sévigné à nouveau] Je n'aime point à avoir de secrétaire... » (*ibid.*). Ailleurs, c'est Charles de Sévigné qui est visé par ce type de reproche : « Je me suis rangée dans ma petite alcôve, où j'ai été très chaudement, et parfaitement servie. Je voudrais bien que mon fils ne fût pas mon secrétaire en cet endroit pour vous dire ce qu'il a fait dans cette occasion. » (26 janvier 1676, p. 299).

enrichit encore l'appréhension de la douleur et l'ancre un peu plus dans la matérialité quotidienne de la vie. Le récit de la sensation organique, très allusif, se prolonge de manière beaucoup plus prolixe dans la saisie des perturbations quotidiennes provoquées par la maladie. Toute une série d'images émergent sous la plume menacée de Sévigné : griffonnements, gribouillis, altérations.

> Mes douleurs se sont changées en enflure, de sorte que cette pauvre main droite ne me peut plus servir à *griffonner* comme ces jours passés[14].

Bien plus tard, alors qu'elle subit encore les conséquences de son rhumatisme, c'est toute une typologie des gestes quotidiens que l'épistolière explorera à l'aune de la possibilité pour ses mains de les réaliser.

> Il est vrai que je ne puis fermer les mains, mais je les remue, et m'en sers à toutes choses. Je ne saurais couper ni peler des fruits, ni ouvrir des œufs, mais je mange, j'écris, je me coiffe, je m'habille[15] [...]

L'altération matérielle de l'écriture dit donc l'altération physique qu'a entraînée la maladie et sa puissance de perturbation. Il s'agit de saisir physiquement les souffrances dites révolues, d'en comprendre la dimension concrète, ancrée dans le corps et dans la vie qu'elles dérangent. Sentir sa guérison, c'est donc voir – et faire voir – les lettres de la lettre, retrouver leur forme habituelle. Transformation organique et transformation calligraphique se rejoignent : « Vous voyez que mon écriture prend sa forme ordinaire[16]. »

L'utilisation physique de la main, impossible après la crise de rhumatisme, est remplacée par un usage sémiotique et poétique de l'objet-main, que Sévigné décline sur le mode du paradoxe. En effet, l'enflure de la main constitue une étape décisive de la guérison puisque c'est en enflant et en suant que le corps pourra purger les humeurs excessives. Or, comme étape de la guérison, c'est pourtant le rapport de l'épistolière à la douleur que la main enflée cristallise. Ce paradoxe est non seulement théorisé par l'épistolière ; mais plus encore, il exprime le raffinement de la situation par l'écriture. Presque à la manière d'une pointe, le propos,

---

14 29 janvier 1676, p. 230. Nous soulignons.
15 8 juillet 1676, p. 338.
16 10 avril 1676, p. 266.

compris et revendiqué comme une chose plaisante, contient en lui-même le mal passé, sa mutation physiologique et les contradictions qu'il fait émerger dans le réel.

> Ce qui vous paraîtra plaisant, ma fille, c'est que je suis guérie, que je n'ai plus ni fièvre ni douleurs, et que pourtant je ne vous écrirai point, mais c'est par la raison même que je suis guérie que je ne puis écrire[17].

La main est donc le signe parlant du fait qu'une douleur a saisi le corps et en a modifié les capacités motrices. Elle est aussi le point d'observation d'une guérison en acte, notamment par ce que l'épistolière appelle plus loin ses « sueries », une interprétation poétique à laquelle nous invite Sévigné elle-même lorsqu'elle fait de sa main une entité indépendante, dont elle s'émancipe avec humour pour retrouver la bonne santé : « Ma main va toujours en *empirando*, mais vous vous portez bien, et moi aussi[18]. »

UNE ÉCONOMIE DE LA DOULEUR

Mobilisant les proches, autant de relais destinés à éviter la rupture de la conversation avec la fille, l'évocation de la main enflée inscrit la malade douloureuse dans un faisceau de relations, celles du cercle proche comme celles de la communauté mondaine à laquelle appartient l'épistolière. La douleur ne se limite pas à une série d'incapacités physiques mais intègre peu à peu toute une économie. La première pierre de cet édifice mondain est posée au début de la chronique du rhumatisme : il s'agit alors de rappeler à la comtesse de Grignan qu'en cet hiver 1676, être malade est chose commune et que Mme de Sévigné a, par chance, hérité de la moins dangereuse des maladies[19]. Simple argument de relativisation dans un premier temps, l'évocation de cette mondanité

17 29 janvier 1676, p. 230.

18 4 mars 1676, p. 248.

19 Charles de Sévigné écrit alors à sa sœur : « La maladie a été rude et douloureuse pour la première qu'elle ait eue en sa vie, mais comme c'est presque une nécessité d'être malade cette année, il vaut incomparablement mieux qu'elle ait eu ce rhumatisme, quelque cruel et douloureux qu'il ait été, qu'un de ces rhumes sur la poitrine qui ont tant couru,

douloureuse se fait bientôt plus développée et plus précise et revêt alors d'autres enjeux. Elle devient un des moyens d'expression de la douleur et un de ses outils d'analyse.

L'interprétation collective de la douleur recouvre deux aspects : la circulation mondaine des nouvelles et des lettres d'une part, la perspective d'une épreuve imposée par Dieu au chrétien d'autre part[20]. Cette dernière est très ambivalente chez Sévigné. La question de la Providence est, il est vrai, très présente dans la *Correspondance*, notamment à partir de la lecture du premier tome des *Essais* de Nicole, « De la connaissance de soi », paru en 1671. C'est à propos de l'usage des remèdes que l'épistolière l'exprime le plus nettement. Selon Charles de Sévigné qui rapporte ces propos à sa sœur – en cohérence avec de nombreux autres passages des lettres –, Mme de Sévigné aurait déclaré :

> Ô mes enfants, que vous êtes fous de croire qu'une maladie se puisse déranger ! ne faut-il pas que la Providence de Dieu ait son cours ? et pouvons-nous faire autre chose que de lui obéir[21] ?

La lecture de la *Morale* de Nicole donne lieu à une pratique plus complexe[22]. La volonté d'adapter sa conduite au « plan de Dieu » s'accompagne d'une forme d'humour vis-à-vis de la Providence, caricaturée et mise à distance, comme l'illustrent les deux passages suivants.

> Je ne veux point retourner sur tout ce que j'ai souffert pendant mon grand mal ; il me semble qu'il est impossible de sentir de plus vives douleurs. Je tâchais d'avoir de la patience, et je voulais mettre à profit une si bonne

---

surtout dans un pays où la saignée du bras aurait presque été impossible. » (21 janvier 1676, p. 228).

20 Cette double optique apparaît nettement dans un compliment que Charles de Sévigné adresse au comte de Grignan : « Présentement que nous sommes dans la joie de voir revenir à vue d'œil la santé de ma mère, je me console de sa maladie, parce qu'elle lui apprendra à se conserver comme une personne mortelle, et parce qu'elle est cause que j'ai reçu de vous la lettre du monde la plus obligeante et la plus pleine d'amitié. » (9 février 1676, p. 237).

21 3 février 1676, p. 234.

22 Michèle Rosellini a bien montré que Sévigné voit dans la lecture de Nicole un point de vue éclairant sur les affaires du monde terrestre, se jugeant peu apte à s'abandonner totalement à la volonté de Dieu. L'usage spirituel qu'elle fait de Nicole est donc moins tourné vers la conversion que vers la connaissance de soi (M. Rosellini, « "Un si bon miroir des faiblesses de notre cœur" : lecture et expérience de soi dans les *Lettres* de l'année 1671 » *in Séminaire Sévigné*, Journée d'agrégation organisée par Claudine Poulouin à l'Université de Rouen le 13 décembre 2012 (disponible en ligne sur le site du CÉRÉdI).

> pénitence, mais malgré moi, je criais souvent de toute ma force. [...] Enfin il y a neuf semaines que je n'ai point de mains. On ne saigne point, en ce pays, aux rhumatismes. Dieu donne le froid selon la robe : de tous les maux que je pouvais avoir, j'ai eu précisément le moins périlleux, mais le plus douloureux, et le plus propre à corriger mon insolence et me faire une poule mouillée, car les douleurs me feraient courir cent lieues pour les éviter[23].
>
> Mais il faut bien se soumettre quand Dieu le veut. C'est bien employé, j'étais insolente ; je reconnais de bonne foi que je ne suis pas la plus forte[24].

L'ironie affleure : la douleur est certes interprétée comme un message divin dont on peut faire une « bonne pénitence », mais ce n'est que lointainement ou du moins a-t-il fallu que Dieu ajuste sa punition à la personnalité de l'épistolière. La reconnaissance de la puissance de Dieu est bel et bien décalée : lui est surtout reconnue l'habileté avec laquelle il a su punir ce qui fait le propre de Sévigné, son insolence, avec l'arme la plus adaptée, la douleur aiguë, elle qui, comme une poule mouillée, fuit la douleur comme la peste. Sévigné affiche alors l'échec de son projet de pénitence[25] et ainsi une relative légèreté vis-à-vis du message divin. Non seulement elle s'est laissé aller à l'expression de la douleur en criant et en criaillant ; mais en outre elle est loin d'être guérie de son insolence. Tout cela ne signifie pas pour autant l'abandon de l'interprétation chrétienne de la douleur : Sévigné se montre plaisante plutôt que désinvolte. Cependant, il semble bien que le schème de la pénitence et de la punition divine passe, sous couvert d'humour et temporairement, au second plan, au profit d'une autre interprétation collective, celle de la mondanité. Le rhumatisme est en effet réinscrit avec soin dans un cercle mondain de la souffrance que constituent des êtres douloureux, comme la Marbeuf[26],

---

23 15 mars 1676, p. 252.

24 18 mars 1676, p. 255.

25 La mention de la pénitence est très souvent articulée au conditionnel dans la *Correspondance* ; Mme de Sévigné trouve toujours à justifier ce qui a finalement empêché qu'elle fasse une bonne pénitence de tel ou tel événement. Cette justification n'en est pas moins exprimée sous la forme d'un regret, où apparaît en filigrane la « Prière pour demander à Dieu le bon usage des maladies » de Pascal. Nous remercions Nathalie Freidel de nous avoir indiqué cette référence possible.

26 Voir la lettre du 2 février 1676, dans laquelle elle évoque les lettres de sa fille : « Nous craignons celles où vous allez faire de grands cris sur le mal que j'ai eu, premièrement parce que vous vous en prendrez à moi, et cela n'est point juste. Tout le monde, en ce pays, a eu des rhumatismes, ou des fluxions sur la poitrine ; choisissez. Il y a six semaines que la Marbeuf en est périlleusement malade. Ainsi il fallait bien payer le tribut d'une façon ou d'une autre. » (p. 231).

malades de tous ordres, médecins, compagnons de maladie : qu'ils la soulagent ou la partagent, ils gravitent autour de la douleur physique et en constituent le *monde*. Par le biais de l'empathie et de l'inquiétude, la douleur se partage même lointainement car elle fait irruption dans une autre communauté mondaine, celle de Mme de Grignan.

La douleur n'altère donc pas seulement le corps et ne mobilise pas uniquement les sensations : elle modifie également la vie mondaine et à ce titre, elle altère la forme de vie. Mme de Sévigné se plaint dans la lettre du 19 février de ce qu'elle est devenue, une femme d'assez mauvaise compagnie :

> On ressent des douleurs qui font ressouvenir du commencement ; l'on meurt de peur. Une main se renfle traîtreusement, un torticolis vous trouble ; enfin, mon enfant, c'est une affaire que de se remettre en parfaite santé et comme je l'entreprends, j'en suis fort occupée. Il ne faut pas craindre que je retombe malade par ma faute : je crains tout ; l'on se moque de moi. Voilà donc, comme vous voyez, ce qui compose une femme d'assez mauvaise compagnie[27].

La douleur comme la crainte que la douleur ne revienne entrent dans la composition d'un portrait mondain désastreux. Ailleurs, l'épistolière se décrit recluse dans son alcôve, condamnée à garder la même position. Intégrant la vie comme n'importe quelle expérience, la douleur physique n'est alors plus cette punition bilatérale, ce moment d'interrogation du chrétien sur lui-même. Elle devient un événement parmi d'autres, une crise de la sensation, un moment où le corps se rend plus présent, plus capricieux, plus exigeant. La douleur, la crise de rhumatisme comme ses suites douloureuses, acquièrent chez Sévigné le statut d'« affaire » dont il faut s'occuper en gestionnaire : adapter le quotidien, trouver des subterfuges, noter les améliorations, suivre un régime. La douleur modèle une forme de vie.

On entrevoit alors la conclusion de cette réflexion. Notre hypothèse de départ, l'idée d'une appropriation personnelle de la douleur, est désormais relativement étayée : détours et déplacements sémiotiques, ironisation du modèle de la pénitence, mise en valeur d'une mondanité douloureuse dans laquelle on s'inscrit, organisation de la vie autour de la douleur et de sa disparition progressive. Il reste que l'herméneutique de la douleur suggérée par l'écriture sévignéenne ne propose pas seulement

27 19 février 1676, p. 240.

la substitution du collectif mondain et familial au collectif chrétien des enfants de Dieu. L'appropriation personnelle qui est faite de l'objet-douleur n'implique pas seulement de trouver sa place dans une communauté réelle mais de s'explorer comme individu. Or cette exploration se place sous le signe de la transformation.

> Ce mal a été fort commun en ce pays, et ceux qui ont évité la fluxion sur la poitrine y sont tombés, mais pour vous dire le vrai, je ne croyais pas être sujette à cette loi commune ; jamais une femme n'a été plus humiliée, ni plus traitée contre son tempérament[28].

Dans l'expérience de la douleur, l'épistolière relève ce qui fait sa singularité, singularité qui explique qu'elle ait vécu très péniblement les incommodités et les souffrances imposées par la crise de rhumatisme. En outre, la sensation douloureuse est une expérience de privation, privation physique : souffrir des mains, des pieds, des jambes, des « jarrets », c'est éprouver leur absence, leur désertion. Privation physique donc, et privation éthique puisque la douleur ramène l'individu à ce qu'il ne connaît pas en lui. Un nouveau moi s'élabore dans la douleur.

> Au reste, si vous m'aviez vue faire la malade et la délicate dans ma robe de chambre, dans mon grand fauteuil, avec des oreillers, et coiffée de nuit, de bonne foi vous ne reconnaîtriez pas cette personne qui se coiffait en toupet, qui mettait son busc entre sa chair et sa chemise, et qui ne s'asseyait que sur la pointe des sièges pliants. Voilà sur quoi je suis changée[29].

Par ce petit portrait, celui d'une galante dont la coquetterie est révolue, Sévigné exprime un élément fondamental de l'expérience douloureuse : celle-ci transforme profondément l'être. La douleur place en l'individu l'idée de la douleur : l'épistolière fait souvent mention, même des mois plus tard, de sa crainte que le rhumatisme ne revienne[30]. En

28 26 janvier 1676, p. 229.

29 22 mars 1676, p. 257.

30 Voir par exemple la lettre du 19 février 1676 : « [...] ma santé ne doit plus, il y a longtemps, vous donner d'inquiétude. Pour moi, elle me donne de l'ennui. La fin infinie [la fin ridicule *P2*] d'un rhumatisme est une chose incroyable. On ressent des douleurs qui font ressouvenir du commencement ; l'on meurt de peur. » (p. 240). La suite de la lettre, citée plus haut, est également très explicite. On sait à quel point la mémoire de la douleur est aujourd'hui un fait dont la médecine tient compte dans le traitement de la souffrance physique : il ne faut pas seulement soigner les causes de la douleur mais faire disparaître cette trace.

outre, la douleur *convertit* l'individu, touche sa plus profonde intimité et la transforme. L'épistolière en décrit les manifestations extérieures et en lisant rapidement ce passage, on pourrait y déceler une forme de légèreté ou de frivolité. Renoncer à la coquetterie – le toupet, le busc – c'est renoncer à une façon de se présenter et d'être soi.

Les lettres envoyées depuis Vichy pendant la cure, qui relatent le combat de l'épistolière contre les dernières douleurs du rhumatisme, travaillent largement cette thématique de la transformation. Le récit des expériences corporelles à Vichy – purges, remèdes, douches[31] – traduit une rencontre avec un corps changeant et des sensations nouvelles.

> Mais parlons de la charmante douche. Je vous en ai fait la description. J'en suis à la quatrième ; j'irai jusqu'à huit, et mes sueurs sont si extrêmes que je perce mes matelas. Je pense que c'est toute l'eau que j'ai bue depuis que je suis au monde. Quand on entre dans le lit, il est vrai qu'on n'en peut plus : la tête et tout le corps sont en mouvement, tous les esprits en campagne, des battements partout. Je suis une heure sans ouvrir la bouche, pendant laquelle la sueur commence, et continue pendant deux heures[32] [...]

La douche, expérience inédite censée faire disparaître les douleurs et réduire les gonflements, est le moment d'une attention singulière à soi et l'occasion d'interpréter les mécanismes physiologiques.

> [...] Mais les sueurs, qui affaiblissent tout le monde, me donnent de la force et me font voir que ma faiblesse venait des superfluités que j'avais encore dans le corps[33].

La transformation physique qu'elle provoque sonne alors comme une double révélation : révélation de la singularité individuelle – les sueurs lui donnent, à elle, de la force – et révélation sur l'étiologie de la faiblesse, nouvelle connaissance produite sur l'organique, sur soi. Jusqu'à ressentir dans cette cure, une forme de plaisir :

---

31 La pratique de la douche, dont Furetière rappelle qu'elle ne s'applique qu'aux « lieux où il y a des eaux minérales » et qu'on l'« épanche sur la partie affectée pour la guérir » (*Dictionnaire universel* de Furetière, 1690), va très souvent de pair avec celle des bains, les vapeurs d'eau servant alors à provoquer les « sueries » qu'évoque Mme de Sévigné.

32 1er juin 1676, p. 307.

33 *Ibid.*

> La douche et la sueur sont assurément des états pénibles, mais il y a une certaine demi-heure où l'on se trouve à sec et fraîchement et où l'on boit de l'eau de poulet fraîche : je ne mets point ce temps au rang des plaisirs médiocres ; c'est un endroit délicieux[34].

On remarque ici comment l'expérience de la douleur cultive la nuance, oblige à s'attarder sur le petit, le détail, la légère variation. C'est donc une conquête de soi qui est en jeu dans la mise en récit de la douleur physique : se conquérir dans son extériorité et son appartenance au monde comme dans son intériorité la plus intime, la plus ténue. Pendant les longs mois de guérison, notamment grâce à la cure à Vichy, Sévigné commentera la manière dont « on s'accoutume aux maux et aux incommodités ». La douleur change la vie et incite en cela à découvrir de l'inconnu en soi.

> Je me suis fort bien portée et comportée par les chemins. La contrainte offense un peu mes genoux, mais en marchant cela se passe. Mes mains sont toujours malades. Il me semble que le chaud les va guérir ; ce sera une grande joie pour moi. Il y a bien des choses dont j'ai une grande envie de reprendre l'usage. J'admire comme l'on s'accoutume aux maux et aux incommodités. Qui m'aurait fait voir tout d'une vue tout ce que j'ai souffert, je n'aurais jamais cru y résister, et jour à jour me voilà[35].

C'est donc dans l'étude des variations et des métamorphoses de l'expression de la douleur que l'on peut saisir le déplacement produit par la *Correspondance.* Assurément incompris sur le plan physiologique, mais effectivement ressenti, le phénomène de la douleur est surtout l'objet d'une appropriation personnelle. Ses enjeux sont certes poétiques puisque parler de la douleur et en particulier de sa douleur devient pour l'épistolière un terrain d'exercice de la plume jusqu'à l'enjouement et l'humour. Mais ils sont en outre éthiques et participent de la vaste méditation morale que propose la *Correspondance* : devant la souffrance, il s'agit de se connaître, se connaître en tant que personne douloureuse et vivre avec la douleur. Ces perspectives offrent à l'élaboration de la sensation un contenu inattendu, déplacé par rapport aux questions strictement théoriques et doctrinales. La redéfinition épistémologique de la douleur au XVIIe siècle tient donc autant de découvertes scientifiques décisives

34 4 juin 1676, p. 309.
35 24 mars 1676, p. 258.

que de réflexions ténues et marginales sur la souffrance, suggérant que les pratiques de soi prennent véritablement part dans la configuration du sujet moderne.

Mathilde VANACKERE
Université de
Versailles-Saint-Quentin

ÉCRITURE DE LA DOULEUR
ET DOULEUR DE L'ÉCRITURE

La *Vie de Françoise-Radegonde Le Noir*, une mystique limougeaude des Lumières

Françoise-Radegonde Le Noir meurt en odeur de sainteté à Limoges en 1791. Elle laisse derrière elle un étonnant récit de soi, rédigé à la requête de son confesseur. Elle y raconte ses douleurs physiques nombreuses, subies et parfois auto-infligées, mais aussi ses doutes métaphysiques, et sa quête de Dieu par une souffrance qu'elle interprète comme une série d'étapes dans la construction d'un être voué au Seigneur. La sœur Le Noir semble tiraillée entre son expérience quasi-sensorielle de voix intérieures et les actions et réactions de son corps qui se met en permanence sur le devant de la scène, un corps maladif, un corps maltraité, un corps mutilé, un corps humilié pour mieux accéder à une forme d'élévation spirituelle, un corps offert tout entier à Dieu. Son texte offre un témoignage étonnant sur la vie d'une mystique de la fin des Lumières.

Pour montrer que chez cette religieuse la douleur est une étape de la construction de soi, je présenterai brièvement l'auteur involontaire du récit, j'évoquerai ensuite ses mots et ses maux, ses douleurs rédemptrices puis les maux du corps et de l'âme.

UN AUTEUR INVOLONTAIRE

De Françoise-Radegonde Le Noir, nous ne savons que peu de chose. Elle serait née à Mauléon, en Poitou, le 15 septembre 1739, mais les registres paroissiaux ont disparu. Fille d'un avocat parisien, devenu contrôleur ambulant, homme d'esprit, mais dissipé, et d'une mère qui meurt lorsque la fillette est en bas âge, engendrant chez elle « une source abondante de souffrances », Françoise-Radegonde aurait été la troisième de trois enfants. Elle est morte, nous dit l'abbé Labiche de Reignefort, qui a recueilli son récit de vie, le 18 mai 1791, en odeur de sainteté, entourée des religieuses du couvent Sainte-Marie, dans la ville de Limoges où elle a passé le plus clair de son existence et où elle avait prononcé ses vœux le 9 septembre 1759[1]. Elle a exercé, au sein de son couvent, différentes responsabilités, tour à tour responsable du pensionnat, maîtresse des novices, portière et sacristine. Elle aurait souffert, si nous pouvons en croire l'ecclésiastique, de nombreuses infirmités corporelles et, en particulier, d'une longue maladie, compliquée d'hydropisie avant sa mort. Ce qui nous intéresse est cependant de scruter son écrit pour voir ce qu'elle en dit elle-même[2].

La parole est au centre de l'un des sacrements de l'Église catholique, la confession : la parole du pécheur qui avoue, la parole du prêtre qui offre une absolution conditionnelle. Les exercices spirituels sont proposés à l'occasion pour accompagner un travail du pénitent sur lui-même. Si la tradition protestante, en particulier en Angleterre, a invité, au cours du XVIIe siècle, les nouveaux convertis à s'atteler à un récit de vie pour retracer leur chemin et formuler leur engagement, l'Église catholique française est souvent réticente face à ce genre de pratiques, même si l'examen de soi est au cœur de la théologie janséniste, par exemple[3].

1 *Vie de la vénérable sœur Françoise-Radegonde Le Noir, morte en odeur de sainteté au couvent de la Visitation Sainte-Marie de Limoges, en 1791*, Pierre-Grégoire Labiche de Reignefort, éd., Paris, Le Clere, 1802, an X. Les seuls détails biographiques connus sur la sœur proviennent de cette source. La religieuse est mentionnée dans quelques ouvrages de référence comme le *Dictionnaire de spiritualité ascétique et mystique*, Paris, Beauchesne, 1975-1976, t. 9, fasc. LIX-LXIII ou l'*Année sainte des religieuses de la Visitation Sainte-Marie*, Annecy et Lyon, 1868, t. V (mai), p. 412-437.

2 *Vie de la vénérable sœur Françoise-Radegonde Le Noir*, in C. Seth, *La Fabrique de l'intime ; Mémoires et souvenirs de femmes du XVIIIe siècle*, Paris, Robert Laffont, « Bouquins », 2013. Les références renvoient, sauf mention contraire, à cette édition.

3 La sœur indique qu'elle avait déjà eu à accomplir, pour un autre prélat, un exercice spirituel analogue, ce qui invite à s'interroger sur la pratique et à se demander si elle était plus répandue que les archives subsistantes ne paraissent le laisser entendre. – La bibliographie de Thomas J. Carr, Jr, « A Checklist of Published Writings in French by Early Modern Nuns », *EMF. Studies in Early Modern France*, A. L. Birberick et R. Ganim (éd.), vol. 11 « The Cloister and the World : Early Modern Convent Voices », p. 231-257 comprend des œuvres diverses écrites entre 1500 et 1789 mais bien peu d'entre elles semblent être de nature autobiographique et la plupart de celles qui pourraient l'être au moins en partie datent du XVIIe siècle.

La sœur Le Noir n'est pas un auteur « naturel ». Elle entreprend de se raconter dans le cadre d'un exercice imposé : elle suit les instructions de son confesseur, l'abbé Roudet, un prêtre du diocèse de Limoges. Elle formule dès l'ouverture cette contrainte comme génératrice d'une forme de souffrance :

> Le sacrifice que vous exigez de moi, Monsieur, est, il faut l'avouer, un peu pénible. Est-ce à l'amour-propre, est-ce au désir que j'aurais de garder un secret inviolable sur les grâces dont il a plu à Dieu de favoriser son humble servante ? Je l'ignore… Mais à quoi bon tant de réflexions ? Il faut obéir : cela doit me suffire[4].

Le propos reprend l'idée de l'épigraphe mise en tête de l'ensemble : « Tout à la plus grande gloire de Dieu, et à l'anéantissement de ma propre volonté. » Pour être plus proche de Dieu, la sœur interprète sa propre vie à l'aune d'une volonté divine à laquelle il s'agit désormais de céder sans hésiter. Elle assure avoir longtemps regimbé contre cette volonté divine qui l'invitait à emprunter un chemin « étroit, raboteux, et pénible pour la nature » et l'obligeait à « l'imiter pour avoir part à sa rédemption ». Elle a vu Dieu comme « un père exigeant et rigoureux, qui prend plus de plaisir à punir et à châtier qu'à faire le bonheur de ses enfants et à leur pardonner[5]. » Elle était alors sensible aux consolations humaines. Elle fait résipiscence : « je n'ai éprouvé de vraie paix intérieure, que du moment que j'ai eu donné un consentement entier et généreux à tout ce que Dieu pourrait exiger de moi, faisant le sacrifice de tout, par ce mot d'acquiescement parfait qui renferme tout : *Fiat*[6]. » Elle rappelle son engagement après avoir accepté tout ce que Dieu pouvait lui envoyer : « ce seul mot : *volonté divine*, est capable de me faire tout entreprendre et tout souffrir, malgré les révoltes de la nature[7]. » Elle narre les étapes de ses expériences, rappelant à plusieurs reprises qu'elle espère voir détruire son pensum et finit ainsi : « Je crois, Monsieur, que vous trouverez bon que je termine ici cet écrit. Il peut suffire pour vous donner une entière connaissance de ce que Dieu demande de sa pauvre créature[8]. » Un premier écrit du for intérieur commandé par un autre confesseur à la sœur aurait

4 *Vie de la vénérable sœur Françoise-Radegonde Le Noir*, p. 271.
5 *Ibid.*, p. 272.
6 *Ibid.*, p. 273.
7 *Ibid.*, p. 295.
8 *Ibid.*, p. 336.

été jeté au feu. Elle s'attend à ce que celui dont nous avons gardé la trace, grâce à une publication confidentielle au lendemain de la Révolution, subisse le même sort. Elle ne le destine qu'à un lecteur, l'abbé Roudet, mais est clairement convaincue que Dieu voit tout.

MOTS ET MAUX

L'écriture de cette autobiographie spirituelle française – rare exemple conservé du XVIIIe siècle – est ainsi présentée comme génératrice de souffrances. Ce ne sont pas les seules dont il est question dans ce texte. En effet, les douleurs que narre la sœur Le Noir dans son propos surgissent dans le cadre d'une évocation de son itinéraire spirituel. Si son corps se met sur le devant de la scène, dans son texte, comme dans sa vie, c'est au détour d'une narration du quotidien qui devient à proprement parler « autopathobiographie[9] ».

La sœur Le Noir fait démarrer ses maux à l'enfance. Symboliquement, peut-être, c'est à une mère qui n'est pas sienne qu'elle les doit en premier lieu. Elle aurait, assure-t-elle, contracté une grave maladie de sa nourrice. On s'interroge à l'époque sur la transmission de pathologies comme la syphilis par l'allaitement. Tout se passe comme si la fillette avait été mal nourrie. Par une sorte de circulation vertueuse, ce sera l'aliment spirituel qui rééquilibrera l'individu. Une autre grille de lecture paraît être à l'œuvre dans son évocation de ses jeunes années où sa place ordinaire, à la différence de celle de sa sœur plus jolie, était auprès du feu, comme Cendrillon. Au lieu de lui souhaiter de se fortifier, son père prononce contre elle une forme de malédiction. Il lui avoue « qu'il se serait cru heureux si la mort en terminant mes souffrances, eut mis fin à ses ennuis » et aurait un jour dit : « La mort ne me délivrera-t-elle pas de ce cloaque infect[10] ? », un cloaque désignant alors une personne sale et qui sent mauvais. L'enfant souffrante sans mère est rejetée par son

9 Pour une définition du mot « autopathographie », voir S. Vasset, « Narrating pain in British medicine and fiction », in S. Arnaud et H. Jordheim (éd.), *Le corps et ses images dans l'Europe du dix-huitième siècle / The Body and its Images in Eighteenth-century Europe*, Paris, Champion, 2012, p. 199-217.

10 *La Fabrique de l'intime*, *op. cit.*, p. 273.

père, qu'elle défend cependant dans son récit. Au portrait inspiré par les *Contes* de Perrault s'adjoint une relecture de soi par l'entremise du personnage de Job, incarnation de la souffrance dans l'Ancien Testament : « je pouvais dire littéralement à la misère [...] : Vous êtes ma mère ; et aux vers : Vous êtes mes frères ; car l'infection et la pourriture de mon corps les avaient engendrés dans le lit où je couchais[11]. »

Si l'enfant, dès qu'elle a su parler, a dit souhaiter être religieuse, personne ne la croit capable d'arriver à l'âge adulte ou susceptible d'entrer dans les ordres. Une nouvelle délégation d'autorité parentale, après l'insuccès du passage chez la nourrice que l'on suppose vérolée, voit Françoise-Radegonde Lenoir confiée d'abord à une jeune fille de la campagne qui a pour seule expérience d'avoir gardé des bestiaux – la malade est quasiment déshumanisée par son état –, puis mise sur le chemin de l'hôpital où, pour qu'elle ne soit pas confondue avec les indigents, son père entend payer pour ses soins. Elle sera au bout du compte confiée à une sœur hospitalière, au Refuge, lieu d'accueil des filles repenties, les anciennes prostituées et, à l'occasion, d'enfermement des épouses convaincues d'adultère. L'enfant est ainsi implicitement traitée par la société comme une pécheresse, ses disgrâces physiques paraissent être lues à l'aune de la déchéance morale des résidentes habituelles de l'institution.

Adulte, la sœur Le Noir est encore en proie à des maux physiques qu'elle dit en partie consentis, voire souhaités. Elle explique avoir eu à choisir, alors qu'elle faisait son oraison sur la flagellation du Seigneur, entre trois sortes de croix, « de la maladie, des aridités intérieures, ou des persécutions ». Elle prend ce qu'elle croit « le moins pénible à la nature » et affirme : « j'acceptai donc la maladie. » L'effet est quasi immédiat : « Je ne tardai pas à la ressentir. Peu de jours après la fièvre me prit. Un mal de poitrine très fâcheux, occasionné par un abcès, fit craindre pour ma vie. » On administre « le saint viatique » à la mourante. Elle passe une année entre la vie et la mort, très entourée par sa communauté, presque incapable de se nourrir, épuisée, mais se remettra comme par miracle au terme prévu de l'épreuve : « Quand le temps fixé pour les desseins du Seigneur fut expiré, il me rendit la santé, au moment où j'y pensais le moins ; et au bout d'un an, jour par jour, la maladie cessa, au même temps où elle avait commencé[12]. »

---

11 *Ibid.*, p. 274.

12 *Ibid.*, p. 287-288 pour toutes les citations de ce paragraphe.

La souffrance physique peut aussi se retirer, par exemple lorsque la sœur, au lieu de se retrouver, comme c'est parfois le cas, en proie à des mesquineries diverses d'autres religieuses qui la traitent comme marginale, est soutenue par une supérieure : « Je ne crois pas durant tout ce temps, avoir gardé le lit une seule matinée. J'ai demeuré deux et même trois ans sans aller à l'infirmerie ; et je puis dire que j'ai éprouvé combien il est avantageux à tous égards de s'attacher à ce que Dieu demande de nous[13]. » On peut en effet demander au Seigneur, selon la sœur, de « fortifie[r] la faiblesse du corps, et sout[enir] la santé la plus chancelante ». Comme la souffrance pour elle est un signe d'élection, ne rien ressentir comme douleur lui paraît à l'occasion être un mauvais signe. Ayant remporté sur le démon tentateur une victoire, elle éprouve « un calme et une paix si profonde, que ma plus grande peine était de n'en point avoir[14]. »

La religieuse raisonne sur l'absence occasionnelle de douleur. Ses voix intérieures la rassurent : « cette joie que l'on ressent quelquefois au milieu des peines les plus vives est un pur effet de la miséricorde de Dieu, qui se plaît à donner quelque adoucissement à ceux qui souffrent pour son amour : qu'il avait fait goûter quelque consolation à Jésus-Christ lui-même, au plus fort de ses douleurs, comme la conversion du bon larron[15] ». On pourrait voir une forme d'*hubris* dans ces analogies constantes avec le Christ dolent. La religieuse explique avoir compris que ce dernier n'a souffert que pour servir de médiateur avec les mortels et diminuer leurs peines alors que « l'homme quand il souffre, fait ce que sa qualité de pécheur exige. » Elle ressent ainsi « une grande satisfaction à souffrir quelque chose pour Dieu[16]. »

13 *Ibid.*, p. 305.
14 *Ibid.*, p. 289.
15 *Ibid.*, p. 331.
16 *Ibid.*, p. 332.

DES DOULEURS RÉDEMPTRICES

La sœur Le Noir voit ses souffrances comme lui permettant de ressembler au Christ. Elle va activement rechercher certaines douleurs. Lors de sa profession, elle a reçu pour modèle le Christ sacrifié et elle rapporte les paroles approximatives qui lui furent dites : « Ma fille, considère quel est celui qui souffre, pour qui il souffre, et comment il souffre. Qu'es-tu au contraire, toi qui te sacrifies ; à qui te sacrifies-tu, et comment dois-tu te sacrifier[17] ? » Le discours sur la souffrance rédemptrice est récurrent dans le propos. La religieuse imagine que les anges regrettent de ne pouvoir participer comme elle aux douleurs chrétiennes : « N'es-tu pas heureuse [...] de pouvoir t'offrir en holocauste à notre grand Dieu ? Toutes les âmes qui sont venues au ciel, n'y sont venues que par la croix[18]. »

Françoise-Radegonde Le Noir a des visions et entend des voix. Celles-ci lui enjoignent souvent le sacrifice. Lorsqu'elle médite sur Jésus portant sa croix, elle croit l'entendre se plaindre d'être seul à la porter et s'offre à l'aider. Il accepte et lui demande en outre un engagement écrit : « il faut [...] me faire la donation de toi-même par une cédule écrite de ton sang, que tu jetteras ensuite au feu, pour montrer que le feu du divin amour doit consumer l'holocauste[19]. »

Plutôt que de chercher à s'émanciper du modèle herméneutique chrétien, Françoise-Radegonde Lenoir tente de s'en rapprocher. Elle lit son corps à l'aune de la souffrance du Christ au point de vouloir le lui faire ressembler. Elle va voir les douleurs évidentes de son sauveur, à savoir ses plaies, comme des pôles d'attraction, des refuges, comme le cœur même : « Étant en oraison devant le saint Sacrement, et m'ennuyant fort, parce que je ne savais que faire de mon corps non plus que de mon esprit, j'eus comme une lueur ». Comme en échange pour ce refuge, la sœur propose de prendre en elle le crucifié en devenant elle-même une âme crucifiée :

> Ceci me donna l'idée de tracer sur un morceau de papier une croix avec un cœur dessus. J'y ajoutai quelques vers conformes à ce qu'on m'avait dit des

17 *Ibid.*, p. 285.
18 *Ibid.*, p. 301.
19 *Ibid.*, p. 286.

> avantages de la vie crucifiée ; et au bas je représentai un démon enchaîné dans le feu, et lançant inutilement plusieurs traits qui ne pouvaient atteindre l'âme crucifiée, figurée par le cœur qui était sur la croix. Ceci était aussi accompagné de vers. Après avoir fait ce dessin, pour me moquer du tentateur dont j'avais peine à me défendre, je lui jetai encore de l'eau bénite. Dans ce moment, je sentis quelque chose qui me saisit et m'agita violemment, comme lorsqu'on secoue le corps avec force, ce qui me fit croire que cette insultante raillerie causait du dépit au démon[20].

Pour se rendre digne, la sœur souffre ainsi dans son corps des tourments qu'elle interprète le plus souvent comme les assauts du démon qui ne se contente pas d'attaquer son esprit et lui fait livrer « terribles épreuves » et « rudes combats ». L'effet se fait ressentir sur sa santé : elle se dit, en 1770, « pâle et défigurée » par sa lutte contre son ennemi invisible. Toute une imagerie de la guerre figure dans son propos. Elle évoque en particulier les moments de doute où l'on n'a plus « l'arme à la main » que garantit la foi, mais où l'on en est « réduit à combattre avec le poing », incapable de raisonner, « presque sans défense », s'enfonçant de plus en plus « dans la peine[21]. »

Une autre analogie qu'elle propose, pour dire les tourments qu'elle souffre, est celle de la torture : « Je ne crois pas qu'un criminel qu'on aurait mis à la question eût été plus altéré que je l'étais ». Elle ressent un grand feu qui se traduit par une incapacité de boire, sa langue étant comme attachée au palais. Ses douleurs ne sont pas que physiques : « Si le corps eut quelque chose à souffrir dans la circonstance dont je viens de parler, l'âme éprouva des peines tout autrement sensibles[22]. »

Les Saintes Écritures légitiment jusqu'à un certain point la manière d'être de la sœur Le Noir. Elle se dit heureuse « de souffrir quelque chose pour le nom de Jésus-Christ » ayant reçu du divin Sauveur l'explication de paroles dites à saint Paul : *Je lui ferai connaître combien il doit souffrir pour mon nom.* Dieu lui aurait dit intérieurement : « j'ai souffert pour Paul, afin de le sauver : il est juste que Paul, à son tour, souffre pour me glorifier », faisant ainsi voir à la sœur « le retour mutuel qu'exige l'amour[23] ». Ailleurs, elle dit avoir entendu, toujours intérieurement, les paroles « Heureuse l'âme de qui l'amour cause la souffrance ! » ou encore, « Bienheureux

20 *Ibid.*, p. 293.
21 *Ibid.*, p. 292.
22 *Ibid.*, p. 325-326 pour toutes les citations du paragraphe.
23 *Ibid.*, p. 332.

ceux qui souffrent persécution pour la justice, car le royaume des cieux est à eux[24] ! » Les Béatitudes, tirées de l'Évangile, sont ainsi comme des cautions non seulement pour accepter la souffrance subie, mais encore pour l'accroître. Il en va de même de l'un des livres de la Bible qu'elle cite le plus souvent, le *Cantique des Cantiques* dans lequel un cachet sur le cœur et le bras témoignent de l'amour plus fort que la mort.

Parce que la souffrance est rédemptrice et la fait à son idée ressembler à son seigneur, Françoise-Radegonde Le Noir va en effet mutiler son propre corps. Il s'agit en partie de l'humilier, mais aussi de se rapprocher du crucifié. Elle suit l'idée, acceptable jusqu'à un certain point dans la tradition catholique, de stigmates comme un signe d'élection. Elle s'en explique : « ceux qui auront reçu en leur chair des plaies pour l'amour de Dieu, comme les martyrs et les autres saints à qui l'esprit de sacrifice aura fait maltraiter leurs corps, en garderont éternellement les précieuses cicatrices, comme une preuve de leur amour pour Dieu. » Elle imagine une sorte d'échange vertueux : « éternellement les saints se complairont dans le souvenir de ce que Jésus-Christ a souffert pour eux ; et Jésus-Christ éternellement se complaira en ce que les saints auront fait et souffert pour lui ; et de cette mutuelle complaisance, résultera une mutuelle et amoureuse félicité en Dieu[25]. »

Françoise-Radegonde Le Noir entreprend ainsi, à plusieurs reprises, de marquer dans sa chair sa consécration au Christ en imprimant l'image du cœur de Jésus sur son propre cœur, les instruments de la passion sur ses bras, grâce à une brique taillée brûlante. Elle reprend au passage les gestes de la fondatrice de son ordre, sainte Jeanne-Françoise de Chantal. Son geste est ainsi rendu acceptable pour une sous-catégorie de la population, celle qui peut non seulement reconnaître l'allusion mais encore s'accommoder d'une affirmation de ce genre. D'autres pourraient être tentés d'y voir une dérive.

Les théoriciens de l'automutilation distinguent les individus qui exhibent et ceux qui cachent leurs plaies. Pour Françoise-Radegonde Le Noir il s'agit de « porter en mon corps quelque preuve sensible de mon amour pour Dieu », d'« imprimer sur ma chair de marques visibles de la passion du Seigneur[26]. » Elle en parle à sa supérieure et à son confesseur.

24 Mathieu, 5,10.
25 *Ibid.*, p. 319.
26 *Ibid.*, p. 319-320.

En 1938, Karl Menninger estime que l'automutilation est une forme atténuée et non-fatale de vœu de mort, ce qu'il appelle un *suicide partiel*[27]. Il considère la flagellation religieuse par exemple comme entrant dans les catégories de cette pathologie. Un demi-siècle plus tard, en 1988, Walsh et Rosen ont examiné les comportements pathologiques[28]. La sœur Le Noir serait classée par eux entre les catégories II et III, donc bien celles qui ont un comportement pathologique acceptable seulement pour un petit groupe de la population. Pour eux, l'état psychologique correspondant s'étend du bénin à l'agité et à la véritable crise psychique.

Paradoxalement, à première vue du moins, la sœur n'évoque pas de souffrance à l'occasion de l'action de la cicatrisation volontaire de sa peau. Cela correspond à certaines analyses actuelles de l'automutilation comme étant une manière de soulager une forme de trop-plein. On peut lire la blessure volontaire comme une expression de ce que la religieuse désigne sous l'appellation de « vie crucifiée », rendue supportable parce que l'autre option, bien pire à ses yeux, serait de soutenir « les tourments de l'Enfer ». Elle applique la leçon d'une de ses supérieures, « mère des pauvres », relais de Dieu, qui traite conjointement le corps et l'âme : celle-ci a appris à l'enfant Françoise-Radegonde des leçons qui la marquent à jamais. Elle inscrit une équation simple au cœur de son enseignement : « Un moment de plaisir, nous disait-elle quelquefois, sera suivi d'une éternité de supplices ; et un moment de peine soufferte pour Dieu, d'une éternité de délices[29] ». La souffrance humaine est ainsi relue à l'aune d'une vie éternelle chrétienne dans un poncif de la vie dévote que la fillette prend, c'est le cas de le dire, pour parole d'Évangile.

L'idée que l'automutilation correspond à un vœu de mort atténué rentre assez bien en série avec d'autres indices fournis par la sœur Le Noir. Quand elle se croit tentée par le démon, elle a pour parade d'adresser cette prière au Seigneur : « Mon Dieu ! augmentez mes souffrances, mais diminuez mes offenses !... Plutôt la mort que le péché[30] ! » La sœur Le Noir indique le but qu'elle s'est fixé, pas tant par les moments de mutilation, que par ses choix existentiels. Elle recherche en effet ce qu'elle appelle la « mort de moi-même ». Elle narre ce qui s'est passé

27 K. Menninger, *Man against himself*, New York, Harcourt, Brace and Co., 1938.

28 B. W. Walsh & P. M. Rosen, *Self Mutilation : Theory, Research and Treatment*, New York, Guilford Press, 1988.

29 *La Fabrique de l'intime*, *op. cit.*, p. 276.

30 *Ibid.*, p. 330.

lorsqu'elle a pu, avec le soutien de son confesseur et de sa supérieure, faire le vœu de se consacrer entièrement à la volonté divine :

> Je ne puis, Monsieur, vous exprimer les sentiments de mort à moi-même qui me furent inspirés lors de cette entière et absolue consécration. Je regardai ce jour comme celui de ma sépulture. Je priai le confesseur de la communauté de vouloir me dire une messe de mort ; et la supérieure de faire la sainte communion à cette même intention ; ce qu'ils m'accordèrent l'un et l'autre[31].

Cœur, corps et esprit, doivent être dans un état de « mort si absolue à tout » que rien d'autre n'y pénètre. Le confesseur est pris à témoin car il a été auprès de la sœur pendant les moments « où Dieu a été perfectionnant toujours son œuvre en moi, et m'appelant de plus en plus à une vie de mort[32]. » L'oxymore résume l'état souhaité par la sœur et vient redire qu'elle doit pouvoir trouver une jouissance dans ses souffrances.

MAUX DU CORPS, MAUX DE L'ÂME

Les maux du corps et de l'âme sont inextricablement mêlés pour la religieuse qui démontre pragmatiquement une réalité médicale inconnue à son époque, à savoir que les mêmes zones du cerveau sont touchées par la douleur physique et la douleur émotionnelle. Elle a ainsi une connaissance expérientielle qui va au-delà des savoirs scientifiques du temps. Sa souffrance du corps, perceptible, contrôlable, fait souvent écran à des douleurs intérieures plus difficiles à juguler. Au moment où elle est tiraillée entre l'idée de rester dans le monde, comme elle le souhaite alors, et le sentiment que Dieu l'appelle à se faire religieuse, elle vit, selon ses propres termes, « une espèce de martyre » qui correspond à l'incapacité à accepter l'état oxymorique qui sera le sien. Elle y voit la cause « d'une maladie qui fut suivie de plusieurs mois de langueur » telle qu'elle n'aurait pu aller au spectacle et que son confesseur craint de la voir obligée de renoncer à sa vocation : « Je crois que ce qui m'occasionna cette infirmité, ce furent les violents combats que j'eus

31 *Ibid.*, p. 296.
32 *Ibid.*, p. 335.

à soutenir, tant pour me déterminer à entrer dans le cloître, que pour commencer à changer de vie[33] ».

L'aller-retour continuel entre corps et âme s'inscrit dans un dialogue constant avec des voix intérieures, parfois celle du Seigneur, parfois celles d'autres personnages saints ou du démon tentateur, qui enjoignent à la sœur Le Noir d'adopter certaines attitudes ou lui expliquent à quoi elles servent comme ici :

> Loin qu'on détourne de dessus toi le trait qui doit t'immoler, quand on contrarie tes désirs ; on l'enfonce au contraire plus avant. Jusqu'à présent on s'est attaché à mater ta chair par la pénitence : mais maintenant c'est ton cœur et ton esprit qu'on mortifie par les privations et les contradictions[34].

La souffrance devient la manière de mesurer l'engagement. La sœur, qui prend rarement à témoin son destinataire dans son récit a cependant cette observation vers la fin de son propos : « Vous comprenez, Monsieur, ce que doit souffrir une âme qui désire avec la plus vive ardeur de posséder son Dieu[35]. » Si les douleurs évoquées sont souvent vagues, parfois immatérielles en quelque sorte, elles n'en débouchent pas moins sur des souffrances concrètes. Celles-ci à leur tour sont relues à l'aune d'un discours mystique imagé. Voici comment la sœur résume ses peines et leur devenir :

> J'ai tâché de faire de toutes ces épreuves qui me sont arrivées, comme un parterre spirituel au pied de la croix du Sauveur, soit pour l'orner et la décorer, soit pour que le sang précieux qui en découle comme une rosée céleste, fasse croitre et fructifier mes peines pour la vie éternelle. J'ai aussi, pour plus grand ornement, distingué les deux plus grandes privations que j'aie eu à souffrir, savoir celle de la sainte communion, et celle des pratiques de pénitence ; et j'en ai fait comme deux palmes que j'ai placées aux deux côtés de la croix[36].

La sœur Le Noir n'a pas de connaissances médicales et met sur le même plan des souffrances physiques dues à des maladies le plus souvent décrites de manière imprécise, et ses angoisses intérieures de n'être pas dans le droit chemin. Elle n'exprime la douleur qu'en des termes vagues, le plus souvent, isole les causes quand elle le peut – par exemple

33 *Ibid.*, p. 280.
34 *Ibid.*, p. 328.
35 *Ibid.*, p. 334.
36 *Ibid.*, p. 267.

lorsqu'une supérieure la prive de communion. Elle utilise un réseau lexical général, « douleur », « souffrance », « peine » etc., mais qui rentre en série avec les désirs et s'inscrit dans une lecture catholique mystique de sa propre expérience. Elle tient compte d'une souffrance conjointe du corps et de l'âme pour exprimer un engagement dans la vie chrétienne.

Catriona SETH
Université de Lorraine
All Souls College, Oxford

QUATRIÈME PARTIE

DE LA DOULEUR AU MAL DU SIÈCLE

BONHEUR DE LA DOULEUR, DOULEUR DU BONHEUR

Une réflexion sur l'herméneutique de la souffrance au dix-huitième siècle

> La douleur de nos temps modernes, au milieu de notre état social si froid et si oppressif, est ce qu'il y a de plus noble dans l'homme ; et, de nos jours, qui n'aurait pas souffert, n'aurait jamais senti ni pensé. Mais il y avait dans l'antiquité quelque chose de plus noble que la douleur, c'était le calme héroïque, c'était le sentiment de sa force qui pouvait se développer au milieu d'institutions franches et libres.
>
> Mme DE STAËL, *Corinne, ou l'Italie*[1].

Si le bonheur est le maître mot de l'époque des Lumières, comme le montrait il y a longtemps Robert Mauzi[2], la douleur n'en est pas moins une des préoccupations majeures du siècle : à l'époque de la sensibilité, la misère et la souffrance, les sensations et sentiments désagréables sinon ouvertement pénibles occupent un espace remarquable dans tous les champs du savoir et dans tous les domaines artistiques. La préséance accordée à l'expression dans les poétiques des arts figuratifs et au pathétique par les théoriciens du théâtre et de la littérature paraît aller de pair avec celle attribuée aux nerfs par les nouvelles théories médicales

1 Mme de Staël (Anne Louise Germaine Necker), *Corinne, ou l'Italie*, éd. Simone Balayé, dans *Œuvres complètes série II, Œuvres littéraires série III*, Paris, Honoré Champion, 2000, p. 197-198.

2 R. Mauzi, *L'idée de bonheur au dix-huitième siècle*, Paris, Armand Colin, 1965 ; voir en particulier les pages 22-28, pour la question des maladies de l'âme et de la « vocation du malheur ».

et imposer à l'attention du public ce nouvel espace de l'être qu'est la sensibilité. Espace bourgeois de la représentation, la sensibilité se traduit, sur le plan politique, en compassion pour les misères humaines et en interrogations sur l'existence du mal, venant contredire tragiquement l'optimisme des premières Lumières[3] ; sur le plan médical, elle se configure en revanche comme une forme de susceptibilité aux impressions provenant de l'extérieur, et comme source potentielle de douleur. Dans les deux cas, la sensibilité équivaut à une forme de partage, à un affaiblissement, sinon une annihilation des frontières entre le Moi et le monde et, de ce fait, à une plus grande vulnérabilité vis-à-vis de la douleur. L'âge sensible est un âge hanté par l'idée de la douleur qui développe maintes réflexions sur celle-ci, quoique dans des formes très différentes. Le roman résorbe et fait miroiter les diverses facettes de cette longue réflexion du dix-huitième siècle sur la souffrance et la douleur, en nous permettant de mieux appréhender l'attitude de l'époque à l'égard de celle-ci et les développements qu'elle va connaître au tournant du siècle et, plus tard, à l'époque romantique. Aussi, il nous éclaire sur les rapports complexes et osmotiques entre littérature et médecine.

Sur cet arrière-plan, nous allons d'abord dégager l'idée que les âmes sensibles de la fin de siècle se font de la douleur ; ensuite parcourir à rebours le chemin emprunté par le couple sensibilité-douleur dans le roman sentimental afin de mettre en relief l'intertexte médical tissé dans la matière narrative de celui-ci ; enfin explorer l'intertexte littéraire dans le discours médical de la fin du siècle. À cette hauteur chronologique, en effet, la sensibilité est devenue une valeur indispensable pour l'exercice de la profession médicale, envisagée désormais comme un engagement civique, et le concept de vivant suggère d'intégrer les aspects socioculturels dans la prise en compte du pathologique[4].

---

3 Pour le problème du mal et ses relations avec l'eudémonologie du dix-huitième siècle, voir le beau livre de B. Bazcko, *Job mon ami, Promesses du bonheur et fatalité du mal*, Paris, Gallimard, 1997.

4 Comme le met bien en évidence R. Rey, « L'âme, le corps et le vivant », dans M. G. Grmek (éd.), *Histoire de la pensée médicale en Occident, 2. De la Renaissance aux Lumières*, Paris, Seuil, 1997 (1re éd. italienne *Storia del pensiero medico occidentale 2. Dal Rinascimento all'inizio dell'Ottocento*, Bari, Laterza, 1996), p. 117-155.

UNE IMPOSANTE INFIRMITÉ

Œuvre charnière entre l'âge des Lumières et le Romantisme aux portes, épigone d'une longue tradition sentimentale qui parcourt toute la deuxième moitié du dix-huitième siècle, la production romanesque de Mme de Staël nous offre une idée de la valeur de la souffrance pour les âmes sensibles du tournant du siècle. Un passage de *Corinne* paraît particulièrement significatif à cet égard. Dans la première partie du roman, Corinne guide Oswald à travers les ruines et les monuments de la ville éternelle ; les deux jeunes gens font halte dans l'immense église de Saint-Pierre. Oswald, pèlerin souffrant dans cette Rome qui représente, dans le roman, une réalité fort éloignée de son austère Écosse natale, est ébloui devant l'immense solennité de l'édifice : « l'impression qu'il reçut de ses voûtes immenses fut si profonde et si religieuse, que le sentiment même de l'amour ne suffisait plus pour remplir en entier son âme[5] », dit le narrateur. Dans ce lieu où « tout commande le silence » et où la seule parole qui ait du sens est la prière, « accent du malheur », Mme de Staël met dans la bouche du narrateur une réflexion sur la nature de l'homme :

> Et quand sous ces dômes immenses on entend de loin venir un vieillard dont les pas tremblants se traînent sur ces beaux marbres arrosés par tant de pleurs, l'on sent que l'homme est imposant par cette infirmité même de sa nature qui soumet son âme divine à tant de souffrances, et que le culte de la douleur, le christianisme, contient le vrai secret du passage de l'homme sur la terre[6].

L'auteure se fait dans ces quelques lignes l'épigone d'une veine littéraire exaltant la douleur comme voie d'accès à une connaissance d'ordre supérieur, plus proche du divin que de l'humain et dont le dolorisme chrétien serait la clé de voûte. Sous un angle purement esthétique, Mme de Staël se range dans le sillage de la représentation du sublime qui esthétise la souffrance et en fait la preuve tangible de la magnanimité, un sillage qui remonte au traité d'Edmund Burke[7]

5 Mme De Staël, *op. cit.*, p. 74.

6 *Ibid.*

7 « [...] je suis convaincu que les idées de douleur sont beaucoup plus puissantes que celles qui viennent du plaisir », écrit Burke dans le chapitre VII, *Du sublime*. Voir E. Burke,

revisité par l'interprétant[8] de Friedrich Schiller[9]. Mme De Staël fait de la douleur, « cette infirmité » de la nature de l'homme, nature « divine », l'emblème de sa grandeur.

La susceptibilité de l'âme humaine à la souffrance, partage depuis toujours de la condition de l'humanité sur terre, serait l'échelle qui conduit à la condition céleste. « [L] es beaux marbres arrosés par tant de pleurs » traduisent en image à la fois la douleur et la grandeur de l'existence humaine et leur présence sempiternelle solennise le passage, en lui conférant l'allure majestueuse d'une sentence gnomique. Cet extrait souligne ainsi la dignité que la douleur confère au souffrant, une douleur dont l'écrivaine ne précise pas la nature, mais qui, le lecteur le déduit de la diégèse, est une souffrance morale (qui se traduit, cela est à souligner, par une proxémique, et qui affecte le corps dans les moments de comble : nous reviendrons sur cette dimension psychophysiologique du phénomène douloureux dans la représentation romanesque).

Quoique renvoyant aisément aux textes de la première moitié du dix-neuvième siècle que nous appelons communément romantiques, cette image de la souffrance comme creuset d'un bonheur d'ordre supérieur nous paraît plus difficilement applicable à la littérature d'un siècle qui a prôné « le plus grand bonheur pour le plus grand nombre[10] » comme devise de la forme idéale de gouvernement. Et pourtant, à regarder de plus près, la césure entre Lumières et Romantisme s'estompe et nous nous apercevons que c'est dans le « siècle de la raison » qu'il faut rechercher le germe de cette veine d'exaltation de la douleur afin

---

Recherches philosophiques sur l'origine de nos idées du sublime et du beau, trad. française par Baldine Saint Girons, Paris, Vrin, 2009, p. 96.

8 Pour le concept d'interprétant, voir M. Riffaterre, « Sémiotique intertextuelle : l'interprétant », in *Rhétoriques, sémiotiques*, numéro spécial de la *Revue d'esthétique*, n. 1-2 (1979), p. 128-150.

9 Le philosophe allemand relie, quant à lui, le sublime, la douleur et la volonté en opposant la force de cette dernière aux affections et à la sensibilité. Voir, par exemple, Friedrich Schiller, *Du sublime*, trad. Adolphe Régnier, Paris, Éditions Sulliver, 2005, p. 75.

10 La formule de l'utilitarisme, rendu célèbre par Jeremy Bentham, est un motif classique de la littérature politique des Lumières. Voir, par exemple, l'incipit du chapitre XI du deuxième livre de *Du contrat social* (J.-J. Rousseau, *Œuvres complètes*, Gallimard, vol. III, p. 391) ou le chapitre XLI de *Des délits et des peines* de Beccaria (C. Beccaria, *Des délits et des peines*, trad. Xavier Tabet, Paris, Gallimard, 2015, p. 196) : « C'est là le but principal de toute bonne législation, qui est l'art de conduire les hommes au maximum de bonheur ou au minimum de malheur possible [...] ».

d'éclaircir quelques-unes des étapes du processus d'ancrage d'une certaine herméneutique de la douleur dans la culture européenne. En effet, cette herméneutique vient se mêler à l'eudémonologie des Lumières, la complexifiant.

L'attitude présente chez Mme de Staël est effectivement un partage commun à maints écrivains et penseurs du tournant du siècle et se situe à une époque de l'histoire littéraire pouvant être définie comme un de ces « [...] entre-deux qui s'offrent comme un moment privilégié, – une sorte de crête d'où se laissent découvrir à la fois le chemin parcouru et les nouveaux horizons[11] ». Sur cette époque, la critique s'interroge encore : « Comment saisir les caractéristiques propres d'une génération littéraire et d'un moment culturel où les Lumières ne sont plus ce qu'elles étaient et où les innovateurs ne savent pas encore qu'ils allaient devenir des romantiques [...] ? », se demande par exemple B. Baczko dans un article de 2003[12]. Il sera donc question, ici, de retrouver « le chemin parcouru » par une certaine représentation de la douleur, afin d'éclairer les « nouveaux horizons », qui paraissent désormais, pour nous, révolus, mais desquels nous ne sommes pas encore sortis.

Pour reconstruire ce chemin, il sera utile d'explorer non seulement les déchirements et les souffrances des âmes sensibles des romans dits sentimentaux, mais aussi un certain nombre de textes médicaux qui ont, eux, corroboré l'idée d'une origine physiologique de la sensibilité (à la douleur comme au plaisir) en établissant un cadre épistémologique où la marque physique d'une supériorité morale et psychologique s'enracine dans le physiologique.

---

11 B. Baczko, « Entre thermidor et Brumaire », dans G. Bardazzi, A. Grosrichard, *Dénouement des Lumières et invention romantique*, Genève, Droz, 2003, p. 11-18, p. 18.

12 *Ibid.*, p. 16.

L'OCCASION D'UNE PLUS GRANDE FÉLICITÉ

Aujourd'hui, maintes études sur le roman sentimental, surtout britannique[13], insistent sur le rôle que ce genre de littérature aurait joué dans la diffusion de la psychologie sensualiste lockéenne et des nouvelles idées médicales sur la sensibilité. Une nouvelle conception du système nerveux, s'étant développée entre la fin du dix-septième et le début du dix-huitième siècle, est diffusée en Europe par la représentation romanesque : les auteurs de romans établissent souvent des relations privilégiées avec le savoir médical de l'époque et se font les porte-flambeaux de nouvelles conceptions psychophysiologiques.

Un exemple très significatif est celui du couple Cheyne-Richardson : George Cheyne, auteur du célèbre traité *The English Malady*, qui connut en Grande-Bretagne six rééditions en six ans, entre 1733 et 1739[14], fut le médecin de Samuel Richardson, fondateur du genre sentimental, et son correspondant durant diverses années[15]. Le rapport entre les deux en fut un de conseil et assistance réciproques : Cheyne conseillait l'écrivain sur des questions d'ordre physiologique ; Richardson éclaircissait les doutes religieux et moraux du médecin. Le livre de ce dernier, qui, comme le titre en entier l'indique, analyse les maladies considérées à l'époque d'origine nerveuse, joua un rôle important dans la vulgarisation des nouvelles idées médicales sur le système nerveux et, simultanément, contribua à la consolidation d'une association qui est à la base du mythe romantique du génie souffrant et de la réhabilitation de la souffrance dans la représentation littéraire. Dans le livre de Cheyne, et selon une

13 Par exemple G. J. Barker-Benfield, *The Culture of Sensibility Sex and Society in Eighteenth-Century Britain*, Londres et Chicago, University of Chicago Press, 1992 et J. Mullan, *Sentiment and Sociability The Language of Feeling in the Eighteenth Century*, Oxford, Oxford University Press, 1988.

14 Comme le rappelle R. Porter, dans son introduction au traité, G. Cheyne, *The English Malady, or a Treatise of Nervous Disorders of all Kinds*, intr. R. Porter, Londres, Routledge, 1991, p. IX. Aucune traduction française de ce livre n'existe, mais nombreuses furent en revanche les traductions d'autres ouvrages de Cheyne, comme par exemple l'*Essay on Health and Long Life*, de 1724, traduit deux fois avant la fin de la décennie 1720.

15 Voir Barker-Benfield, *op. cit.* et, plus récemment, D. Shuttleton, « "Not the meanest part of my works and experience" : Dr George Cheyne's correspondence with Samuel Richardson », dans S. Vasset (éd.), *Medicine and Narration in the Eighteenth-Century*, Oxford, SVEC, 2013, p. 65-82.

conception qui paraît assez répandue à cette époque, l'extrême susceptibilité des nerfs et des fibres signifie une plus grande capacité de sentir et, par conséquent, une sensibilité esthétique plus raffinée. Néanmoins, cet excès de susceptibilité s'inscrit dans un cadre nosologique et est le symptôme d'une pathologie (on se souviendra de la racine grecque commune de la pathologie, de la passion et du pathos). Comme le notait déjà John Mullan en 1988, « pour les médecins, la susceptibilité aux pouvoirs des sentiments peut être considérée comme un raffinement, mais elle est en même temps la cause du trouble. Nous sommes ici face à un modèle paradoxal semblable à celui développé dans le roman. [...] *on recourt souvent au mythe que seulement les individus d'un certain mérite sont sujets à devenir les victimes de troubles nerveux*[16] ».

Cheyne l'écrit d'ailleurs explicitement, ce qui pourrait se considérer comme un malheur, peut en réalité devenir une source de grande félicité :

> [C]'est un malheur, en effet, que d'être né avec des nerfs faibles, mais, si l'on savait l'utiliser et le diriger adroitement, [...] ce pourrait être l'occasion d'une plus grande félicité : car, pour le moins, c'est (ou ce devrait être) une barrière et une garantie contre les pièges et les tentations auxquels les hommes robustes et en bonne santé sont exposés, et dans lesquels rarement ils évitent de tomber ; et par cette voie ils se réduisent dans un état qui est le même, si non pire, que celui de ceux dont le malheur fut d'être nés à ce point sujets aux désordres nerveux[17].

Ce court passage est intéressant, car il nous présente d'emblée la correspondance fondamentale, reconnue à l'époque, entre un régime de vie modéré et austère et la bonne santé du corps. Or, quoique depuis Hippocrate un style de vie selon les règles fût considéré comme la meilleure forme de prévention de la maladie et, par conséquent, de la douleur (et la prévention comme la meilleure forme de traitement...), Cheyne élargit le champ de réflexion sur la diététique comme source d'une bonne santé à une dimension d'abord éthique, ensuite socioculturelle, en inscrivant ainsi la *vexata quaestio* du luxe au sein de la théorie médicale.

---

16 « Hypocondria and Hysteria : Sensibility and the Physicians », in J. Mullan, *Sentiment and Sociability : The Language of Feeling in the Eighteenth-Century*, Oxford, Clarendon Press, 1988, p. 201-240, p. 207. Nous traduisons. Sur l'ambigüité de la sensibilité, voir aussi A. C. Vila, *Enlightenment and Pathology. Sensibility in Literature and Medicine of Eighteenth-Century France*, Oxford, Baltimore et Londres, The John Hopkins University Press, 1998.

17 G. Cheyne, *The English Malady*, *op. cit.*, p. 20. Nous traduisons.

Le titre du livre indique d'emblée la dimension socioculturelle de la maladie : le mal est anglais, lié à une culture et une société déterminée. De surcroît, on l'apprend en lisant le volume, il s'agit d'un mal qui frappe un certain milieu social. En faisant de la prédisposition des fibres à se relâcher et se contracter plus facilement, à être affectées plus facilement par les événements extérieurs, la maladie des élites et des intellectuels, Cheyne ouvre la voie à l'idée d'une correspondance entre cette susceptibilité physiologique et une forme de supériorité esthétique et morale n'étant toutefois pas exemptée d'inconvénients et d'ambigüités.

Résultant d'un *modus vivendi* lié au progrès de la civilisation et aux commodités de la société moderne, les désordres nerveux, quand ils ne sont pas dus à la nature, sont la conséquence d'un style de vie urbain et sédentaire, du luxe et de la civilisation[18]. Mais parallèlement, ils coïncident avec un partage sociologique de la population : il serait très difficile de trouver des troubles nerveux chez des classes moins aisées, des paysans pas exemple, car ceux-ci mènent une vie paisible qui rend leur constitution plus forte et plus saine (Rousseau n'est pas loin de ces théories dans *Émile*) et protège leurs nerfs des secousses violentes et des vapeurs malsains de la *city*.

UN DÉSORDRE À LA MODE

Comme les critiques de Cheyne le remarquent, en faisant des troubles nerveux un signe de distinction le médecin répondait aux attentes de sa noble clientèle de Bath[19] et s'élevait en même temps au rang des nobles par son expérience de malade, soigneusement relatée dans la partie finale du traité dédiée aux études de cas. Parallèlement, le médecin lançait une mode, car la description des troubles n'allait pas sans un brin de

18 Pour Cheyne comme le principal promoteur de l'image, voir R. Porter, *op. cit.* et, plus récemment, H. Berry, « The Pleasures of Austerity », *Journal for Eighteenth-Century Studies*, vol. 37, n. 2, Juin 2014, p. 261-277, qui inscrit Cheyne au sein d'un mouvement de réaction au luxe apporté par la société de consommation naissante.

19 Voir la biographie d'Anita Guerrini, *Obesity and Depression in the Enlightenment The Life and Times of George Cheyne*, Norman, University of Oklahoma Press, 2000, qui resitue Cheyne dans son époque et en dresse un portrait bien documenté.

fascination pour les personnalités qui en étaient affectées. Aussi, la littérature sentimentale absorba rapidement les nouvelles conceptions sociopsychophysiologiques dont le traité de Cheyne est un exemple et, en les vulgarisant, elle contribua à souder l'association entre la faiblesse nerveuse, le raffinement intellectuel et les élites sociales.

Pamela devenue Mrs B., dans le roman éponyme de Richardson, expose l'idée que les maladies sont parfois le résultat d'un mauvais style de vie et que les gens aisées y sont plus facilement sujettes :

> Ces pauvres gens, qui se nourrissent mal pour l'ordinaire, n'ont presque besoin que de cordiaux pour les ranimer promptement, et ensuite d'une bonne et saine nourriture : après quoi la roue de la nature étant débarrassée, nouvellement engraissée, et bien remise, ils continuent leur ouvrage avec plaisir et avec satisfaction ; et l'exercice qu'ils prennent par le travail qu'ils sont obligés de faire, les garantit assez longtemps de nouvelles rechutes, au lieu que les riches et les voluptueux ont beaucoup de peine à tenir la leur nette et en bon état[20].

L'idée est reprise par Sophie Von La Roche[21], qui fait écrire à Mlle de Sternheim, protagoniste de son roman inspiré de *Clarissa* de Richardson[22] : « Et puisque l'homme riche après avoir ruiné son tempérament par des excès, est obligé d'avoir recours à l'usage de l'eau et des nourritures les moins coûteuses, pourquoi murmurer de ce que notre état nous oblige durant les jours de santé à nous contenter du simple nécessaire[23] ? ».

Encore chez Richardson, mais cette fois dans *Clarissa*, best-seller de la littérature européenne de l'époque, Lovelace, en écrivant à son ami

---

20 S. Richardson, *Pamela ou la vertu récompensée*, trad. fr. A.-F. Prévost, dans *Œuvres de Richardson de Prévost*, Genève, Rouffer de Rodon, 1783, vol. IV, p. 191.

21 Cette romancière allemande, aujourd'hui tombée dans l'oubli, mais très connue à l'époque, fut correspondante et amie de Goethe, premier amour de l'écrivain allemand Christoph Martin Wieland et personnalité assez influente dans le monde culturel de l'époque. Voir l'introduction à S. Von La Roche, *Geschichte des Fräuleins von Sternheim*, Stuttgart, Reclam Verlag, 1983.

22 Pour l'intertextualité entre son roman et *Clarissa* de Richardson, voir : P. Arnds, « Sophie von Laroche's *Geschichte des Fräuleins Von Sternheim* As an Answer to Samuel Richardson's *Clarissa* », *Lessing Yearbook*, 1997, vol. XXIX, p. 87–106 ; C. Baldwin, « A Story of Her Own : Sophie Von La Roche's *Geschichte des Fräuleins von Sternheim* », dans *The Emergence of the Modern German Novel*, New York, Camden House, 2002, p. 103-140.

23 S. Von La Roche, *op. cit.*, p. 165 ; trad. fr. Marie Elisabeth La Fite, *Mémoires de Mlle Sternheim* [1773], La Haye, Pierre Frédéric Gosse, 1774, vol. I, p. 236.

et correspondant Belford, a clairement à l'esprit une idée d'organisation psychophysiologique analogue à celle de Cheyne. Le jeune homme a été saisi par une profonde agitation à la nouvelle de l'emprisonnement de Clarissa dans un lieu sombre et triste et, avant de poursuivre son projet d'épouser la jeune fille, il écrit son désir de se ressaisir pour se présenter de manière convenable à sa bien-aimée :

> Le parti que j'ai à prendre, dans l'incertitude que tu me représentes, c'est de ranimer toutes mes facultés, qui ont été comme engourdies par l'épaisse fumée de Londres, par ma longue prison et ma servitude auprès de ma belle entêtée, et dont j'ai tiré peu de fruit ; c'est de *redonner du ton et du ressort aux fibres relâchées de mon âme, qui ont été tiraillées par des convulsions comme les nerfs d'un paralytique, par le tumulte continuel qu'elle a excité dans mes esprits*, et de me remettre en état d'offrir à Miss Harlove un mari digne d'elle [...][24].

Lovelace a besoin de « tonifier », revigorer les fibres de son esprit, pour les purifier de la rouille dont l'air malsain de la ville et les longs troubles émotionnels les ont enveloppées. Les fibres subissent donc à la fois les conséquences des mauvaises habitudes de vie et des états de malaise psychologique ; toute sorte de causes extérieures peuvent troubler leur fonctionnement. La correspondance entre le physique et le moral est constante dans le texte de Richardson comme plus en général dans la littérature sentimentale, au point que, au tournant du siècle, lorsque la veine de ce genre de roman a été exploitée de toutes les manières possibles et que la sensibilité est devenue une mode, ses symptômes physiques (les évanouissements, les vapeurs, les pleurs) deviennent l'objet d'une parodie dont Goethe lui-même ne saura s'exempter (dans le caprice dramatique *Der Triumph der Empfindsamkeit*[25] – *Le triomphe de la sensibilité* –, par exemple).

---

24 S. Richardson, *Miss Clarisse Harlowe*, Trad. P.-P.-F. Le Tourneur, Genève, Barde, 1788, vol. X, p. 338. Nous soulignons. La traduction de Prévost fait ici l'économie de la terminologie médicale de Richardson : « Le parti que j'ai à prendre, dans l'incertitude que tu me représentes, c'est de ranimer toutes mes facultés, qui ont été comme engourdies par une longue servitude et par le tumulte continuel de mes esprits, pour me remettre en état d'offrir à Miss Harlove un mari digne d'elle [...] ». Pour une comparaison avec l'original, voir S. Richardson, *Clarissa, or the History of a young Lady*, London, Penguin, 1985, p. 1085.

25 J. W. Goethe, *Der Triumph des Empfindsamkeit* [1778], trad. fr. J. Decour, *Le triomphe de la sensibilité*, dans *Théâtre complet*, Paris, Gallimard, 1988.

L'usage de la métaphore corporelle pour signifier un état de l'âme est commun : Clarissa souffrante répond à Belford ayant remarqué son teint pâle et son visage émacié, que « Mon visage est une honnête peinture de mon cœur[26] » et Lovelace, encore une fois, décrit ainsi à Belfort l'état douloureux où le met l'attente du messager qui lui communiquera l'éventuelle libération de Clarissa et l'état de santé de la jeune fille :

> Tous les coussins ou les fauteuils sur lesquels je vais m'asseoir jusqu'à son retour, et mon lit, si je suis capable de m'y mettre, seront remplis d'alênes, de poinçons, d'épingles et d'aiguilles. Pour me tourmenter par le corps autant que je le suis par l'esprit, il ne faudrait que m'enfermer nu dans un tonneau percé de clous, et me faire rouler du sommet d'une montagne, trois fois plus haute que nos plus fameux clochers[27].

Cependant, il y a une différence, chez Richardson, entre la souffrance des personnages doués d'un tempérament et d'un corps robustes, comme Lovelace, et ceux, comme Clarissa, doué d'une fibre plus molle. L'économie diégétique du roman confirme le théorème de Cheyne : les personnages dont la fibre est forte, et qui ont un système nerveux en bonne santé, comme Lovelace ou d'autres libertins, s'adonnent à un style de vie qui en corrompt la fibre et qui les conduits à une mort affreuse et très douloureuse, tandis que les personnages vertueux, comme Clarissa, même en possédant une constitution tendre (*a tender constitution*), arrivent à un bon état de santé « *by using [them]self hardly* », c'est-à-dire en se soumettant à un régime de vie très austère, que Richardson se plaît longuement à décrire dans la dernière partie du livre, à caractère prescriptif, où le lecteur trouve la description de la journée type de Clarissa.

Ces êtres sont également doués d'une plus grande sensibilité, qui compense leur faiblesse physique et marque leur plus grand raffinement :

> Quant aux plaisirs de l'esprit, l'affaire est sans aucun doute [...] que les organes de ces opérations étant dans leur propre nature délicats et fins, quand ils sont minés ou éraflés (par les maladies chroniques non mortelles) et donc transmis ainsi à leur postérité, ces parties, naturellement subtiles, deviennent ainsi plus fines et plus sensibles[28].

26 S. Richardson, *Histoire de Clarisse Harlove*, trad. A. Prévost, éd. Shelley Charles, Paris, Desjonquères, 1999, p. 499.

27 *Ibid.*, p. 480.

28 G. Cheyne, *The English Malady*, *op. cit.*, p. 21. Nous traduisons.

Comme le notait Roy Porter dans son introduction à l'édition anglaise du traité :

> Cheyne paraît laisser entendre que pour être vraiment à la mode, il était nécessaire de montrer au moins un peu d'anormalité mentale ou d'anxiété émotionnelle : la distinction demandait une touche de différence. Ses critiques craignaient les dangers de la complaisance pour une telle mélancolie à la mode. Ainsi Samuel Johnson mettait en garde Boswell contre les séductions de cette idée de Cheyne : « Ne te laisse pas apprendre par lui la notion insensée de la mélancolie comme preuve de perspicacité[29] ».

Au grand daim de Johnson l'association entre souffrance et génie devint courante. Les écrits de Boswell, par exemple, témoignent de sa fascination pour la théorie de Cheyne, malgré les recommandations de Johnson : « Je suis né avec un tempérament mélancolique. C'est le tempérament de notre famille. Plusieurs de mes parents en ont souffert. *Et pourtant je ne regrette pas d'être mélancolique. C'est le tempérament des cœurs tendres, et des âmes sensibles* », écrit-il à Rousseau, le 5 décembre 1764[30].

Maintes correspondances épistolaires nous révèlent l'étendue de ces conceptions psychophysiologiques parmi les élites intellectuelles : une trentaine d'années plus tard, Karl Hölderlin écrivait à son frère Friedrich, en comparant son caractère à celui de Rousseau : « tu as aussi une irritabilité qui est la conséquence naturelle d'un cœur crée pour le sentiment (*Empfindung*), qui repaie parfois un honnête homme de quelques heures de sa vie, mais qui pourrait, malheureusement, toujours vous préparer un moment terne[31] ».

L'idée d'irritabilité est clairement d'origine médicale et l'ambivalence que nous remarquions dès le début est ici patente. La sensibilité, ce « fatal présent du ciel », comme Rousseau définit le cœur sensible et

29 R. Porter, *op. cit.*, p. XI. Nous traduisons.

30 *Ibid.* Nous soulignons. La citation est prise de l'*Ébauche de ma vie*, que Boswell joignit à la lettre du 5 décembre. Pour les rapports entre Boswell et Rousseau, voir R. A. Leigh, « Boswell and Rousseau », *Modern Language Review*, n. 47, 1952, p. 289-318.

31 F. Hölderlin, *Sämtliche Werke*, Große Stuttgarter Ausgabe, éd. V. F. Beißner, A. Beck, U. Oelmann, Stuttgart, 1943-1985, vol. 7.1, p. 54. Nous traduisons. Voir, pour une critique intéressante à ce sujet, Jürgen Link, *Hölderlin – Rousseau retour inventif*, Vincennes, Presses Universitaires de Vincennes, 1995 et *id.*, « Spiralen der inventiven »Rückkehr zur Natur« Über den Anteil Rousseaus an der Tiefenstruktur des *Hyperion* », dans Bay H. (éd.), *Hyperion – terra incognita, Expeditionen in Hölderlins Roman*, Opladen, Wiesbaden, Westdeutsche Verlag, 1998, p. 94-115.

tendre, est la promesse de grands bonheurs, mais aussi la menace de grandes douleurs :

> O Julie ! que c'est un fatal présent du ciel qu'une âme sensible ! Celui qui l'a reçu doit s'attendre à n'avoir que peine et douleur sur la terre. Vil jouet de l'air et des saisons, le soleil ou les brouillards, l'air couvert ou serein, régleront sa destinée, et il sera content ou triste au gré des vents. Victime des préjugés, il trouvera dans d'absurdes maximes un obstacle invincible aux justes vœux de son cœur[32].

L'âme sensible, personnage élu des romans sentimentaux, est affectée par toute sorte de changement ; du fait de l'irritabilité de ses fibres, elle est à la merci de toute sorte d'impressions extérieures. Ce passage est significatif, car il montre dans quelle mesure, chez Rousseau, dont l'œuvre constitue un infléchissement majeur de l'idée de sensibilité[33], cette dernière se situe dans un espace qui n'est ni tout à fait physique, ni tout à fait moral.

L'être sensible est victime de toute impression extérieure : des changements atmosphériques autant que des préjugés des hommes, de l'impression de tristesse et mélancolie que lui communiquent des paysages déjà romantiques aussi bien que des douleurs causées par le mépris d'une société qui prêche l'individualisme, mais qui n'a pas encore démoli les structures hiérarchiques qui freinent l'enthousiasme des classes roturières[34]. L'homme sensible, cette créature de la bourgeoisie des Lumières, est par sa nature même voué à la douleur et, lorsqu'il atteint un état de bonheur, il ne sait ou ne veut pas en jouir. Jean Roussel a souligné le rôle de Rousseau – et surtout de *La Nouvelle Héloïse* – dans le processus d'émersion de l'espace du Moi et de cet être de sentiment inévitablement voué au malheur. Les premiers paragraphes de la lettre de Saint-Preux, « ponctués de mots tels que : victime, misère, éternelles privations, situation cruelle, contraste insupportable de grandeur et de

---

32 J.-J. Rousseau, *Julie, ou la Nouvelle Héloïse*, dans *Œuvres complètes*, vol. II, Paris, Gallimard, 1964, p. 89.

33 Voir J. Roussel, « La douleur de Saint-Preux », dans C. Biondi, C. Imbroscio et al., *La quête du bonheur et l'expression de la douleur dans la littérature et la pensée françaises* Mélanges offerts à Corrado Rosso, Genève, Droz, 1995, p. 371-379, p. 373.

34 Pour la poussée de l'individualisme au dix-huitième siècle et ses relations avec le sentimentalisme, voir P. Pelckmans, *La sociabilité des cœurs Pour une anthropologie du roman sentimental*, Amsterdam, Rodopi, 2013.

bassesse, séjour triste et horrible, mélancolie[35] » permettent au critique d'envisager la douleur, dans le roman, comme inséparable du bonheur et comme une sorte de basse obstinée du nouveau moi romanesque.

L'ENNUI DU BONHEUR, OU LA « DOULEUR DE LA VIE »

Celui-ci s'ennuie du bonheur ou bien ne peut pas éprouver de bonheur sans douleur. Le sens de la célèbre lettre que Julie adresse à Saint-Preux avant sa mort est en cela : le bonheur, en tant qu'état d'accomplissement des désirs et donc de paix (et de fin d'irritation des fibres, donc de l'usage de la sensibilité) n'est pas soutenable, car il se révèle, au moment de sa plus grande jouissance, un état de douleur (ou d'engourdissement). Le bonheur est un état d'anticipation (« l'on n'est heureux qu'avant d'être heureux ») dont le miroitement se ternit dans l'écoulement paisible des jours, transformant le rêve en spleen et en ennui de vivre :

> Je ne vois partout que sujets de contentement, et je ne suis pas contente ; une langueur secrète s'insinue au fond de mon cœur ; je le sens vide et gonflé, comme vous disiez autrefois du vôtre ; l'attachement que j'ai pour tout ce qui m'est cher ne suffit pas pour l'occuper ; il lui reste une force inutile dont il ne sait que faire. *Cette peine est bizarre, j'en conviens ; mais elle n'est pas moins réelle.* Mon ami, je suis trop heureuse ; le bonheur m'ennuie[36].

Cette peine qu'éprouve Julie est bien sûr à réinsérer dans une dynamique du désir où la douleur est un état positif fonctionnant d'aiguillon et d'instinct de vie : « Malheur à qui n'a plus rien à désirer ! il perd pour ainsi dire tout ce qu'il possède. On jouit moins de ce qu'on obtient que de ce qu'on espère, et l'on n'est heureux qu'avant d'être heureux[37] », explique Julie. Toutefois cette représentation du bonheur par anticipation est aussi représentation d'une douleur du bonheur, d'une pesanteur de l'existence heureuse, de cette « maladie de l'âme » qui est vite prise en

35 J. Roussel, *op. cit.*, p. 378.
36 J.-J. Rousseau, *op. cit.*, p. 694. Nous soulignons.
37 *Ibid.*, p. 693.

compte par le savoir médical. Lisons ce qu'en dit Marc-Antoine Petit, chirurgien major de l'Hôtel-Dieu de Lyon et professeur de chirurgie clinique féru de littérature[38], auteur d'un *Discours sur la douleur*[39].

La conception de la douleur qu'élabore Petit ressent des acquis et des convictions de la médecine prémoderne. Pour celle-ci, la douleur, quoique déclenchée dans la plupart des cas par un stimulus d'ordre physique, n'existerait pas sans la perception interne de la souffrance, sans l'interposition du sujet souffrant :

> Ce n'est pas assez [...] pour la production de la douleur, d'avoir fixé sur un organe sensible, une cause d'irritation ; la sensation qui en résulte n'est pas encore la douleur, mais la disposition qui l'a fait naître, et qui en manifeste la cause ; elle n'existe véritablement qu'autant qu'elle est connue par les sens internes ; c'est-à-dire, qu'autant que l'action qui se passe sur les fibres nerveuses de quelques parties du corps, se répète sur les fibres médullaires du cerveau, et permet à l'âme de porter un jugement par la comparaison de son état présent, à son état passé[40].

Pour justifier cette affirmation, Petit cite des cas de douleur physique évidente, mais non ressentie : celle des guerriers qui s'élancent dans la bataille et ne ressentent aucune douleur de leurs blessures, des martyrs, etc., reprenant les arguments de l'article « Douleur » de l'Encyclopédie de Diderot et d'Alembert, qui contient déjà l'idée de la nécessité du passage de la sensation douloureuse par le cerveau :

> Il faut donc que du changement fait dans le nerf, il s'ensuive un changement dans le cerveau, pour qu'il naisse l'idée de la *douleur*, qui peut même avoir lieu en conséquence de cette dernière condition seule, sans qu'aucun nerf soit affecté ; s'il se fait dans le cerveau un changement semblable à celui qui a lieu

38 Comme le témoignent les sources sur sa biographie, consistant surtout en les éloges écrits par ses confrères à sa mort. Voir L.-V. Cartier, *Éloge de M. Marc-Antoine Petit*, lu dans la séance publique de l'Académie de Lyon le 3 septembre 1811, Lyon, Ballanche, 1811 ; Ph. Parat, *Éloge historique de M. Marc-Antoine Petit*, lu dans la séance publique de la Société de médecine de Lyon le 12 juillet 1812, Lyon, M. Leroy, 1812. Sur la pratique de l'éloge à la société de médecine et sur son utilisation en tant que source historique, voir D. Roche, « Médecins et Lumières au XVIIIe siècle : talents, raison et sacrifice », dans D. Roche, *Les Républicains des lettres Gens de culture et Lumières au XVIIIe siècle*, Paris, Fayard, 1988, p. 308-330.

39 M.-A. Petit, *Discours sur la douleur* [1799], dans Jean-Pierre Peter, *Observations sur les attitudes de la médecine prémoderne envers la douleur suivies des traités de A. Sassard, M.-A. Petit, J.-A. Salgues*, Paris, Quai Voltaire, 1993.

40 M.-A. Petit, *op. cit.*, p. 84. Je souligne.

> conséquemment à la disposition d'un nerf, qui est en danger de se rompre : comme le prouvent les observations de Médecine, etc.[41]

Néanmoins, dans la définition de Petit cette conscience de la douleur est présentée par un tour narratif qui paraît l'éloigner de l'attitude décidément et exclusivement physiologique de l'*Encyclopédie* : il n'est plus question d'un « changement dans le cerveau », mais d'une opération *de l'âme*, comparant l'état présent de malaise à un état passé de bien-être. Cette douleur, décrite en ces termes, n'est pas très éloignée de celle que décrit Dante dans le chant V de l'*Enfer* : « *Nessun maggior dolore / che ricordarsi del tempo felice / nella miseria*... (Il n'est pas de plus grande douleur / que de se souvenir des temps heureux / dans la misère[42]) ». À l'instar que chez le poète médiéval, c'est cette conscience de l'écart entre deux états éloignés qui fait exister la douleur chez le médecin des Lumières Petit, qui « savait tout embellir par la plus douce sensibilité[43] » :

> La douleur est cet état d'une âme qui, comparant sa position présente à son état passé, juge que le corps éprouve, dans quelques-unes de ses parties sensibles, ou dans son ensemble, des déchirements ou des altérations qui en dérangent l'harmonie. Pour concevoir la production de ce sentiment pénible, il faut donc admettre nécessairement, 1° l'existence d'une cause d'irritation dans quelques points de l'économie animale ; 2° son action sur des organes sensibles, 3° *et surtout une situation de l'âme, assez maîtresse d'elle-même pour pouvoir en ressentir et en apprécier les effets*[44].

Par cette définition qui complexifie la sensation douloureuse et rend justice à la délicatesse et à la nature extrêmement compliquée du phénomène, le médecin lyonnais réinsère le sujet au sein, et même au centre, du processus nociceptif et porte ce nouvel espace du moi dont le

41 *Encyclopédie ou dictionnaire raisonné des arts et des métiers*, *a. v.* « Douleur ». Il s'agit de la deuxième définition du lemme.

42 Dante, *Enfer*, v, 121-123, éd. bilingue, trad. fr. Jacqueline Risset, Paris, Flammarion, 1992.

43 Ph. Parat, *op. cit.*, p. 1. Les sources biographiques sur Petit s'accordent à lui attribuer une très grande sensibilité et une imagination vive. Il ne faut pas oublier en effet que Petit avait fait ses humanités au collège Beaujeu, où il s'était fait remarquer « par sa facilité pour l'étude, *par la vivacité de son imagination et par son goût pour la* Poésie » (*ibid.*, p. 2, nous soulignons) et que ce n'était que « pour condescendre aux désirs de sa mère » (R. N. Dufriche Desgenettes, *Notice sur la vie de Marc-Antoine Petit*, à Paris, chez l'imprimeur Migneret, 1811, p. 1) qu'il avait embrassé la carrière médicale.

44 M.-A. Petit, *op. cit.*, p. 76. Je souligne.

roman commence à se faire le miroir dans le cabinet du clinicien. Il ne s'agit pas tant du cerveau, organe purement physiologique, mais de *l'âme*, instance subjective morale et métaphysique : le phénomène douloureux ne peut être réduit à la sensation douloureuse : « Si l'âme a besoin de toute sa sensibilité pour concevoir et sentir la douleur, l'existence d'une cause d'irritation sensible n'est pas aussi nécessaire à sa production ; *elle peut en trouver en elle tous les éléments, et la même imagination, qui lui procure souvent l'heureuse sensation du plaisir, peut lui donner aussi tous les tourments de la douleur*[45] ».

L'imagination manifeste sa puissance dans le phénomène somatique et, s'il n'y a pas de douleur sans conscience interne de la douleur, il y a en revanche douleur sans cause extérieure, une « douleur née de l'imagination » : « Il est une autre douleur, la plus cruelle peut-être, dont le siège serait aussi difficile à assigner que la cause ; mais à laquelle contribuent aussi les vices de l'imagination : c'est la douleur de la vie ; cet état de maladie réelle, qui, détruisant le charme qui nous y attache, met à chaque instant dans notre main, le fer du suicide [...][46] ». L'imagination peut donner autant de tourments que l'irritation des fibres nerveuses et cette douleur est conçue par le médecin comme une douleur réelle, qui doit être réinscrite dans la phénoménologie nosologique algique.

Petit peut inscrire le mal de vivre parmi les phénomènes pathologiques que le médecin se doit de prendre en charge parce qu'un changement de statut s'est opéré à l'intérieur du savoir médical comme dans l'espace de la représentation littéraire. Ces deux domaines du savoir se sont entrecoupés, interpénétrés, ont vécu dans un rapport d'échanges réciproques et ont mis tous les deux, pour des raisons différentes, la souffrance au centre de leur quête d'une vérité de l'être qui n'est pas immédiatement perceptible et qui pourrait conduire à une existence meilleure. La psychanalyse n'est pas loin de là.

Pour conclure, nous pouvons affirmer que le roman sentimental, comme nous l'avons vu au départ, a absorbé les nouvelles conceptions psychophysiologiques de la médecine des Lumières, et a fait des personnes douées d'une plus grande sensibilité des créatures intrinsèquement vouées à la douleur : par sa nature même, l'homme sensible est un homme de douleur, car sa sensibilité en fait le réceptacle de toute

45 *Ibid.*, p. 86. Nous soulignons.
46 *Ibid.*, p. 87.

sorte de sensations. En même temps, il ne saurait vivre dans un état d'apaisement et de rassasiement, car, à côté d'un bonheur de la douleur qui érige celle-ci au rang de preuve d'une âme supérieure et qui consiste justement en la plus grande charge émotive que la sensibilité exacerbée confère aux âmes sensibles, il existe une douleur du bonheur, un ennui de l'existence, même quand celle-ci est heureuse.

D'autre part, la médecine, qui commence à changer de statut par rapport aux siècles précédents[47], paraît instaurer un dialogue avec les nouveaux espaces de l'être que la littérature a porté au jour. Il est significatif que, dans les éloges prononcés dans les différentes académies à la mort de Marc-Antoine Petit, une mention constante est faite de sa capacité d'entrer en relation empathique avec son patient, grâce à sa sensibilité vive : « La vie du médecin est donc un exercice continuel des facultés de l'esprit et de ses combinaisons les plus déliées. Le docteur Petit y joignait, à un degré éminent, *l'expansion d'un cœur bienfaisant ; et c'était la vive expression de sa sensibilité qui tendait surtout à lui concilier la bienveillance générale*[48] », dit Cartier avant d'ajouter, en saisissant l'importance de la relation entre le médecin et le patient pour la bonne réussite de la thérapie, que « [l]'être qui souffre veut être plaint, et les doux enchantements de la parole ont aussi leur pouvoir pour calmer la douleur[49] ». Entre remettre la parole au centre de la relation thérapeutique ou faire de la parole le moyen d'expression d'un moi qui frôle le pathologique, la médecine et la littérature essaient de se frayer des voies pour combattre la souffrance et soulager ses effets.

Marilina GIANICO
Université de Haute-Alsace

47 Voir, à ce propos, D. Roche, *op. cit.* et R. Rey, *Histoire de la douleur*, Paris, La Découverte, 1993, p. 107-155.
48 L.-V. Cartier, *op. cit.*, p. 18. Nous soulignons.
49 *Ibid.*

MOURIR DE DOULEUR ?

> De tous les maux, le mien diffère ; il me plaît ; je me réjouis de lui ; mon mal est ce que je veux et ma douleur est ma santé. Je ne vois donc pas de quoi je me plains, car mon mal me vient de ma volonté ; c'est mon vouloir qui devient mon mal.
> Chrétien DE TROYES[1]

> *De la tristesse*. Je suis des plus exempts de cette passion, et ne l'aime ni ne l'estime, quoique le monde ait pris, comme à prix fait, de l'honorer de faveur particulière.
> MONTAIGNE[2]

Peut-on mourir de tristesse, d'un cœur brisé ? Le mythe le veut : c'est Ariane blessée d'amour, Iseut enlaçant Tristan dans la mort. « Amour-passion, écrit Denis de Rougemont : désir de ce qui nous blesse, et nous anéantit par son triomphe ». Le succès du roman de Tristan révèlerait chez les occidentaux une « préférence intime pour le malheur », préférence qui découlerait du rapport qu'ils établissent entre souffrance et connaissance : « complicité de la conscience et de la mort[3] ».

Nous voudrions ici nous intéresser non tant à la réincarnation de ce mythe dans la littérature de l'âge classique qu'à la manière dont se dessine et s'appréhende ce mystérieux effet d'auto-destruction psychosomatique que les Anglais ont qualifié de « *broken heart syndrom* », à l'exclusion du suicide qui n'en relève pas directement.

---

1 Cité par Denis de Rougemont, *L'Amour et l'Occident*, Paris, Plon (1972) ; 10/18, p. 39.
2 Michel de Montaigne, *Essais*, chap. II, Paris, Gallimard, 1965, p. 58.
3 Denis de Rougemont, *L'Amour et l'Occident*, p. 54.

Ce phénomène fait l'objet d'un discours littéraire et médical. Erin Sullivan a en souligné la particulière récurrence dans le théâtre de Shakespeare, signalant que la tristesse excessive était une passion considérée comme potentiellement létale au XVIe et au XVIIe siècle en Angleterre, tant dans les enseignements médicaux de l'époque (encore inspirés du système des humeurs de Galien) que dans les traités médico-philosophiques et dans les registres de mortalité[4].

Le secret travail de sape de la douleur morale a aussi occupé la pensée française. Comme le rappelle Roselyne Rey dans son *Histoire de la douleur*, la dualité des substances corps / âme et leur hiérarchie, posée par l'idéalisme platonicien puis la pensée chrétienne, ont suscité des réactions contradictoires sur la nature (voire la possibilité) de leur interaction[5]. Descartes, dans son *Traité des Passions* (1649) soutient l'idée d'une union substantielle entre l'âme et le corps (« l'âme est unie à toutes les parties du corps conjointement[6] »). Il compte la tristesse au nombre des passions primitives[7], dont il examine les effets physiologiques[8]. L'usage de ces passions est d'inciter l'âme à « consentir et contribuer aux actions qui peuvent servir à conserver le corps[9] ». Ainsi la douleur physique produit la « passion de la tristesse, puis ensuite la haine de ce qui cause cette douleur, et en troisième lieu le désir de s'en délivrer ». D'où il résulte que « la tristesse est en quelque façon première et plus nécessaire que la joie[10] » parce qu'il est plus nécessaire de protéger le corps de ce qui lui nuit et peut le détruire que de lui procurer un bien-être superflu. Descartes souligne donc essentiellement la fonction protectrice de la douleur.

4 Erin Sullivan, « A disease unto death : sadness in the time of Shakespeare », *Emotions and Health, 1200-1700*, éd. Elena Carrera, Leiden – Boston, 2013, p. 159-181.

5 Voir Roselyne Rey, *Histoire de la douleur*, Paris, La Découverte, 1993, p. 118.

6 Article 30 du *Traité des Passions de l'âme*, in *Œuvres et lettres*, Paris, Gallimard « Pléiade », 1953, p. 710.

7 Il s'agit de l'admiration, de l'amour, de la haine, du désir, de la joie et de la tristesse. Voir Descartes, *Traité des Passions de l'âme*, article 69, p. 728.

8 La tristesse, « en étrécissant les orifices du cœur, fait que le sang coule plus lentement dans les veines, et que, devenant plus froid et plus épais, il a besoin d'y occuper moins de place ; en sorte que, se retirant dans les plus larges, qui sont les plus proches du cœur, il quitte les plus éloignées, dont les plus apparentes étant celles du visage, cela le fait paraître pâme et décharné » (*Traité des Passions*, art. 116, p. 749).

9 Descartes, *Traité des Passions de l'âme*, article 137, p. 759.

10 *Ibidem.*

Le discours sur les passions est particulièrement développé à la même époque par Marin Cureau de la Chambre, médecin et conseiller de Louis XIV, membre de l'Académie des Sciences, très apprécié pour ses qualités de psychologue. Descartes avait lu Cureau, qui fit de même de son côté[11]. Dans le 3e volume de son traité du *Charactère des Passions* paru en cinq volumes entre 1640 et 1662 (et qui devait faire partie d'une somme plus vaste, un *Art de connaître les hommes* que l'auteur ne put mener à terme), le médecin consacre un chapitre très développé à la douleur, chapitre dont il devait être particulièrement satisfait, puisque c'est celui qu'il choisit de lire à la reine Christine de Suède lors de sa visite en France en mars 1658.

Cureau met la douleur (et non, comme Descartes, la tristesse qui en résulte) au nombre des passions *simples* (avec la haine et l'aversion, l'amour, le désir, le plaisir), lesquelles peuvent se combiner en formant des passions *mixtes*. La douleur peut toucher l'âme ou le corps et sert à leur conservation. Ainsi, ce n'est pas le symptôme douloureux qui est néfaste mais l'événement qui le cause (déshonneur, perte d'un ami…) : « qui oseroit dire que la fuite du mal fut un mal ? Que les soins de l'éviter fussent contraires à la vie[12] ? ». Cela posé, l'auteur n'en propose pas moins au lecteur, en dix-huit pages, une description circonstanciée, un tableau vivant du dépérissement progressif d'un homme endeuillé par la perte d'un fils[13]. Il commence par la description des manifestations extérieures (pâleur, défaillance, cris, gémissements, soupirs, sanglots…)

---

11 Voir à cet égard Carole Talon-Hugon, *Descartes ou les passions rêvées par la raison*, Paris, Vrin, 2002, p. 39.

12 Marin Cureau de la Chambre, *Les Charactères des passions*, Paris, P. Recollet ; J. d'Allin, 1660 ; 1662, t. III, p. 3.

13 Avant même de tenter une définition de la douleur, l'auteur signale ainsi la difficulté de représenter cette passion « en ce qu'elle a de caché », postulant néanmoins le privilège de la plume sur le pinceau dans la perspective du *paragone* : « Ce peintre ingénieux, qui voulait représenter un prince extrêmement affligé, lui mit un voile sur le visage, dans le désespoir qu'il eut que son pinceau n'en put exprimer la douleur, nous montre bien que le portrait de cette passion n'est pas si aisé à faire qu'on se pourrait imaginer ; et que s'il y a tant de peine à tracer ce qui en tombe sous le sens, il faut qu'il y en ait bien d'avantage à peindre ce qu'elle a de caché. Car ce qui en paraît aux yeux n'est que la moindre partie des traits qui en doivent composer la figure ; et il y a une plus grande diversité dans les mouvements qu'elle excite en l'âme, qu'en ceux qu'elle imprime sur le corps. Voyons donc si la plume sera plus heureuse que le pinceau, et si les paroles pourront exprimer non seulement l'air et les linéaments du visage ; mais encore les pensées et les dessins que produit cette passion. » (*op. cit.*, p. 10-11).

avant d'entrer dans le détail des pensées et sentiments qui agitent le personnage, en une véritable anatomie de la douleur morale : introspection, reproches, regret, dépit, fureur, blasphèmes sont représentés, parfois sous la forme de monologues intérieurs, accompagnés de leurs manifestations physiques (transports, arrachage de cheveux, cognement de tête contre les murs, cris, hurlements, etc.). Enfin, silence de mort, immobilité, remémoration nostalgique du passé, stupeur, insensibilité, isolement, aphasie, anorexie. L'auteur dépeint ensuite le corps marqué de manière durable et irrémédiable par ces effets moraux : rides, modification de la morphologie du visage, blanchissement, voussure, altération progressive de la santé aboutissant à la mort. Ainsi la « fuite du mal » devient fatale, minant le corps et menant la victime du sort à sa perte[14]. La mort, se présentant comme seul remède à une souffrance insupportable, est moins subie que voulue. C'est ce qui ressort de l'analyse de la nature de la passion, qui succède à la description de ses symptômes.

Le médecin rapproche douleur physique et tristesse morale par la similarité de leurs effets sur l'âme. Il en déduit que les deux passions doivent avoir cause commune, et propose d'observer la formation de la seconde. Il souligne à cet effet que celle-ci dépend non seulement de l'intellection (la connaissance de l'événement malheureux), car un mal objectif peut laisser insensible, mais également de la « partie appétitive » de l'âme, c'est-à-dire de la volonté. C'est en quoi il s'agit bien d'une passion (« tout mouvement de l'appétit est passion[15] »).

Chez Cureau, comme chez Descartes et suivant la scolastique, action et passion sont indissociables[16]. Précisément, la douleur est « une action et un

14 « À mesure que la tristesse prend de plus longues racines, elle fait aussi plus d'impression sur lui et le minant peu à peu, elle dissipe toutes ses forces et détruit entièrement sa santé » (p. 27).

15 *Id.*, p. 47.

16 Descartes souligne dès l'article 1 de son *Traité des passions* que la passion présuppose l'action : « [...] tout ce qui se fait ou qui arrive de nouveau est généralement appelé par les philosophes une passion au regard du sujet auquel il arrive, et une action au regard de celui qui fait qu'il arrive. En sorte que, bien que l'agent et le patient soient souvent fort différents, *l'action et la passion ne laissent pas d'être toujours une même chose* qui a ces deux noms, à raison des deux divers sujets auxquels on la peut rapporter » (*Traité des Passions de l'âme*, p. 695, je souligne). Voir à ce sujet Laurent Cournarie « Descartes, explication intégrale de la première partie des *Passions de l'âme* » in *Philopsis*, revue numérique (http://www.philopsis.fr/IMG/pdf/descartes-passions-cournarie.pdf, p. 7-8).

mouvement de la volonté[17] », « un mouvement de l'appétit concupiscible par lequel l'âme se resserre et rentre avec précipitation en elle-même pour fuir d'autant plus le mal qui la presse et pour éviter le dommage qu'ell'en peut recevoir[18] ». Nous aurions ainsi affaire à une passion préservatrice travaillant dans les cas extrêmes à la destruction de ceux qu'elle agite. C'est cette théorie de la douleur comme mouvement de la volonté et passion apotropaïque que nous voudrions mettre (trop succinctement il est vrai) à l'épreuve de quelques textes littéraires fameux du XVIIIe siècle mettant en scène des morts d'origine morale.

Dans la première « feuille » de son périodique *l'Indigent Philosophe*, parue en avril 1727, Marivaux, par le truchement du narrateur fictif éponyme, présente un cas analogue à celui que proposait Cureau de la Chambre : un homme affligé de la perte de son fils unique et de la moitié de son bien. Mais par stoïcisme de principe, ce personnage dissimule sa douleur et la contraint en public, n'offrant au regard qu'une feinte impassibilité :

> [...] le pauvre martyr de l'orgueil ne versa pas une larme, il se montra inébranlable : il jeta un soupir ou deux, dit-on, pour rendre son courage plus vraisemblable, pour montrer aux gens que ce n'était pas faute de sensibilité qu'il n'était pas au désespoir, comme y aurait été un autre. Il fit voir qu'il ne tenait qu'à lui d'être sujet comme le reste des hommes aux faiblesses de la nature, mais qu'il avait la force de les repousser[19].

Les « singeries » du comédien lui coûtent la vie :

> [...] je crois qu'il mourut de la violence qu'il se fit pour les soutenir : sa comédie le tua ; cela n'est pas sain, et mourir pour mourir, j'aimerais encore mieux mourir en homme faible, qu'en histrion qui fait le fort et qui ne l'est pas : [...] quand on meurt franchement de douleur, la mort n'est que la punition de notre faiblesse, et cela n'est pas si laid qu'une mort qui est la punition d'une fourberie[20].

L'Indigent philosophe compare ici deux fins : l'une par franche douleur, l'autre par douleur contrariée. La première procéderait d'une faiblesse (le dépérissement) ; la seconde résulte d'une contrainte : l'homme

17 *Id.*, p. 45-46.

18 *Ibidem.*

19 Marivaux, *L'Indigent philosophe*, Première feuille, in *Journaux et Œuvres diverses de Marivaux*, Paris, Classiques Garnier, 2001, p. 279.

20 *Id.*, p. 280.

affligé s'est interdit l'expression publique de son deuil, laquelle aurait comporté une vertu cathartique. Lâcher la bonde à ses larmes en privé (seul dans son cabinet, notre homme « s'en donnait à cœur joie[21] ») ne devait pas suffire à soulager la peine. Erin Sullivan a montré dans son étude déjà citée que la communication de la tristesse à un auditeur empathique avait semblé le traitement le plus propre à atténuer une grande souffrance morale. En bannissant les « faiblesses de la nature », la victime s'est aussi privée des procédés de conservation qu'elle se donne. Aussi le narrateur peut-il le tenir pour responsable de son « impertinente mort[22] ». Marivaux présente ici une mort qui résulte moins de la douleur elle-même que du fait que le personnage s'est volontairement attaché à une représentation faussée de l'honneur.

Tel est le reproche que fait, quelques années plus tard, Rousseau à la Clarissa de Richardson, dont il avait lu les déboires dans la traduction de l'abbé Prévost : *Lettres anglaises, ou histoire de miss Clarisse Harlove* (12 vol. in 12, 1751-1752). Dans une lettre à Malesherbes du 19 février 1761, Rousseau préfère l'humanité de sa Julie aux « sublimes vertus » de Clarisse Harlove, qu'il accuse d'être « soumises à l'opinion[23] », trop altières, fondées sur un faux sens de l'honneur. La vertu selon Clarisse est tributaire de la *doxa*, et c'est pourquoi la jeune fille se croit avilie.

La mort de l'héroïne avait indigné le lectorat. Richardson s'en est longuement expliqué, dans une postface où il met en avant des arguments d'ordre poétique (il s'agissait d'offrir au lecteur l'émoi cathartique d'une belle tragédie). Clarisse, on le sait, a succombé non tant, pourrait-on dire, aux sévices infligés par Lovelace qu'à la contradiction interne dans laquelle elle se trouvait moralement placée par les menées du libertin. C'est ainsi qu'on voit au fil du roman le personnage s'altérer de manière psychosomatique. D'emblée, la jeune fille est affectée par la malédiction paternelle, qui met en route une suite de langueurs et d'évanouissements dont la fréquence ne fait que croître. Lovelace observe avec des réactions mitigées ce progrès de la douleur. Constatant que Clarisse a (je cite suivant Prévost) « le cœur capable d'une profonde tristesse[24] » (I, 736), le

21 *Ibidem.*

22 *Ibidem.*

23 Lettre à Malesherbes du 19 février 1761, *Correspondance complète de Jean-Jacques Rousseau*, éd. R. A. Leigh, Oxford, The Voltaire Foundation, 1965-1998, vol. VIII, p. 135.

24 Richardson, *Lettres anglaises ou Histoire de Miss Clarisse Harlove*, trad. Abbé Prévost, lettre 147, Paris, Desjonquères, 1999, t. I, p. 736.

séducteur escompte d'abord qu'elle cherchera auprès de lui son réconfort. Mais il appréhende les effets durables de ces fréquentes défaillances[25]. La tristesse de la jeune fille s'approfondit, notamment après le faux incendie qu'il a fomenté, et le libertin en observe le progrès et les effets délétères : « je n'appréhende pour celle-ci que la force de sa douleur. Mais c'est un mal [...] dont l'action est assez lente[26] ». Après le viol, Lovelace est désemparé devant le caractère extrêmement contenu, composé même de la réaction de Clarisse :

> J'étais préparé [...] à l'emportement des plus violentes passions, aux cris, aux menaces, aux injures, aux exécrations. Ces transports passagers, effet d'une douleur soudaine, et la honte, et la vengeance, nous auraient mis de pair : et nous n'aurions rien dû l'un à l'autre. Encore une fois, je suis fait à ces orageuses douleurs : et comme rien de violent n'est durable, c'est ce que j'aurais souhaité dans les empressements de mon cœur. Mais une fureur si majestueuse et si composée ! [...] Plongée [...] dans un si profond désespoir, que, suivant ses propres termes, le pouvoir lui manquait pour l'exprimer[27] !

La douleur exacerbée, mais tacite, bridée paraît là encore plus redoutable et délétère que celle dont l'expression est violente. Ainsi transformée en lame de fond, elle est devenue passion : entre Lovelace et la mort, comme le signale Belford, Clarisse a choisi la seconde : « je crois, au fond, que Miss Harlove préférerait la mort à toi. Les deux femmes qui la gardent sont persuadées, sans connaître la moitié de ses peines, que la douleur a déjà fait son office ; c'est-à-dire que les principes de sa vie sont altérés sans ressource[28] ». *Her heart is broken*, littéralement. Dans son périodique *Le Pour et le* Contre, le traducteur décrit ainsi cette maladie anglaise « qui n'a pas de nom dans notre langue » :

> En anglais *broken heart*. Ce mot traduit littéralement signifie cœur brisé. C'est le dernier effet d'une mortelle douleur. Les Anglais sont plus sujets à cette maladie que les autres peuples, parce que leur imagination forte sert à les rendre plus sensible à *cette grande passion*[29].

---

25 « [...] si sa faiblesse et ses langueurs continuent dans cet excès, ne suis-je pas menacé, en l'épousant, de ne voir tomber entre mes bras qu'une femme vaporeuse ? » (*id.*, t. I, p. 735).

26 *Id.*, t. II, p. 166.

27 *Id.*, t. II, p. 353.

28 *Id.*, t. II, p. 463.

29 Prévost, *Le Pour et Contre*, t. I, XIV, Paris, Didot, 1733, p. 234, je souligne.

L'idée que Clarisse puisse mourir de chagrin est d'abord repoussée comme improbable et romanesque par Lovelace. « C'est un langage de femme[30] » : la jeunesse, sa constitution, la jouissance de sa vertu, la considération de son triomphe… tout s'oppose à cette mort. « Comment s'imaginer qu'avec tant de réflexions consolantes, une femme puisse mourir de chagrin[31] ? ». Or ce langage est apparemment celui du romancier puisqu'assez ironiquement, le libertin lui-même se voit affecté de la même pathologie psychosomatique, perdant l'appétit, le sommeil et jusqu'au goût de vivre :

> Si j'avais la folie de me laisser mourir à présent, on dirait que Miss Harlove m'a fait crever de chagrin. Que sa cruauté me pénètre jusqu'au fond du cœur, c'est ce que je ne puis désavouer. […] La vigueur me manque. […] Je crois réellement que tu peux m'envoyer un cercueil et un drap mortuaire. Je serai prêt pour l'usage lorsqu'ils arriveront[32].

Dans *Clarisse Harlove*, la douleur est poison[33] qui, se répandant, emporte successivement l'héroïne, le séducteur (livrant son corps aux coups dans un duel où il était donné vainqueur) et jusqu'aux parents de la jeune fille. « Douleur, douleur, douleur ! quand serai-je quitte de toi[34] ? ». La fatalité qui s'exerce dans le roman est mue par le mécanisme d'une douleur qui ne console plus, d'une douleur efficace, devenue désir opérateur de mort. Désir faux selon Rousseau. Selon Voltaire aussi, qui donne, après *Clarisse Harlove*, après la *Nouvelle Héloïse*, sur laquelle nous reviendrons, son propre spectacle de mort psychosomatique.

Le conte de L'*Ingénu* (1767) présente une héroïne également victime des désirs d'un libertin. On se souvient que la belle Saint-Yves s'est donnée malgré elle à un homme de pouvoir, M. de Saint-Pouange, pour obtenir la libération de son amant embastillé. Elle l'obtient, mais alors que la réunion des amants laisse espérer une fin heureuse, la jeune femme succombe à sa honte. Une maladresse de sa « bonne amie » de Versailles ayant révélé la teneur du sacrifice à l'Ingénu, la Saint-Yves se trouble immédiatement :

30 *Lettres anglaises…*, éd. citée, t. II, p. 466.
31 *Ibidem*.
32 *Id.*, t. II, p. 537.
33 « Le poison de la douleur a pris l'ascendant. Elle en mourra. Je ne vois aucune ressource. » (*id.*, t. II, p. 574).
34 L'exclamation est de Lovelace (*id.*, t. II, p. 646).

une pâleur mortelle se répandit sur son beau visage, un frisson la saisit, elle se soutenait à peine. « Ah ! Madame, dit-elle à la fatale amie, vous m'avez perdue ! vous me donnez la mort[35] ! »

Suit la description des progrès physiques du mal[36]. Voir l'altération du visage de son amant suffit à provoquer la perte de l'héroïne. Ce rapport de cause à conséquence, dramatisé dans le conte par la rapidité de la mort, donne l'occasion au narrateur d'interroger, par le truchement du personnage de Gordon, le rapport entre corps et esprit, et ici, plus précisément, entre entendement, passions et organes corporels :

Le cerveau, qu'on croit le siège de l'entendement, fut attaqué aussi violemment que le cœur, qui est, dit-on le siège des passions. Quelle mécanique incompréhensible a soumis les organes au sentiment et à la pensée ? *Comment une seule idée douloureuse dérange-t-elle le cours du sang ? Et comment le sang à son tour porte-t-il ses irrégularités dans l'entendement humain ?* Quel est ce fluide inconnu et dont l'existence est certaine, qui, plus prompt, plus actif que la lumière, vole, en moins d'un clin d'œil, dans tous les canaux de la vie, produit les sensations, la mémoire, la tristesse ou la joie, la raison ou le vertige, rappelle avec horreur ce qu'on voudrait oublier, et fait d'un animal pensant ou un objet d'admiration, ou un sujet de pitié et de larmes[37] ?

Voltaire soumet son personnage à un mécanisme d'obédience cartésienne convenable au temps de l'histoire (1689-1690) ; en invoquant la circulation du sang, découverte en 1628, Gordon fait également allusion aux « esprits animaux », vent ou flamme subtile issue du sang, permettant selon Descartes d'expliquer la sensibilité. La modalisation introduite dans le discours du personnage (« qu'on croit », « dit-on ») peut s'expliquer par les corrections apportées par ce philosophe à la pensée commune : les passions ne trouvaient pas, selon lui, leur siège dans le cœur, mais elles étaient produites par le mouvement des esprits animaux à partir de la glande pinéale située dans le cerveau. C'est bien les réflexions que la jeune femme se fait qui la tuent, celle-ci œuvrant tout à la fois volontairement et malgré elle à sa destruction. Volontairement, en entretenant l'idée fallacieuse de sa culpabilité :

---

35 Voltaire, *L'Ingénu*, chap. XIX, in *Romans et contes*, Paris, Gallimard « Pléiade », 1954, p. 291-292.

36 « La Saint-Yves, oppressée, éprouvant dans son corps une révolution qui la suffoquait, fut obligée de se mettre au lit [...] Son sang s'était allumé, une fièvre dévorante s'était déclarée » (*ibidem*).

37 *Id.*, p. 296.

> La Saint-Yves contribuait encore plus que son médecin à rendre sa maladie dangereuse. *Son âme tuait son corps.* La foule des pensées qui l'agitaient portait dans ses veines un poison plus dangereux que celui de la fièvre la plus brûlante[38].

Comme dans les exemples précédents, c'est d'une idée fausse (un faux sens de la vertu et de l'honneur) que meurt le personnage. Mais à la différence du père endeuillé marivaudien et de Clarisse Harlove, qui s'était commandé un cercueil, la Saint-Yves regrette la vie et exprime librement la douleur de sa perte :

> Elle ne se paraît pas d'une vaine fermeté ; elle ne concevait pas cette misérable gloire de faire dire à quelques voisins : « Elle est morte avec courage ». Qui peut perdre à vingt ans son amant, sa vie, et ce qu'on appelle l'honneur, sans regrets et sans déchirement ? Elle sentait toute l'horreur de son état, et le faisait sentir par ces mots et par ces regards mourants qui parlent avec tant d'empire. Enfin elle pleurait comme les autres dans les moments où elle eut la force de pleurer. Que d'autres cherchent à louer les morts fastueuses de ceux qui entrent dans la destruction avec insensibilité : c'est le sort de tous les animaux. [...] Quiconque fait une grande perte a de grands regrets ; s'il les étouffe, c'est qu'il porte la vanité jusque dans les bras de la mort[39].

La Saint-Yves tout à la fois précipite sa fin et la déplore. C'est par ignorance qu'elle se perd : « Elle ne savait pas combien était vertueuse dans le crime qu'elle se reprochait[40] ». Il s'agit donc bien encore d'une mort *impertinente*, mais plutôt par soumission à une certaine tradition religieuse que par vanité. On a souvent dit que l'écrivain offrait un contrepoint à Clarisse et Julie, égratignant au passage leur stoïcisme face à la mort. Voltaire étend à Rousseau le reproche que ce dernier faisait à Richardson : avoir déshumanisé son personnage en le dotant d'un héroïsme d'apparat. En réalité le cas de Julie est sans doute le plus complexe.

L'héroïne de *La Nouvelle Héloïse* ne meurt pas officiellement de douleur. Elle meurt par accident. Il est vrai qu'elle avait précédemment appelé la mort de ses vœux, non par excès de douleur mais par excès de bonheur :

> [...] je jouis à la fois de l'attachement que j'ai pour mes amis, de celui qu'ils me rendent, de celui qu'ils ont l'un pour l'autre ; [...] mon imagination n'a

38 *Id.*, chap. XX, p. 295-296 ; je souligne.
39 *Id.*, chap. XX, p. 298-299 ; je souligne.
40 *Id.*, chap. XVIII, p. 289.

> plus rien à faire, je n'ai rien à désirer ; sentir et jouir sont pour moi la même chose ; je vis à la fois dans tout ce que j'aime, je me rassasie de bonheur et de vie. O mort ! viens quand tu voudras, je ne te crains plus, j'ai vécu, je t'ai prévenue[41]

La jouissance paraît à son comble. Or, par un retournement paradoxal dans cette lettre, la satiété, l'ataraxie, la plénitude deviennent objet de frustration : « je suis trop heureuse ; le bonheur m'ennuie[42] ». L'absence de peine, du moins de ce tourment que procure le désir, est vécue comme une privation : « Vivre sans peine n'est pas un état d'homme ; vivre ainsi c'est être mort[43] ». Mme de Wolmar est tout entière du côté du repos, mais il lui manque la pointe du désir, cette souffrance vivifiante qui lui permette d'espérer un autre état :

> Dans le règne des passions, elles aident à supporter les tourments qu'elles donnent ; elles tiennent l'espérance à côté du désir. Tant qu'on désire on peut se passer d'être heureux ; on s'attend à le devenir : si le bonheur ne vient point, l'espoir se prolonge, et le charme de l'illusion dure autant que la passion qui le cause. Ainsi cet état se suffit à lui-même, et *l'inquiétude qu'il donne est une sorte de jouissance qui supplée à la réalité, qui vaut mieux peut-être.* Malheur à qui n'a plus rien à désirer ! il perd pour ainsi dire tout ce qu'il possède. On jouit moins de ce qu'on obtient que de ce qu'on espère et l'on n'est heureux qu'avant d'être heureux[44].

Comme l'a montré Robert Mauzi, la tension entre aspiration au repos et désir de mouvement, plaisir du trouble, est une des antinomies constitutives de l'idée de bonheur au XVIIIe siècle. En l'occurrence, il manque à Mme de Wolmar la passion de Julie, y compris le tourment qu'elle comporte. Celle-ci s'est-elle éteinte ? Elle a voulu le croire, mais cette illusion se dissipe. C'est l'interdit du désir qui se donne à lire dans cette lettre. Ainsi que la jeune femme l'écrit finalement à son ancien amant, dans une lettre posthume : « j'eus beau vouloir étouffer le premier sentiment qui m'a fait vivre, il s'est concentré dans mon cœur, il s'y réveille au moment qu'il n'est plus à craindre[45] ». Comme l'a montré

---

41 Rousseau, *Julie ou La Nouvelle Héloïse*, VI, 8, in *Œuvres complètes*, Paris, Gallimard « Pléiade », 1964, vol 2, p. 689.

42 *Id.*, p. 694. L'« éditeur » des lettres commente en note cette contradiction : « j'avoue que cette lettre me paraît le chant du cygne ».

43 *Id.*, p. 693-694.

44 *Id.*, p. 693.

45 *Id.*, VI, 12, p. 741.

Paul Hoffmann[46], Julie, à l'article de la mort, a accédé à une sphère où il n'est plus de faute possible, où sont enfin conciliés l'amour et la loi. Elle peut alors avouer ce qu'elle appelle son « tourment » : « Si le cœur qui [ne] dépend pas [de la volonté] fut pour vous, ce fut mon tourment, non pas mon crime[47] ». La jeune femme se sent autorisée à se départir de cette mauvaise foi « éthique[48] » par laquelle, pour préserver sa vertu, elle avait cru pouvoir annihiler son désir. Mais à l'ataraxie vertueuse, elle préfère ultimement cette passion douloureuse qui ne peut s'exprimer librement qu'au seuil de la mort, seule légitime échappatoire de Julie. Si l'héroïne ne meurt pas de douleur, on peut dire qu'elle meurt par passion, c'est-à-dire volontairement.

Ces quelques exemples de morts psychosomatiques en littérature, en-deçà de l'intérêt poétique du point d'orgue tragique qu'elles offrent, mettent en scène le mécanisme d'une passion pensée comme mouvement de l'appétit, réaction volontaire. Les victimes, animées d'une douleur qui devait, selon la médecine classique, les préserver du mal qu'elles fuient, se font actrices de leur mort. Le *broken-heart syndrom*, de fait, n'est pas, dans les cas observés, l'effet d'une peine amoureuse ni d'un deuil. Ni Clarisse, ni Julie, ni la Saint-Yves, ni même le père endeuillé de Marivaux ne meurent d'amour : mais l'une d'aversion, la seconde d'ennui, la troisième de honte, le dernier de vanité. Pour Marivaux, pour Voltaire, pour Rousseau même, lecteur de Richardson, autant de morts impertinentes. C'est le « mensonge romantique[49] » dénoncé avant le romantisme. C'est Iseut tout à la fois démystifiée et représentée, et avec elle la préférence occidentale pour le malheur.

Christine Hammann
Université de Haute-Alsace

46 Voir Paul Hoffmann, « Julie : une éthique de la mauvaise foi » in *Corps et cœur dans la pensée des Lumières*, Strasbourg, Presses Universitaires de Strasbourg, 2000.

47 *Id.*, VI, 12, p. 741.

48 *Ibidem.*

49 Voir l'essai de René Girard, *Mensonge romantique et vérité romanesque*, Paris, 1961.

SOUFFRANCE, SOLITUDE ET MALADIE DE L'HOMME DE LETTRES

dans la culture italienne du XVIIIe siècle

Dans la littérature récente sur les conceptions des maladies des gens de lettres en Italie au XVIIIe siècle, on signale notamment les études de R. Currò, Parmegiani et Riva[1]. Le livre de Riva va au-delà de ce que promet le sous-titre, à savoir « Mélancoliques et Hypochondriaques dans la littérature italienne du XVIIIe siècle ». En effet, dans le premier chapitre, il reconstitue les caractéristiques de la mélancolie littéraire italienne qui commence avec Pétrarque, se poursuit avec la synthèse de Marsile Ficin et, enfin, se développe à l'époque baroque avec le lien entre dissimulation et société de cour. Au cours du XVIIIe siècle, comme précédemment, la mélancolie est encore une fois considérée comme une maladie de l'imagination, mais en ce sens qu'elle devient peu à peu l'élément résiduel d'un monde archaïque de rêves, chimères, rêveries dont ce siècle ne réussit pas complètement à se défaire. L'imagination mélancolique est en relation non seulement avec la fixation sur un objet – notamment intellectuel dans le cas de la maladie des gens de lettres – mais aussi avec la solitude. L'homme de lettres est surtout un homme seul, solitaire. Au XVIIIe siècle, le sujet de la solitude constitue une trame complexe et riche d'implications dont on retrouve les premiers exemples dans la poésie sépulcrale anglaise et les robinsonnades, d'après E. Soubrenie, toutes les deux étant en relation avec la diffusion du contractualisme, expression philosophique de l'individualisme

1 Rosalba Currò, « La malattia dei letterati : immaginazione e malinconia nel Settecento », *Italianistica*, 30, 2001, p. 325-340 ; *Ead.*, « Aspetti medici e letterari della malinconia ipocondriaca nel Settecento », *Immaginazione e conoscenza nel Settecento italiano e francese*, éd. S. Verhulst, Milan, Angeli, 2002, p. 109-133 ; Sandra Parmegiani, « Ipocondria, scienza medica e poesia. Una congiuntura settecentesca », *Quaderni d'italianistica*, 28, 2, 2007, p. 119-142 ; Massimo Riva, *Saturno e le Grazie. Malinconici e ipocondriaci nella letteratura italiana del Settecento*, Palerme, Sellerio, 1992.

moderne[2]. Le roman de Robinson Crusoé apparaît comme un manuel ascétique, initiatique, héritier des réflexions religieuses du XVIIe siècle sur la solitude et la retraite[3]. Il s'agit de réflexions qui se développent, en France, notamment dans un contexte monastique et augustinien, et en Angleterre, dans le cadre des débats sur la mélancolie religieuse. En tenant compte de ces prémisses, on peut saisir l'originalité de la discussion médicale italienne du XVIIIe siècle qui, en ôtant à la mélancolie, à la solitude et à l'imagination leurs fondements métaphysiques et religieux, tend à les rationaliser en vue d'une mise à profit en termes intellectuels. D'où l'exigence de revenir sur la longue histoire médicale qui, en matière de maladies des gens de lettres, commence avec Ramazzini et se poursuit avec Giovanni Verardo Zeviani (*Del flato a favore degl'ipocondriaci. Libri due*, 1755), Giuseppe Antonio Pujati (*Della preservazione della salute de' letterati, e della gente applicata e sedentaria*, 1762) et Vincenzo Chiarugi (*Della Pazzia in genere, e in specie*, 1793-1794).

Bernardino Ramazzini, professeur de médecine à l'Université de Modène à partir de 1682 et à l'Université de Padoue à partir de 1700, médecin à la cour des Este à partir de 1691, consacre, dans son traité *De morbis artificum diatriba* (1700), un chapitre aux maladies des gens de lettres (*De litteratorum morbis*) où il apparaît que la mélancolie du savant perd définitivement ses qualités divines et devient une maladie professionnelle. Dans l'édition de 1700, *De litteratorum morbis* est simplement un chapitre de l'œuvre. Dans l'édition de 1713, le chapitre devient une dissertation particulière (*De litteratorum morbis Dissertatio*), tout comme dans le cas d'une autre catégorie très singulière, absente dans la première édition, c'est-à-dire celle des religieuses (*De virginum vestalium valetudine tuenda*).

2 Élisabeth Soubrenie, *Présence de la solitude. La Poésie anglaise entre néoclassicisme et préromantisme*, Paris, Champion, 1999, p. 9.

3 « Le livre dans son ensemble concerne la matérialisation progressive des métaphores spirituelles, implicites dans la situation de Robinson dès le début, de la même manière que le livre est une factualisation des métaphores de la tradition des autobiographies spirituelles » (Homer O. Brown, « The Displaced Self in the Novels of Daniel Defoe », *ELH*, 38, 4, 1971, p. 565). Sur le caractère religieux de *Robinson* voir George A. Starr, *Defoe and Spiritual Autobiography*, Princeton, Princeton University Press, 1965 ; J. Paul Hunter, *The Reluctant Pilgrim*, Baltimore, The Johns Hopkins University Press, 1966 ; J. Samuel Preus, « Secularizing Divination : Spiritual Biography and the Invention of the Novel », *Journal of the American Academy of Religion*, 59, 3, 1991, p. 441-466.

Les sources principales de Ramazzini sont citées explicitement au début de l'œuvre. Il s'agit de *De praeceptis salubribus* de Plutarque, de *De studiosorum valetudine tuenda* de Ficin[4], de *De togatorum valetudine tuenda* (1670) écrit par le catholique hollandais Vopiscus Fortunatus Plempius[5]. Ficin est au cœur de la cible du discours polémique de Ramazzini. Plempius apparaît pour sa part comme le résultat le plus marquant d'une tradition toute nord-européenne – surtout des universités allemandes – visant à promouvoir la santé des gens de lettres et notamment des académiciens[6]. Parmi les autres œuvres, on peut citer au moins le *Regimen Studiosorum* (Basileae 1502) de Johann Ulrich Surgant, les *Sanitatis tuendae praecepta* (Tiguri, per Andream Gesnerum F. & Iacobum Gesnerum, fratres, 1556) de Konrad Gesner, le *De gubernanda sanitate* (Francofurti, apud haeredes Christiani Egenolphi, 1570) de Johann Katzsch, l'*Hortulus sanitatis amoenissimus* (Spira, Typis Augustini Scheideri, impensis Authoris et Heliae Kembachii, 1608) de Simon Günther, les *De tuenda sanitate studiosorum et literatorum libri duo* (Giessae, Casparis Uhemlini, 1615) de Gregor Horst, l'*Opusculum physiologum et medicum* (Amstelodami, Typis Pauli Arnoldi F. à Ravesteyn, 1629) de Balthazar Fabricius. Vient ensuite l'œuvre de Plempius, suivie de la publication de *De studiis per regulas diaeteticas facilitandis, et prolonganda litteratorum vita* (Halae Magdeburgicae, Apud J. G. Renger, 1697) de Friedrich Hoffmann et de *Casus medicus de morbo litteratorum, sive affectione hypochondriaca* (Zittaviae, Joannis Wilischii, 1703) de Johann Crüger.

À cette série de noms, nous ajoutons celui du français Jacques Dubois, auteur de *Victus ratio scholasticis pauperibus paratu facilis & salubris* (Parisiis 1542). Il est à remarquer en outre que, dans les universités allemandes de la seconde moitié du XVIIe siècle, la question fait l'objet

4 Marsile Ficin, « Libro I. Sulla cura della salute di coloro che si dedicano allo studio delle lettere », in *Id.*, *Sulla vita*, éd. A. Tarabochia Canavero, Milan, Rusconi, 1995. Voir C. Vasoli, « Un "medico" per i "sapienti" : Ficino e i "Libri de vita" », in *Id.*, *Tra "maestri", umanisti e teologi*, Florence, Le Lettere, 1991, p. 120-141 ; A. De Petris, « Caratterizzazioni ficiniane a proposito della melancolia », *Berenice*, 40-41, 2008 ; *Id.*, « Rivisitazione di De Vita I, 2-6. Codificazione ficiniana di una teoria della melancolia », *Rinascimento*, 49, 2009, p. 285-300.

5 Vopiscus Fortunatus Plempius, *De togatorum valetudine tuenda…*, Bruxellis, Foppens, 1670. Voir J.-P. Tricot, « Vopiscus Fortunatus Plempius », *Vesalius*, 6, 1, 2000, p. 11-19.

6 Voir Bernardino Ramazzini, « Dissertazione sulle malattie dei letterati », in *Id.*, *Per una vita austera lunga sana e proficua*, éd. F. Carnevale, M. Mendini, Reggello, FirenzeLibri, 2005, p. 14.

de nombreuses dissertations inaugurales et de thèses médicales qui augmentent le caractère tout à fait académique et souvent artificiel du sujet ; si bien que l'on pourrait affirmer que la santé des gens de lettres devient une composante du baroque[7]. Ramazzini – ainsi que Giuseppe Pujati, qui cite, en 1762, Plempius et Gregor Horst – préfère se référer à la culture médicale nord-européenne, en omettant de mentionner, par exemple, le *De literatorum et eorum qui magistratibus funguntur conservanda praeservandaque valetudine* (Basileae 1555) de Guglielmo Grataroli, médecin italien du XVIe siècle, hérétique et pour cela contraint à émigrer en Suisse[8].

Ramazzini cite Ficin, surtout pour en critiquer les aspects liés aux conceptions médicales, astrologiques et symboliques de la Renaissance[9]. En revanche, le médecin du XVIIIe siècle est en accord avec les positions du philosophe néoplatonicien du XVe siècle quand il s'agit de comparer le comportement et l'allure des poètes à ceux des ermites :

> Les poètes, en raison des idées imaginaires qui nuit et jour occupent leur esprit, sont distraits, lunatiques, faibles (*attoniti, morosi, graciles*), comme le démontre leur portrait. Notre poète Arioste, comme lui-même l'avoue dans ses « Satires », était très maigre et l'image peinte de son visage apparaît semblable au visage émacié d'un ermite (*Eremicolae effigiem strigosam*)[10].

On peut rapprocher ce passage d'un autre cité précédemment, où Ramazzini met en rapport la vie des gens de lettres, leur mauvaise mine et la solitude : « Les vrais hommes de lettres ont mauvaise mine et sont d'aspect chétif, sombre, ennuyeux et aspirent à une vie solitaire[11] ».

La figure de l'ermite, chez Ramazzini, joue simplement le rôle d'activer le jeu des analogies avec les gens de lettres mais, au cours

7 Voir D. G. Morhof, *Oratio, de intemperantia in studiis, & eruditorum, qui ex ea oriuntur, morbis*, Kiloni, Joachimi Reumanni, 1672 ; G. W. Wedel (praes.), J. Rottenberger (auctor et resp.), *Dissertatio de diaeta literatorum*, Jenae, Nis, 1674 ; G. Francus, *De studiorum noxa*, Heidelbergae, Walter, 1675 ; J. J. Waldschmied (praes.), J. Wasserhausen (auctor), *Tuendae sanitatis studiosorum methodum*, Marpurgi Cattorum 1681 ; L. Erberfeld, *Dissertatio medica inauguralis, De morbis eruditorum*..., Duisburgi ad Rhenum, apud Sas, 1693 ; F. Hoffmann (praes.), A. Hesse (resp.), *Dissertatio medica inauguralis de praecipuo studiosorum morbo*, Halae Magdeburgicae 1699.

8 A. Pastore, « Grataroli (Grataroło), Guglielmo », *Dizionario Biografico degli Italiani*, 58, 2002, p. 731-735.

9 B. Ramazzini, « Dissertazione sulle malattie dei letterati », *op. cit.*, p. 9.

10 *Id.*, p. 14. Traduction personnelle. Dorénavant et sauf indication contraire, toute traduction de l'italien est personnelle.

11 *Id.*, p. 9.

du XVIIIe siècle, elle sera associée à d'autres domaines métaphoriques. L'ermite, comme on le sait, est une figure qui peuple une certaine veine mélancolique de la poésie anglaise du XVIIIe siècle (Thomson, Parnell, Young), mais également les villas à la campagne du *gentleman* avec des ruines fabriquées dans le jardin. Dans cet imaginaire,

> de l'ascèse religieuse des premiers anachorètes ne subsiste, édulcorée, que l'idée d'une retraite à l'écart du monde, et de la vague austérité qui se rattache à cette vie contemplative. C'est cette image, devenue un cliché privé de sa substance spirituelle, qui retient l'attention des propriétaires terriens, au point que la plupart d'entre eux se croient obligés de sacrifier à cette mode en engageant un ermite qu'ils installent dans une petite cellule au fond de leur parc. [...] L'ermite du jardin anglais demeure une figure d'équilibre, en retrait de la société, protégée par les souples enclos de verdure, mais non murée dans une solitude définitive. Chez lui on peut trouver la clé pour sortir du labyrinthe de la solitude, ou par le parcourir dans la sérénité : ses conseils refléteront nécessairement la modération dans l'art de vivre pour parvenir au bonheur[12].

Dans les lettres italiennes du XVIIIe siècle, on ne peut omettre pour le moins Ippolito Pindemonte qui, dans la prose *Templa serena...* se réjouit de faire l'ermite parmi d'autres ermites, dans un petit monastère au sommet d'une colline, entouré de nombreux cyprès donnant « un air mélancolique et grave qui lutte non sans grâce contre le charme des lieux environnants » (*un'aria melanconica e grave, la quale combatte non senza molta grazia col ridente de' circostanti luoghi*). Ici, il est doux de « nourrir l'âme de ces pensées suavement tristes, qu'une habitation dévote et éloignée du monde ne manque jamais de susciter » (*pascer l'anima di que' pensieri soavemente tristi, che un'abitazion fuor del Mondo e divota non lascia mai d'ispirare*)[13]. Nous sommes en présence de ce plaisir – littéraire et psychologique – de la mélancolie et de la solitude qui est un des symptômes les plus évidents de la crise de la sociabilité européenne à partir des années quatre-vingt au XVIIIe siècle[14].

---

12 É. Soubrenie, *op. cit.*, p. 222-223.

13 Ippolito Pindemonte, *Le prose e poesie campestri d'Ippolito Pindemonte con l'aggiunta d'una dissertazione su i Giardini inglesi e sul merito in ciò dell'Italia*, Verona, Mainardi, 1817, p. 24-25. Voir A. Ferraris, « Il giardino di Epicuro. Lettura delle "Prose e poesie campestri" di Ippolito Pindemonte », *Italianistica*, 14, 2, 1985, p. 223-248.

14 Voir Marco Cerruti, « Gli involucri dell'"Io". Ambientazioni della solitudine nell'età del Foscolo », *Il castello, il convento, il palazzo e altri scenari dell'ambientazione letteraria*, éd. M. Cantelmo, Firenze, Olschki, 2000, p. 265-277.

Comme cela a déjà été observé[15], l'*incipit* de *De literatorum morbis Dissertatio* est à l'enseigne du doute à l'égard des gens de lettres et, donc, d'une forme première de démythisation : « Je crois que peu de gens se dévouent aux lettres pour le seul amour de la vertu et qu'ils n'aspirent qu'aux honneurs, charges, richesses qu'ils ennoblissent en les appelant honoraires[16] ». D'après Ramazzini, la mélancolie n'est pas la cause de l'amour des lettres ; c'est tout simplement le travail intellectuel qui produit la mélancolie, parce que les études intensives brûlent la partie la plus noble du sang, en laissant la plus terrestre à l'intérieur, alors que la posture sédentaire et la concentration des esprits animaux dans le cerveau provoquent des troubles digestifs et par conséquent, les maladies hypocondriaques : *sic dici solet, melancholicos esse ingeniosos ; at forte aptius, ingeniosos fieri melancholicos*[17].

Ramazzini revient sur le sujet dans le dixième chapitre de *De principum valetudine tuenda commentatio.* Il cite également dans ce cas la définition de Celse, critique aussi bien la prolongation de la posture assise que de la position debout chez les gens de lettres, dont

> la tête, siège de l'âme et citadelle de Minerve, subit des insultes graves causées par la tension des nerfs et par l'extase qui se réalise dans les contemplations sublimes ; les autres parties de l'organisme sont privées de la lumière animale, les sujets tombent dans la somnolence et dans l'indolence, le sang s'écoule plus lentement dans les vaisseaux, avec le renversement subséquent de l'économie de l'organisme tout entier.

Ramazzini, médecin auprès de religieuses cloîtrées, affirme que la maladie des gens de lettres met en péril la vie religieuse elle-même :

> Les religieux de certains ordres qui sont consacrés davantage à l'étude des lettres sont tous émaciés et mélancoliques, bien qu'ils mènent pour d'autres aspects une vie régulière et s'alimentent de façon appropriée ; par contre, d'autres religieux, d'un ordre différent, qui se vouent davantage à la contemplation des choses célestes et aux pratiques de piété, apparaissent bien gras, forts, avec une bonne mine, malgré une vie austère, les pieds nus et le même vêtement pour toutes les saisons[18].

---

15 Voir R. Currò, « La malattia dei letterati : immaginazione e malinconia nel Settecento », *op. cit.*, p. 335.

16 B. Ramazzini, « Dissertazione sulle malattie dei letterati », *op. cit.*, p. 7.

17 *Id.*, p. 8-10. Ramazzini reprend ici la définition formulée par Celse : les gens de lettres sont des *imbecilles stomacho.*

18 B. Ramazzini, « La salute dei principi », in *Id.*, *Per una vita austera lunga sana e proficua*, *op. cit.*, p. 97-98.

Dans le *De vita* de Ficin, l'action du travail intellectuel sur l'humeur des gens de lettres n'a pas été exclue : *Musarum sacerdotes melancholici vel sint ab initio, vel studio fiant.* Toutefois, dans le jeu des correspondances astrales et cosmologiques du philosophe néoplatonicien, ce changement se produit parce que les études intensives exercent « une action sur les hommes, en les positionnant sous la maîtrise de Saturne, créant une sorte d'affinité élective[19] ». De la même façon, la « mélancolie naturelle » (*melancholia naturalis*) de Ficin, qu'il distingue de la *melancholia adusta*, n'a pas été complètement abandonnée par Ramazzini. En effet, dans sa dissertation, il est question d'un « tempérament » qui, dégagé de toute influence néoplatonicienne, peut faire pencher, dès la naissance, les gens de lettres en faveur de la mélancolie[20].

Ramazzini se réfère à Platon, notamment au *Timée*, pour affirmer la nécessité de l'équilibre entre l'âme et le corps. Les gens de lettres sont ceux qui « excitent dans une poitrine trop petite des sentiments grands », en rendant

> leur corps incapable de soutenir les mouvements de l'âme et des esprits. [...] Tout comme l'âme, par suite de trop d'exercice physique, devient faible et s'engourdit dans ses fonctions mentales, le corps, en raison de l'application excessive de l'âme aux études, s'affaiblit nécessairement parce que les esprits vitaux ont été consommés[21].

Ramazzini n'est pas le premier qui ait déconseillé de ne pas étudier après le dîner et la nuit. Il ajoute, toutefois, que ceux qui préfèrent étudier la nuit sont nombreux, parce que « les recoins les plus secrets et les silences amicaux de la nuit se révèlent plus conciliants pour leurs études ». Il rappelle que Euripide, d'après la narration d'Aulu Gelle, écrivait ses tragédies dans un antre sombre et effrayant et que Démosthène se réfugiait dans un lieu où on ne pouvait rien entendre ni voir afin que les yeux ne contraignissent l'esprit à s'occuper d'autre chose. C'est ici que la relation entre mélancolie, imagination, culture et solitude apparaît évidente. D'après Ramazzini, les exigences de l'imagination trouvent leurs limites dans celles de la santé. Il recommande d'étudier

---

19 Raymond Klibansky, Erwin Panofsky, Fritz Saxl, *Saturno e la melanconia*, Torino, Einaudi, 2002 (1re éd. 1964), p. 246.

20 Voir B. Ramazzini, « Dissertazione sulle malattie dei letterati », *op. cit.*, p. 9.

21 *Id.*, p. 12.

dans une grande chambre plus que dans un cabinet de travail ou dans de petites cellules, parce que la fumée de la lampe et les expirations du corps et de la bouche remplissent vite le peu d'espace et rendent l'air inadapté à la respiration[22].

Ramazzini, comme d'autres, fait du respect des six choses non naturelles (air, aliments, sommeil, mouvement, évacuations naturelles, passions), la clé de la santé[23]. Il conseille aux gens de lettres d'alterner vie à la campagne et vie en ville, en se référant explicitement à ce propos à Sénèque : « Mêlons toutefois les deux choses : alternons la solitude et le monde. La solitude nous fera désirer la société, la société nous ramènera à nous-mêmes ; elles se serviront d'antidote l'une à l'autre, la solitude guérissant notre horreur de la foule, et la foule notre aversion pour la solitude[24]. »

Ramazzini propose, par conséquent, une solitude active, une solitude anti-mélancolique avec le même esprit qui envahira, plus tard, les travaux consacrés à la solitude par le médecin suisse Johann Georg Zimmermann, entre 1756 et 1785[25]. Mais, à propos de la présence du concept de solitude dans la seconde partie du siècle, il est également utile de mentionner au moins le médecin et botaniste Domenico Cirillo, franc-maçon, jacobin et martyr de la république napolitaine de 1799. Il est auteur de *Discorsi accademici* où, en plus d'exprimer son admiration pour Rousseau, il croise les sujets littéraires liés à la solitude avec la politisation de la « sensibilité » qui se développe à partir des années quatre-vingt, au XVIIIe siècle. Dans le chapitre intitulé « Plaisirs de la solitude » (*Piaceri della solitudine*), il loue d'abord « le philosophe taciturne et isolé » (*taciturno ed isolato Filosofo*) qui, « loin du bruit de la société ne tendant qu'à l'oisiveté et à l'ignorance, trouve les ressources pour développer ses idées grandioses dans la quiétude et la paix. Et la

22 *Id.*, p. 18-19.

23 *Id.*, p. 15. Voir C. R. Burns, « The Nonnaturals : A Paradox in the Western Concept of Health », *The Journal of Medicine and Philosophy*, 3, 1976, p. 202-211.

24 Sénèque, *De la tranquillité de l'âme*, XVII, 3, *Dialogues IV*, Paris, Les Belles Lettres, 1959, p. 103-104. Voir B. Ramazzini, *Dissertazione sulle malattie dei letterati*, *op. cit.*, p. 15 : « *Miscenda tamen ista et alternanda sunt, solitudo et frequentia. Illa nobis faciet hominum desiderium, haec nostri, et erit altera alterius remedium : odium turbae sanabit solitudo, taedium solitudinis turba.* »

25 Johann Georg Zimmermann, *Ueber die Einsamkeit*, Leipzig 1784-1785. Voir É. Soubrenie, *op. cit.*, p. 44-45 ; Catherine J. Minter, « Literary "Empfindsamkeit" and Nervous Sensibility in Eighteenth-Century Germany », *The Modern Language Review*, 96, 4, 2001, p. 1023.

solitude lui procure le comble de la jouissance » (« *lontano dal rumore della società, che ad altro non tende che all'ozio ed alla ignoranza, nella quiete e nella pace trova i mezzi da sviluppare le grandiose idee, e la solitudine gli procura il massimo de' godimenti*[26] »).

Cirillo ne manque pas de faire l'éloge de l'« homme tendre et sensible » (*uomo tenero, e sensibile*) qui

> *mentre geme oppresso dalle valide impressioni che il suo cuore benefico riceve per le altrui o per le proprie disgrazie, nelle taciturne e silenziose tenebre della più oscura notte abbandona il riposo, e contemplando le luttuose miserie della languente umanità, gode, e si trasporta, desiderando di rendere tutti soddisfatti, e contenti*[27].
>
> « tout en gémissant parce qu'il est opprimé par les impressions de valeur que son cœur bénéfique reçoit de ses malheurs et de ceux des autres, renonce au repos dans les ténèbres de la nuit obscure. Et en contemplant les misères funestes de l'humanité languissante, il jouit et se laisse transporter par son désir de procurer à tous satisfaction et contentement. »

En 1755, le médecin véronais Giovanni Verardo Zeviani publie *Del flato a favore degl'ipocondriaci. Libri due* qui fait remonter l'origine de la mélancolie au « souffle hypocondrique » (*flato ipocondrico*). Comme il a été observé, la maladie dont Zeviani parle correspond à la « mélancolie hypocondriaque » de Galien[28]. D'après Zeviani, deux conditions favorables doivent se vérifier afin que l'hypocondrie se déclare : une application « fixe et constante » (*fissa e costante*) de l'esprit (*causa procatartica*) et une « faiblesse de fibre » (*debilità di fibra*) due à la naissance ou aux maladies ou encore à l'oisiveté (*causa antecedente*)[29]. Zeviani énumère dans tous ces détails les problèmes que le « souffle hypocondrique » provoque dans le ventre, la poitrine, le cou, la bouche, les yeux et les

---

26 Cirillo, *Discorsi accademici*, s.l., s.n. 1799, p. 162-163.

27 *Ibid.*

28 Voir R. Currò, « Aspetti medici e letterari della malinconia ipocondriaca nel Settecento », *op. cit.*, p. 125.

29 Giovanni Verardo Zeviani, *Del flato a favore degl'ipocondriaci. Libri due*, In Verona, Antonio Andreoni, 1755, p. 52. R. Currò (« Aspetti medici e letterari della malinconia ipocondriaca nel Settecento », *op. cit.*, p. 126) observe que la *causa procatartica* et la *causa antecedente* correspondent respectivement à la « cause proche » et à la « cause matérielle » dont on parle dans G. Pivati, *Dizionario compendioso di sanità che contiene l'esatta descrizione delle umane malattie, comprese pur quelle degli artefici, e della gente applicata e sedentaria : colla specificazione de' rimedi sperimentati da' piu' celebri professori dell'arte medica : tradotto dal francese, ed illustrato con osservazioni jatrofisiche dal dottor Gian Pietro Fusanacci. Tomo secondo*, In Venezia, Antonio Zatta, 1764.

bras. Il cause également, dans le cerveau, « [...] veillées, mélancolie violente et profonde, désespoir pour sa santé, sollicitude anxieuse à l'égard de choses impertinentes, appréhension vive pour les malheurs d'autrui, soupçons et peur d'intrigues occultes contre soi-même, envie inquiète de vivre et de mourir » (« [...] *veglie, fiera e profonda malinconia e disperazion di salute, ansiosa sollecitudine di cose impertinenti, apprensione viva de' mali altrui, sospetti e paure di trame occulte contro di sé; voglia inquieta di vivere e di morire*[30] »).

Dans le chapitre XV du livre premier de son œuvre, Zeviani éclaircit le rôle des nerfs et des esprits. « Dans l'application prolongée de l'âme, un bon nombre d'esprits sont retenus dans le cerveau ; les nerfs, longtemps tendus outre mesure, restent trop ouverts[31] ». À présent, l'esprit arrive aux nerfs de manière autonome, tandis que précédemment la volonté déterminait le glissement des esprits. Les nerfs qui gouvernent les mouvements vitaux s'appauvrissent en esprits et se rétrécissent. Il en résulte une force moindre du cœur et de l'estomac ainsi qu'au pouls et à la digestion. La maladie tend à s'aggraver, en particulier si on la néglige ou la sous-estime. D'autres symptômes s'ajoutent : « l'amour du silence et de la retraite » (*l'amore al silenzio e alla ritiratezza*), la paresse et la lourdeur du corps, les cauchemars nocturnes, les palpitations[32]. Comme il a été observé, même au XVIIIe siècle, l'image et le corps du mélancolique sont liés à l'idée de lenteur et de lourdeur, reliée, à son tour, à l'élément terrestre : même la fixation intellectuelle sur un objet n'est pas autre chose qu'« un ralentissement extrême de l'âme[33] ».

En 1762, Anton Gaetano Pujati publie à Venise *Della preservazione della salute de' letterati e della gente applicata e sedentaria*, œuvre de son père Giuseppe Antonio, élève de Morgagni et de Vallisneri, professeur à l'université de Padoue à partir de 1754 et mort deux ans auparavant. Les sources citées au début de l'ouvrage sont plus ou moins les mêmes que chez Ramazzini : Plutarque, Ficin, Plempius et Gregor Horst[34]. Chez Pujati, bien plus que chez Ramazzini, la cible est Ficin dont « le

30 Zeviani, *op. cit.*, p. 48-49.

31 *Nella durevole applicazione dell'animo gli spiriti in copia si rattengono nel cerebro ; que' nervi a lungo oltre il dovere distesi, rimangono troppo aperti* (*Id.*, p. 53).

32 *Id.*, p. 53-54.

33 Voir Riva, *op. cit.*, p. 49.

34 Giuseppe Antonio Pujati, *Della preservazione della salute de' letterati, e della gente applicata e sedentaria*, In Venezia, Presso Antonio Zatta, 1762 p. 1 et p. 5-6.

livre n'est ni beau ni bon, et il est comme les deux suivants, *De Vita longa, & de Vita Coelitus comparanda* » ([...] *il libro non è nè bello nè buono, e va del pari cogli altri due, che lo seguono, De Vita longa, & de Vita Coelitus comparanda*)[35]. Pujati oppose la santé du mouvement à la condition statique de l'homme de lettres qui « est comme un amant perdu, qui ne sait pas se détacher de l'objet qui l'enchante, s'éloigne à peine de la table et des livres, et par conséquent, se voit dans l'obligation de négliger les avantages du mouvement » ([...] *come appunto un perduto Amante, che non sa staccarsi dall'oggetto, che lo incanta, appena sa allontanarsi dal Tavolino, e da' Libri, ed è perciò necessitato a trascurare i vantaggi del moto*)[36]. L'absence de mouvement, qui est causée par la fixation ou mieux encore par « l'enchantement » de l'étude, est considérée comme un produit de l'imagination de l'homme de lettres.

Pujati rappelle la réponse de « l'incomparable Boerhaave » pour expliquer pourquoi l'étude est cause de faiblesse dans le corps : cela se produit parce que « pendant la méditation, les esprits restent dans le cerveau, ne descendant pas dans les muscles destinés aux mouvements volontaires » (*nel meditare si trattengono nel cervello gli spiriti, nè è lor dato il poter discendere à muscoli destinati ai moti volontarj*)[37]. De plus, l'homme de lettres tend à pâlir parce que le cerveau attire une grande quantité de sang. Par conséquent, Pujati, en citant le *De Diaeta* (*Du Régime*) dans le *Corpus hippocratique*, affirme que par trop d'étude, on devient d'abord « faible et éreinté » (*debole e fiacco*), puis « triste et phtisique » (*tristanzuolo e tisicuzzo*)[38]. Dans le cadre d'une conception purement quantitative, Pujati déplore le « degré de force » que, le temps passant, l'homme de lettres perd[39]. La conservation de la santé est attachée non seulement au respect des six choses non naturelles, mais aussi à toute une série de « thérapies » qui encouragent le mouvement du corps et de l'esprit : la promenade, la danse, la musique, l'équitation, le canotage (*barca*), de même que l'usage modéré de vin, café, thé et chocolat. Tout en respectant l'ordre traditionnel des six choses non naturelles, Pujati dédie le treizième chapitre de la seconde partie de son œuvre aux « Passions de

35 *Id.*, p. 6.

36 *Id.*, p. 8.

37 *Id.*, p. 52. Pujati se réfère à Hermann Boerhaave, *Physiologike, seu Œconomia animalis*, Londini, Apud Johannem Noon, 1741.

38 Pujati, *op. cit.*, p. 51.

39 *Id.*, p. 54.

l'âme ». On assiste ici à un renversement paradoxal de perspective. Au banc des accusés on ne trouve plus l'homme de lettres avec ses maladies, mais les passions déréglées que seule une vie consacrée aux études peut maîtriser. Pujati fait encore une fois bon usage de Sénèque dont, dans le premier chapitre de la seconde partie, on trouve déjà à ce propos, une citation visant à décrire les avantages des lettres pour la santé : « En te retranchant dans l'étude, tu échapperas à tous les dégoûts de la vie, tu ne souhaiteras plus la nuit par lassitude du jour, tu ne seras plus ni pénible à toi-même ni inutile aux autres[40]. »

Toutefois ici, il s'agissait d'une brève digression où se vouer aux lettres signifiait vieillir « sans s'ennuyer » et « en douceur[41] ». Dans le treizième chapitre de la seconde partie, nous sommes plutôt en présence d'un authentique éloge des bienfaits physiques et spirituels de la vie intellectuelle. Les études, en effet, « mènent ceux qui les cultivent à une quiétude pacifique de l'âme, à la maîtrise des passions et à une vie bienheureuse et tranquille » (*Codesti studj riducono chi li coltiva ad una pacifica quiete dell'animo, ad un dominio sulle proprie passioni, e ad una vita beata e tranquilla*)[42]. Et à l'appui de son raisonnement, il cite la célèbre maxime tirée de l'Épître 59 de Sénèque : « L'âme du sage, semblable à la région qui est au-dessus de la lune, jouit d'une sérénité continuelle » (*Sapientis animus est, sicuti Mundi status supra Lunam : illic semper serenum est*[43]).

> *Che se qualche studio non è a questo fine immediatamente, o unicamente diretto; nondimeno per altra via e' viene lo stesso effetto a produrre. Conciossiachè quando sia coltivato a dovere, tira a se tutti gli affetti del Letterato, che in quello impegnato, o di quello pago e contento, pochissimo stima ciocchè viene da' volgari stimato, e per conseguenza poco desidera [...]. Quindi tra' Letterati non regna nè odio, nè invidia (e come potrebbero alzar la testa codesti mostri, se...*ingenuas didicisse fideliter artes. Emollit mores nec sinit esse feros) ? *passa tra loro un'amichevole cordiale corrispondenza : si trattan sempre con dolcezza e con pulizia : uno non tenta, come la gente Meccanica, sui vantaggi dell'altro : non si scorge tra loro nè pretension, nè imposture, nè spirito di partito, nè animosità : il solo amore del vero*

40 Sénèque, *De tranquillitate animi*, III, 6, Sénèque, *Dialogues*, t. IV, *op. cit.*, cit. aussi par Pujati, *op. cit.*, p. 54 : *Si te ad studia revocaveris, omne vitae fastidium effugeris, nec noctem fieri optabis taedio lucis, nec tibi gravis eris, nec aliis supervacuus.*

41 Pujati, *op. cit.*, p. 54.

42 *Id.*, p. 371.

43 Citation estropiée de la leçon plus commune : « *Talis est sapientis animus qualis mundus super lunam : semper illic serenum est* » ((Sénèque, *Ep.*, 59, 16)).

è quel che li muove : modestamente compiaccionsi de' loro felici successi : sentono appena gli avversi[44].

« Quand bien même certaines études ne viseraient pas à atteindre ce but, néanmoins on obtient le même effet. Quand elles sont cultivées comme il se doit, elles tirent toutes les affections de l'homme de lettres qui, concentré ou satisfait et content, a peu d'estime pour ce que le commun des mortels estime lui-même, et par conséquent éprouve peu de désir [...] Il n'y a dès lors, parmi les gens de lettres, ni haine ni envie. Et comment ces monstres pourraient-ils surgir, alors que "l'étude assidue des arts libéraux adoucit les mœurs et en corrige la rudesse" (*ingenuas didicisse fideliter artes. Emollit mores nec sinit esse feros*)[45] ? il y a parmi les gens de lettres une correspondance amicale et cordiale : ils se traitent toujours les uns les autres avec douceur et politesse ; aucun d'eux ne tente de faire prévaloir ses avantages aux dépens des autres, comme les gens mécaniques ; parmi eux, on ne remarque ni arrogance, ni imposture, ni esprit de parti, ni hostilité : le seul amour du vrai les anime : ils se réjouissent avec modestie de leurs heureux succès : ils se rendent à peine compte d'avoir des adversaires. »

Après cet éloge pour le moins inattendu dans ce genre d'œuvres, Pujati clarifie que son livre, en réalité, est adressé moins à ceux qui « font profession de Lettres » (*fanno professione di Lettere*) qu'aux « hommes appliqués aux études » (*a que' tanti studiosi ed applicati Uomini*) qui, « pour leurs mérites envers la société, sont dignes d'une assistance et d'une aide qui les préserve » ([...] *che pel loro merito verso la Società, degni sono d'assistenza e d'ajuto, che li preservi*)[46]. Par ce revirement de la perspective, l'œuvre de Pujati devient une sorte d'autocélébration de la classe académique. On est aussi éloigné de la méfiance manifestée par Ramazzini, que des tirades de Rousseau lanceés contre les gens d'esprit dans le *Discours sur l'origine et les fondements de l'inégalité parmi les hommes* et dans *Rousseau juge de Jean-Jacques*. L'on sait que, par exemple, la culture anti-livresque de l'*Émile* est le résultat de la convergence d'au moins trois traditions culturelles : la ligne qui commence par le scepticisme d'œuvres comme *De incertitudine et vanitate scientiarum* de Henri Corneille Agrippa, la culture anti-pédantesque de la Renaissance ainsi que le savoir de la sobriété de la vie qui débute par le *Trattato de la vita sobria* (1558), le célèbre livre du Vénitien Alvise Cornaro. Il est intéressant de noter

---

44 Pujati, *op. cit.*, p. 372.
45 Citation d'Ovide vérifiée. Voir Ovide, *Epistulae ex Ponto*, II, IX, vv. 47-48.
46 *Id.*, p. 373.

que Ramazzini, en 1714, au seuil de la mort, publie les *Annotationes in librum Ludovici Cornelii de vitae sobriae commodis*, un commentaire de l'œuvre de Cornaro où l'on réaffirme que seule une vie sobre repousse la mélancolie[47]. Avec l'œuvre de Pujati, on est tout aussi loin du portrait très sombre que Samuel-Auguste Tissot, dans *De la santé des gens de lettres*, paru pour la première fois en latin en 1766, dresse de tous ceux qui sont engagés longtemps dans des activités intellectuelles ou contemplatives. En citant les travaux de Zimmermann à propos de la « mélancolie dévote », Tissot, en effet écrit

> La grandeur, la beauté de l'objet dont on s'occupe, la volupté qui accompagne le sentiment qu'éprouve une ame toute livrée à l'Être des Etres, forment une sensation vive qui produit dans le cerveau une tension trop forte & trop soutenue pour qu'on puisse la supporter longtems impunément ; elle jette bientôt l'ame dans le délire du fanatisme & le corps dans l'épuisement[48].

Les trois volumes de *Della pazzia in genere ed in specie. Trattato medico-analitico con una centuria di osservazioni* de Vincenzio Chiarugi sont l'un des premiers traités de psychiatrie moderne[49]. Chiarugi tend à sauver de la mélancolie les découvertes anthropologiques du XVIIIe siècle (les intellectuels éclairés et les enfants) et à condamner ce qui en est exclu : les esprits solitaires et pensifs, qui sont un héritage d'une autre époque, ainsi que les personnes superstitieuses et stupides et surtout les femmes. Dans le second volume, il explique que les esprits qui sont naturellement les plus disposés à retenir les impressions, sont les plus disposés à la mélancolie. Par conséquent, « l'homme d'esprit bien formé, cultivé et

---

47 Voir B. Ramazzini, « Annotazioni sulla vita sobria », in *Id.*, *Per una vita austera lunga sana e proficua*, *op. cit.*, p. 164-165. À propos de la relation entre Ramazzini et Cornaro voir F. Carnevale, M. Mendini, *Nota dei curatori*, in B., Ramazzini, *Per una vita austera lunga sana e proficua*, *op. cit.*, p. 233-234. Sur la fortune européenne du traité de Cornaro voir également Marisa Milani, « Come raggiungere l'immortalità vivendo cent'anni, ovvero La fortuna della *"Vita sobria"* nel mondo anglosassone », *Cultura neolatina*, 40, 1980, p. 333-356.

48 Samuel-Auguste Tissot, *De la santé des gens de lettres*, Lausanne, Grasset, 1768, p. 119.

49 Vincenzio Chiarugi, *Della pazzia in genere ed in specie. Trattato medico-analitico con una centuria di osservazioni*, Firenze, Carlieri, 1793-1794. Voir Ugo Baldini, « Chiarugi, Vincenzio (Vincenzo) », *Dizionario Biografico degli Italiani*, 24, 1980, p. 609-614 ; Georges Lantéri-Laura, « L'œuvre de V. Chiarugi et la notion d'aliénation mentale », *Philippe Pinel*, éd. J. Garrabé, Paris, Synthélabo, 1994, p. 19-32 ; Donatella Lippi, Pier Luigi Cabras, Enrica Campanini, *Uno psichiatra prima della psichiatria, V. Chiarugi ed il Trattato sulla pazzia in genere ed in specie, Firenze 1793-1794*, Florence, OIC Scientific Press, 1994.

éclairé, les sujets d'esprit instable et très mobile [...] [et] les enfants ne sont pas enclins à la mélancolie » ([...] *l'uomo ben formato di spirito, culto, ed illuminato ; i soggetti di spirito instabile, e mobilissimo ; finalmente i piccoli fanciulli non sono soggetti alla Melancolìa)*[50]. En revanche, les « personnes qui présentent un caractère sérieux, pensif et trop méditatif », « celui qui a été éduqué au milieu de préjugés et d'erreurs du peuple », les « idiots », « ceux qui possèdent une vive imagination », « celui qui a été tyrannisé par les passions » ([...] *nelle persone di carattere serio, cogitabondo, ed eccessivamente riflessivo : in chi è stato educato in mezzo ai pregiudizi, ed agli errori del volgo ; negl'idioti, ed in quelli che anno una vivace immaginazione ; in chi finalmente è stato violentemente tiranneggiato dalle passioni*[51]*)*, et enfin les femmes qui, suivant l'usage courant, « manquent de culture, sont remplies de préjugés et ont une imagination débordante et excitable, sont tous, en proportion, plus sujets à devenir mélancoliques. [...] Toutefois, [...] personne n'est plus prédisposé à la mélancolie qu'un esprit imbécile par nature ou parce qu'il est devenu ce qu'il est par la suite » ([...] *le quali ordinariamente mancano di cultura, abondano di pregiudizi, ed anno una fantasia tanto attiva ed eccitabile, vedonsi proporzionatamente in maggior numero Melancoliche* [...] *Ma nulla più trovasi disposto alla Melancolìa d'uno spirito naturalmente imbecille, o che sia tale divenuto*[52]).

En citant Lorry (*De Melanch.*, I. c. 347), Chiarugi affirme que la cause principale de la mélancolie est la faiblesse et la morosité d'esprit. Les sujets dont les forces animales ont été mises à dure épreuve « par l'exercice violent de l'esprit, les veillées et les évacuations, risquent en effet de devenir mélancoliques » (*Parimente predisposti sono alla Melancolìa quei soggetti, nei quali le forze animali, o dal violento esercizio della mente, o dalle vigilie, o dalle evacuazioni, o da altre simili cause son restate abbattute*[53]*)*. La faiblesse de l'esprit, « en invitant l'esprit à prêter plus d'attention, rend les idées plus constantes et aide la passion à devenir habituelle » (*invitando la mente ad una maggiore attenzione, rende le idee più permanenti, ed ajuta la passione prodotta a rendersi abituale*[54]).

Dans l'article « *Cause predisponenti alle diverse specie di melancolìa* », Chiarugi décrit le tempérament mélancolique qui fait pencher vers ce qu'il

50 Chiarugi, *op. cit.*, II, 1794, p. 26-27.

51 *Id.*

52 *Id.*

53 *Id.*

54 *Id.*, p. 28.

définit « mélancolie vraie ». Il s'agit de personnes sérieuses, pensives, réservées « en aucun cas enclines à l'espoir et au courage ». Ils ont l'habitude de s'appliquer à « peu d'objets et notamment à des objets tristes et afflictifs ». Cette prédisposition deviendra plus active si, pendant l'enfance, cet « individu » « a été troublé de manière inappropriée par des objets de terreur et de frayeur (*oggetti di terrore, e di spavento*) ». Il sera plus facile de tomber dans la mélancolie dans les cas où on est éduqué « loin de la société civile » ou rendu timide, « et peut-être même imbécile », par un excès de coups et de réprimandes de l'éducateur. À ce propos, en se fondant sur l'autorité de Platon, Chiarugi souligne l'inopportunité que l'on effraie les enfants avec des contes qui font peur[55]. C'est en vertu de la psychiatrie éclairée de Chiarugi que la mélancolie est associée aux peurs, aux superstitions et aux coutumes les plus ancestrales. Par exemple dans le cas de la solitude, il en critique l'usage dans certains ordres religieux, parce qu'elle prédispose à la mélancolie et aux pensées tristes. D'où l'habitude d'Euripide d'écrire ses tragédies dans une caverne. Il est également intéressant de remarquer que, d'après Chiarugi, même les mets traditionnels du carême et la diète pythagorique peuvent entraîner la mélancolie. Toutefois, en conclusion, il y a de nombreuses causes à la maladie : la prédisposition héréditaire, les méditations interminables, notamment sur un seul sujet, l'abus de sexe, les évacuations fréquentes ainsi que les rétentions d'humeurs, les passions excessives et soudaines comme la Colère et la Joie qui secouent l'organisme avec trop de violence, les lieux marécageux et les climats rigoureux et humides de l'Europe du Nord, dont les habitants « sont envahis par un génie sombre et triste » (*da tetro e tristo genio si vedono invasi*)[56].

Avec l'œuvre de Chiarugi, on peut déclarer clos, au moins en Italie, les débats sur la mélancolie des gens de lettres qui, au cours du XIXe siècle prendront d'autres voies et d'autres formes. À la fin du XVIIIe siècle en effet, même la figure de référence, c'est-à-dire l'homme de lettres, a disparu au profit du philosophe et de l'intellectuel moderne. Il a disparu parce que la République des lettres, qui était son milieu naturel, s'est dissoute. Et en tout état de cause, la question reste complexe dans la mesure où elle s'articule à des niveaux différents : littéraire, philosophique, médical et parfois théologique. À ce stade de la recherche, diverses orientations futures paraissent s'ouvrir.

---

55 *Id.*, p. 29-31.

56 *Id.*, p. 31-35.

Il s'agit d'intégrer plus amplement l'histoire de la mélancolie du poète et du savant dans la tradition ancienne des maladies spirituelles (depuis Jean Cassien et Évagre le Pontique), diffusées également à travers une longue histoire iconographique (par exemple, Saint Jérôme dans son cabinet de travail, méditant entouré de livres et d'un crâne).

Il s'agit également de discuter des relations entre la mélancolie, ou parfois l'hypocondrie, et l'homme de lettres dans ses aspects plus particulièrement professionnels et institutionnels, c'est-à-dire la décadence et la chute de la République des lettres ainsi que la naissance du *philosophe*. En définitive, il s'agit d'aller au-delà des questions d'ordre étroitement médical afin de faire des maladies des gens de lettres et de l'hypocondrie le vecteur d'un discours plus général sur les relations entre culture et solitude (un héritage monastique de l'acédie médiévale), entre culture et lecture solitaire et par la suite, entre culture et éthique aussi bien qu'entre culture et souffrance au XVIIIe siècle.

Filippo SANI
Université de Sassari

SOUFFRIR DU MAL DU SIÈCLE AU DÉBUT DE L'ÉPOQUE CONTEMPORAINE

Au tournant du XVIIIe et du XIXe siècle, de nombreux textes font état de souffrances récurrentes, insupportables et irrémédiables. Ces plaintes ont alors pris une telle ampleur qu'elles ont bientôt été désignées par des appellations inédites. Benjamin Constant, dans la préface de 1816 à la réédition d'*Adolphe*, évoque une « maladie du siècle ». En 1817, Lamennais parle de « siècle malade » et en 1833, dans sa préface à la réédition d'*Oberman*, Sainte-Beuve emploie l'expression de « mal du siècle », qui devient ensuite d'usage courant. Ces formulations sont insolites en ce qu'elles signalent la relation de corrélation, voire de causalité, entre des souffrances, à la fois intimes et répandues, et un moment historique particulier, consécutif à la Révolution française. Cette période, que les historiens considèrent comme marquant les débuts de l'époque contemporaine, se trouve ainsi associée, entre autres caractéristiques, à un vaste mouvement exprimant, en France et dans les pays voisins, les affres d'une souffrance existentielle. Ces récits de la douleur concernent des écrits de nature variée qui se diffusent pendant la vingtaine d'années précédant le diagnostic posé par Benjamin Constant. Ils imprègnent des romans, comme ceux de Madame de Staël ou de Senancour, et d'autres œuvres de fiction qui se présentent volontiers comme des témoignages et qui prennent souvent une forme épistolaire, comme chez Nodier ou Foscolo. Ils se retrouvent dans des éléments de correspondance ainsi que dans des journaux intimes, par exemple ceux que Maine de Biran écrit tout au long de sa vie. Ils tiennent aussi une place importante dans des essais, comme celui que Chateaubriand consacre aux révolutions en 1797, ou dans des textes plus philosophiques, y compris publiés par des auteurs vite tombés dans l'oubli. Dans beaucoup de ces écrits, ainsi que dans d'autres qui ne relèvent pas d'un genre littéraire aisément identifiable, les récits de la souffrance existentielle se mêlent à des considérations susceptibles d'en rendre compte. Ces explications, qui peuvent revêtir une tonalité de résignation, de protestation ou de critique, mettent en relief des éléments d'interprétation appelés à être ultérieurement repris ou réaménagés. Plus fondamentalement, elles suggèrent que la souffrance peut donner lieu à une connaissance susceptible de la rendre féconde, voire attractive.

En nous centrant sur ce corpus hétérogène couvrant la période 1795-1815, nous allons essayer de définir les caractéristiques de cette maladie associée aux temps nouveaux afin de préciser les conceptions anthropologiques qu'elle implique, les symptômes par lesquels elle se manifeste, les conséquences qu'elle entraine. En nous attachant à revenir aux formulations employées par les contemporains pour raconter et interpréter cette souffrance, nous relèverons les ambivalences de leurs attitudes à son égard et ce qu'elle peut comporter d'intéressant à leurs yeux. Nous envisagerons ensuite, toujours à partir de leurs propos, les significations sociales et politiques qu'ils confèrent à la maladie du siècle, présentée par eux notamment sous l'angle de la dissociation d'avec la société ambiante, de la dissidence impossible et de la dénonciation d'un pouvoir mortifère. De telles connotations ont contribué à l'écho qui a durablement propagé l'impact des écrits sur ces souffrances incurables.

LES CARACTÉRISTIQUES DU MAL DU SIÈCLE

Comment sont racontées les douleurs liées au mal du siècle et à quoi sont-elles imputées ?

Elles peuvent se manifester par de multiples symptômes : désintérêt et désinvestissement, indifférence et découragement, ennui et blasement, inconstance et versatilité. Elles peuvent comporter des crises de désespoir, mais elles distillent plus ordinairement un mal-être qui s'étend à toutes les dimensions de la vie, leur ôte leur saveur et leurs attraits, les recouvre d'une terne apathie. Le tableau clinique fait penser à la mélancolie et à la dépression, sous des formes sévères impossibles à surmonter. Les auteurs qui exposent le mal du siècle décrivent un amenuisement de la force vitale qui aurait été provoqué par l'évolution de la vie en société. Une telle analyse renvoie, par bribes ou de manière plus ou moins explicite, à une représentation d'ensemble du cours de l'existence dans laquelle la souffrance occupe une place déterminante. Cette conception anthropologique donne sa cohérence aux descriptions du mal du siècle et peut être résumée à grands traits. Pour échapper à ses propres limites, l'être humain attache ses désirs et ses espérances à des objets qu'il investit de valeur, mais qui le déçoivent ensuite en s'avérant inférieurs à ses attentes, ce qui le fait souffrir. En avançant en âge, il se déprend l'une après l'autre des illusions qui l'avaient fait convoiter, aimer et agir. Ayant percé et épuisé les charmes de la vie, il acquiert peu à peu un savoir et des dispositions qui ne lui font plus attendre grand-chose d'elle et qui l'amènent à souhaiter d'autant plus la quitter que son corps le fait davantage souffrir. Cette évolution, présentée comme faisant partie de la marche inéluctable de l'existence humaine, est susceptible d'une accélération qui en précipite les étapes. Dans certains contextes sociaux et à certaines époques, la désillusion tend à survenir à un âge plus précoce, notamment pour certaines personnalités, particulièrement lucides et sensibles, qui brûlent rapidement les plaisirs de la vie, ce qui se traduit par une intensification de douleur et par un épuisement anticipé des ressources offertes par l'existence. Ce processus de désengagement, envisageable comme une conséquence et un contrepoint de celui qui suscite l'amour, peut être évoqué, en transposant la métaphore par laquelle Stendhal analyse ce dernier sentiment, comme une cristallisation par la souffrance de la trajectoire anthropologique. Elle se décline en plusieurs thématiques reliées les unes aux autres, en particulier celle des illusions perdues, du vide intérieur et du tourment perpétuel.

Les illusions font vivre et souffrir. Elles ont perdu leur prestige pour les vieillards, qui en contrepartie ont acquis la sagesse, un savoir sur la vanité des biens et des attraits du monde.

Or, des hommes encore jeunes ont été rapidement formés par l'étude et par la douleur et ont ainsi acquis l'expérience des vieillards. Ces traits sont ceux des héros des romans écrits à la charnière du XVIIIe et du XIXe siècle. Oswald, dans *Corinne* : « portait l'ardeur de vingt-cinq ans dans les réflexions de la vieillesse[1] ». René, chez Chateaubriand, évoque sa « carrière à peine commencée et dans laquelle (il) avait déjà dévoré

1 G. de Staël, *Corinne ou l'Italie*, Paris, H. Nicole, 1807, p. 4.

des siècles[2]. » L'accélération du temps, que nombre d'auteurs ultérieurs, comme Paul Morand, Hartmut Rosa ou Paul Virilio, considèreront comme une caractéristique des sociétés contemporaines, se trouve déjà au cœur de ces récits de la souffrance, dans lesquels ce changement dans la temporalité concerne à la fois l'évolution culturelle collective et l'existence individuelle. À ce second niveau, il est souvent marqué par une substitution de l'intensité à la durée, qui épuise rapidement les attraits de l'existence. Il peut aussi résulter d'un affadissement des plaisirs de la vie qui se trouvent dépréciés avant même d'avoir été goûtés. Alors que le vieillard est censé ne pas regretter des biens dont il a joui et qui se sont révélés illusoires, ce qui attend le jeune homme affecté par le mal du siècle, c'est « une vie désormais sans illusion et pleine de regrets[3]. » L'impression d'inaccomplissement rend une telle situation encore plus douloureuse et elle en majore l'amertume.

La frustration est particulièrement vive là où elle apparaît comme constitutive du sujet et préalable à l'expérience, là où le processus de désillusion survient tellement tôt qu'il tue le désir avant qu'il n'ait pu se déployer. Bien des auteurs du tournant entre les XVIIIe et XIXe siècle siècles font écho aux souffrances du jeune Werther qui ne peut cesser de désirer un objet impossible à atteindre. Ils y ajoutent l'évocation de situations où une souffrance originaire est due à l'impossibilité de combler un vide intérieur ou de constituer un objet au désir. Chateaubriand est particulièrement sensible à cette thématique du vide intérieur, dès 1797 : « Est-ce un instinct indéterminé, un vide intérieur que nous ne saurions remplir qui nous tourmente ? Je l'ai aussi sentie, cette soif vague de quelque chose. Elle m'a trainé dans les solitudes muettes de l'Amérique et les villes bruyantes de l'Europe[4]. » L'auteur développe aussi cette thématique quelques années plus tard dans le célèbre passage du *Génie du christianisme* intitulé « Du vague des passions » (chapitre 2 de la 3e partie). L'idée du vide intérieur pose le problème de la discordance entre le désir et son objet, elle signale une impossibilité de la satisfaction tenant, non à l'objet du désir (qui pourrait dans ce cas être remplacé par

2 F.-R. de Chateaubriand, *René ou les effets de la passion* (1802), in *Œuvres complètes*, Paris, Pourrat frères, 1836, t. 18, p. 116.

3 F.-R. de Chateaubriand, *Essai sur les révolutions* (1797) in *Œuvres*, Paris, Ladvocat, 1826, t. 13, p. 214.

4 *Id.*, p. 172.

un objet plus adéquat), mais au sujet du désir, qui ne sait pas ce qu'il cherche ou qui cherche ce qu'il sait impossible à atteindre.

La conséquence de cette inadéquation entre le désir et son objet est une souffrance sans remède, un supplice perpétuel. « L'existence de l'homme détrompé est un long supplice. Ses jours sont semés d'angoisse et ses souvenirs sont pleins de regrets[5]. » Et Charles Nodier de préciser, en employant un ton plus personnel : « Si jeune encore et si malheureux, désabusé de la vie et de la société par une expérience précoce, étranger aux hommes qui ont flétri mon cœur et privé de toutes les espérances qui m'avaient déçu[6]. » Jeunesse, malheur, précocité de l'expérience, déception, flétrissure, perte des espérances, sentiment d'être étranger aux hommes, à la société, à la vie, constituent autant de traits caractéristiques du mal du siècle qui apparaît alors comme un tourment intime et donc inguérissable : « Il n'est point de remède qui puisse guérir les blessures de l'âme[7]. » Ici encore, l'énoncé général ne tarde pas à susciter le témoignage à la première personne : « La terre était pour moi un lieu de tourments[8]. »

Le sujet ne pouvant obtenir de satisfaction dans son existence, son énergie se retourne contre lui-même et peut aboutir à l'autodestruction, soit qu'il se laisse mourir, soit qu'il se fasse mourir. Cette évolution fatale ayant au moins l'avantage de mettre un terme à la souffrance, Senancour juge que « la mort ne doit pas être mise au nombre des malheurs[9]. » Ici encore, l'affirmation de principe est suivie par l'expression d'une aspiration, puis d'une décision : « J'appelle ma mort trop longtemps attendue[10]. » « Je résolus de quitter la vie[11]. » On sait l'épidémie de suicide qui a suivi la publication des souffrances du jeune Werther en 1774. Cette tentation du suicide est récurrente, même chez des écrivains animés par le désir de la gloire. Ainsi Benjamin Constant note sa lassitude dans son journal : « Je suis las de la vie que je mène et peut-être de toute vie quelle qu'elle soit[12]. » Il écrit un mois plus tard : « Je ne serais pas

5 C. Nodier, *Les méditations du cloître* (1803), in *Romans de Charles Nodier*, Paris, Charpentier, 1840, p. 231.
6 *Id.*, p. 232.
7 L.-A. Duwiquet d'Ordre, *La philosophie du cœur*, Paris, Pichard, 1811, p. 96.
8 *Ibid.*
9 E. de Senancour, *Oberman*, lettre XIV, Paris, Cérioux, 1804, p. 129.
10 *Id.*
11 *Id.*
12 B. Constant, *Journal*, 4 septembre 1804, in *Œuvres*, Paris, Gallimard, Bibliothèque de la Pléiade, 1957, p. 332.

fâché d'en finir. Qu'ai-je à attendre de la vie[13] ? » Beaucoup d'auteurs ont été affectés par le suicide de proches, certains passent eux-mêmes à l'acte : ainsi, Grainville se suicide l'année même de la parution de son ouvrage intitulé *Le dernier homme*[14]. Dans ce livre, comme dans d'autres de la même période, on trouve une dimension eschatologique. La mort de l'auteur et du héros de son ouvrage est associée à la disparition de l'humanité.

Dans le corpus traitant du mal du siècle figurent donc beaucoup de références à une souffrance récurrente, qui présente deux aspects quelque peu divergents : d'une part, un caractère essentiel au sens où elle n'est pas liée à une altération passagère ou accidentelle des facultés ; d'autre part, un caractère construit, au sens où cette souffrance est envisagée comme la conséquence d'un désordre et d'une perturbation dans le rapport à la vie, qui seraient survenus à un moment particulier de l'histoire humaine, consécutif à la Révolution française. Les attitudes par rapport aux souffrances évoquées ne sont pas non plus univoques puisqu'elles oscillent entre la déploration, exprimée en général ou avec des accents personnels, et la curiosité, voire l'engouement ou la fascination.

AMBIVALENCE DES ATTITUDES PAR RAPPORT À LA SOUFFRANCE

Le mal du siècle est bien sûr évoqué comme une malédiction, mais de laquelle peuvent paradoxalement surgir des satisfactions inattendues ou, pour le moins, des compensations appréciables. La douleur est ainsi volontiers présentée comme une nécessité à laquelle il convient de se résoudre, et même comme une ressource ouvrant sur de nouveaux horizons. Du corpus émerge l'idée d'une relation fondamentale entre la vie et la souffrance. La rupture sur ce point est nette avec l'optimisme des Lumières et des révolutionnaires, avec leur apologie du bonheur « idée neuve en Europe », selon l'expression de Saint-Just. Quelques années plus tard, par exemple dans *Atala*, Chateaubriand estime au contraire que

13 *Id.*, 9 octobre 1804, p. 354.
14 J.-B. de Grainville, *Le dernier homme*, Paris, Déterville, 1805.

l'homme n'existe que par le malheur[15]. Et Ballanche de systématiser : « La douleur est plus adaptée à notre nature que le plaisir[16]. » Cette relation étroite, constante et nécessaire entre l'existence et la douleur n'a d'ailleurs pas que des inconvénients pour les auteurs qui s'attachent à l'exposer. Par exemple, Chateaubriand fait dire à René : « je trouvais même une satisfaction inattendue dans la plénitude de mon chagrin, et je m'aperçus, avec un secret mouvement de joie, que la douleur n'est pas une affection qu'on épuise comme le plaisir[17]. »

Contrairement au plaisir, à la satisfaction ou au bonheur, qui restent toujours provisoires et incomplets, la douleur peut prendre une telle extension, sous l'effet du mal du siècle, qu'elle se rapproche de l'absolu dont le cœur humain éprouve la nostalgie. En somme, la souffrance sans limites permettrait d'entrevoir l'infini, du moins par intermittence : « Il est des jours pour les douleurs : nous aimons à les chercher en nous, à suivre leurs profondeurs et à rester surpris devant leurs proportions démesurées : nous essayons du moins dans les misères humaines cet infini que nous voulons donner à notre ombre avant qu'un souffle du temps l'efface[18]. » La profondeur illimitée de la douleur donne accès à une dimension majeure et inépuisable de l'existence. Le vertige qui en résulte peut précipiter dans l'effroi, le désarroi, l'apathie, mais sa répétition même donne lieu à diverses expériences par lesquelles le sujet se mesure à elle et découvre de multiples gradations. Susceptible de s'y abîmer, il peut aussi s'accoutumer à la souffrance, s'en accommoder, voire s'attacher à sa présence familière et y découvrir des aspects sans cesse renouvelés. Dans ces variations des attitudes par rapport à l'*ilinx* Roger Caillois identifiera même un ressort ludique. Pour le moment, l'époque est marquée par un autre principe découvert par Jenner en 1797 à propos de la variole. La vaccination inocule à l'organisme une forme atténuée de la maladie pour le protéger des agressions infligées par cette dernière. De même, la douleur inspire des ressources et des techniques permettant de la supporter.

---

15 F.-R. de Chateaubriand, *Atala, ou les amours de deux sauvages dans le désert* (1802), in *Œuvres complètes*, Paris, Pourrat frères, 1836, t. 18.

16 P.-S. Ballanche, *Fragments*, in *Œuvres*, Jules Didot l'aîné, *Encyclopédie des connaissances utiles*, 1833, t. 1, p. 343.

17 F.-R. de Chateaubriand, *René*, *op. cit.*, p. 132.

18 E. de Senancour, *op. cit.*, Lettre XV, p. 131.

Les auteurs du début du XIXe siècle explorent toutes sortes de moyens pour assumer la perspective de la mort en s'habituant aux ombres qu'elle projette sur l'existence et en leur trouvant quelque attrait. Ils prisent le réconfort qu'apporte le sommeil et réactivent l'association classique entre les frères Hypnos et Thanatos. Et ils revisitent les aspirations et les inclinations les plus captivantes en leur conférant des significations d'autant plus prenantes qu'elles confinent au désespoir. Ils tendent ainsi à envisager l'amour comme une manière d'échapper à soi-même et de s'abîmer dans l'être aimé : « Toutes mes facultés s'abîmaient dans un seul de ses regards[19]. » Le même auteur écrit dans un autre de ses ouvrages : « Le sourire de Stella m'anéantit[20]. » Et d'ajouter aussitôt, en passant cette fois du particulier au général : « Il y a dans l'amour une crise turbulente et fiévreuse qui ébranle fortement toute l'organisation morale, et qui absorbe entièrement toutes les impressions ordinaires (...) le corps s'affaisse, les yeux se voilent, le sang tourne et se précipite, en bouillonnant vers le cœur[21]. » Autant de symptômes qui témoignent d'un ébranlement de tout l'organisme, susceptible de lui être fatal. Il arrive que la religion, elle aussi, soit présentée sous le signe de la mort, Madame de Staël allant jusqu'à proclamer à son sujet : « La résignation qu'on obtient par la foi religieuse est un genre de suicide moral[22]. » Toute l'existence est ainsi marquée par la proximité de la mort qui confère également un surcroît de densité aux lieux qui l'évoquent. L'époque affectionne tout particulièrement ceux où la mort est familière, comme Rome, promue « patrie des tombeaux ». Plus généralement elle apprécie les ruines et tout ce qui rappelle à l'éphémère des réalisations humaines, même celles qui paraissaient les plus solides et éclatantes. Entre abattement, renoncement et mélancolie, la souffrance sécrétée par l'omniprésence de la perte et de la destruction donne accès à toute une palette de couleurs ternes et passées où se cherche une esthétique de la douleur[23].

La souffrance liée à la proximité de la mort est de plus considérée comme une voie d'accès à la vérité[24]. Toute une littérature se développe

19 C. Nodier, *Le peintre de Salzbourg* (1803), in *Romans de Charles Nodier*, *op. cit.*, p. 177.

20 C. Nodier, *Les proscrits*, Paris, Lepetit et Gérard, 1802, p. 57.

21 *Id.*, p. 58.

22 G. de Staël, *Réflexions sur le suicide*, Stockholm, Charles Delén, 1813, p. 36.

23 P. Hintermeyer, « La mort » in P. Blanchard, G. Boëtsch, D. Chevé (dir.), *Corps et couleurs*, Paris, CNRS Éditions, 2008, p. 64-73.

24 P. Hintermeyer, « Mort et légitimité », *Revue de l'Institut de sociologie*, Université libre de Bruxelles, Bruxelles, 1999/1-4, p. 27-44.

pour raconter les douleurs de l'existence et tirer parti de la clarté qu'elles projettent sur le monde et sur soi. La souffrance est alors invoquée comme un facteur propice à la connaissance des autres et de soi-même. « Au voisinage de la mort, le voile de l'imposture se déchire à mes yeux, je lis au travers du mensonge, l'hypocrisie m'est transparente et je perce d'un seul coup le mur épais des vanités mondaines[25] ». Les nuances multiples de la souffrance disposent aussi à s'intéresser à ses variations, à se demander ce qui l'exalte et ce qui l'atténue, à suivre par le menu les circonstances qui la ravivent et qui apportent un peu de répit. L'évocation de la douleur incite à en sonder la profondeur, à démêler ses liens avec la subjectivité. De nombreux auteurs tiennent alors un journal intime où ils consignent leurs observations sur les événements affectant leur sensibilité. Si celui que Stendhal tient à partir de 1801 fait une part importante aux distractions et aux spectacles, il les envisage souvent comme un moyen d'échapper à soi-même et ne perd pas de vue les découvertes qu'il cherche à faire sur sa propre personnalité, y compris ses travers et ses limites. Le journal de Benjamin Constant accorde une place considérable aux relations sociales, amicales et amoureuses tout en sachant qu'elles lui servent de diversion par rapport à son existence et à ses projets. L'auteur, remarquant qu'il est dominé tour à tour par les mêmes penchants, finit par tenir un Journal abrégé, où les mêmes initiales et formules se répètent en décrivant les mouvements de sa subjectivité d'une manière quasi mathématique. À travers ces annotations scrupuleuses, il consent à un effort régulier pour découvrir ses réactions, notamment face à ce qui le menace. Les moments de doute ou de désespoir lui révèlent ses ressources pour se ressaisir face à l'adversité omniprésente.

Maine de Biran est sans doute celui qui s'observe le plus habituellement et le plus scrupuleusement, de 1792 à sa mort en 1824, au point de devenir le maître de l'introspection. Dès 1793, il tient un journal intime dans *Le vieux cahier*, qui, selon Agnès Antoine, est « l'expression même du mal du siècle[26]. » Dans ses journaux ultérieurs, il part également de l'expérience de la dispersion : « Tout échappe à ma pensée mobile : je

25 J.-S. Quesné, *Les journées d'un vieillard*, Paris, Levrault et Schoell, 1804, p. 53.

26 A. Antoine, « Le mal du siècle dans le journal intime de Maine de Biran », in Bernard-Griffiths (dir.), *Difficultés d'être et mal du siècle dans les Correspondances et Journaux intimes de la première moitié du XIXe siècle*, Clermont-Ferrand, Cahiers d'études sur les correspondances du XIXe siècle, 1998, p. 44.

suis un être ondoyant, divers et sans consistance[27]. » Souvent, il remarque que son humeur confine au désespoir : « dans les maladies qui n'ont pas changé entièrement l'état de la machine, on conserve l'idée et l'espoir de la santé ; mais il y a un progrès de mal où l'on désespère de la santé et où l'on a perdu toutes les idées et les habitudes qui s'y rapportent. Je touche à ce degré au moral et suis bien près de désespérer moi-même[28]. » L'introspection menée sur une période prolongée apparaît alors comme un remède aux anomalies psychiques qui passent d'ordinaire inaperçues tout en déréglant le fragile équilibre mental : « ces désordres partiels des facultés, ces anomalies intellectuelles sont au moral ce que les dérangements de santé sont au physique. Ces derniers dérangements s'annoncent au dehors par certains signes tandis que les anomalies dont il s'agit ne sont perceptibles qu'à l'homme qui s'observe intérieurement et qui peut se comparer à lui-même en différents temps : il y aurait un régime à suivre, ou une sorte d'hygiène à respecter, pour remédier à ces anomalies ou les rendre moins fréquentes[29]. » La connaissance approfondie de ce qui altère le moral peut permettre de découvrir des règles favorables à la préservation de la santé mentale. Le parallèle avec la médecine du corps conduit Maine de Biran à des tentatives de formalisation comparables à celles que tente Constant dans son Journal abrégé. En 1811, il met au point une méthode d'observation qu'il appelle *Thermomètre journalier*. Ainsi, la douleur stimule l'effort pour se connaître et découvrir comment la diminuer.

LES SIGNIFICATIONS SOCIALES ET POLITIQUES DU MAL DU SIÈCLE

Les auteurs qui font état des souffrances provoquées par le mal du siècle présentent en détail leurs effets sur le sujet qui en est atteint, mais ils ne se bornent pas à ce niveau individuel. Ils insistent sur le contexte et envisagent le mal du siècle comme une conséquence d'une

27 P. Maine de Biran, *Journal* (1814-1816), t. 1, publié par H. Gouhier, Édition de la Baconnière, 1954, p. 79.

28 *Id.*, t. 3, 33.

29 *Id.*, t. 1, 37.

discordance entre l'individu et la société dont il fait partie. Ce hiatus provoque le sentiment d'être étranger au monde, de n'y avoir pas de place, et même pas de lieu où se retirer.

Constant note dans son journal : « Je ne sais quoi de sombre et d'affreux se répand sur la vie. Le monde se dépeuple de ce qui est bon, les monstres vivent. » Et il poursuit : « Je suis comme un débris debout au milieu de ruines couchées. Mon âme est flétrie. Tout ce qui est bon périt, tout ce qui est vil ou féroce jouit et triomphe. Pour qui penser, pour qui écrire, pour qui vivre[30] ? » L'existence n'apparaît pas ici comme se suffisant à elle-même, elle est orientée vers un autrui susceptible de lui conférer un sens. Mais cet autrui, qu'il soit envisagé comme significatif ou généralisé, en référence à l'analyse de Mead[31], demeure introuvable, avant tout parce que les qualités qui sont attendues de lui ont peu de chances de s'épanouir dans le monde tel qu'il fonctionne à présent. On discerne donc ici une nette dimension de critique sociale qui se confirme dans d'autres passages mettant en cause le type humain actuellement valorisé : « Quelle âpreté les hommes mettent dans leur intérêt du moment ! Comme leurs prétentions leur paraissent importantes[32] ! » L'auteur précise qu'il ne s'agit pas seulement d'un travers psychologique, mais des effets d'un système fondé sur des principes qui lui ôte le goût de vivre. « La conversation de ces hommes m'a suggéré d'autres réflexions sur l'arrogance de la propriété, mais je n'ai pas la force de les écrire ; l'idée de la mort pèse sur moi[33]. » En Italie, Ugo Foscolo proclame aussi que la situation actuelle est invivable : « Quel autre asile avons-nous donc que le désert et la tombe[34] ? »

Nombre d'auteurs du début du XIXe expriment le sentiment d'un désaccord irréductible avec la société ambiante dans des sentences sans nuances. Dans *Corinne*, Mme de Staël émet des jugements rappelant ceux du journal de Constant : « Nous vivons dans un siècle où l'intérêt personnel semble être le seul principe de toutes les actions des hommes ; et quelle sympathie, quelle émotion, quel enthousiasme pourrait jamais résulter de l'intérêt personnel[35] ? » D'autres auteurs, comme Senancour,

30 B. Constant, *Journal*, 15 mars 1805, *op. cit.*, p. 447.

31 G. H. Mead, *L'esprit, le Soi et la Société*, tr. fr. Paris, P.U.F., 1963.

32 B. Constant, *Journal*, 16 mars 1805, *op. cit.*, p. 447.

33 *Id.*, p. 448.

34 U. Foscolo, *Dernières lettres de Jacopo Ortis* (1802), tr. fr. Paris, Delestre, 1819, p. 210.

35 G. de Staël, *Corinne ou l'Italie*, in *Œuvres*, t. 1, Paris, Firmin Didot Frères, p. 689.

s'expriment de manière encore plus radicale : « Je vis qu'il n'y avait pas d'accord entre moi et la société, ni entre mes besoins et les choses qu'elle a faites[36]. » Ce sentiment d'incompatibilité entre le sujet et la société ambiante peut aussi faire l'objet d'une présentation politique, être mis en rapport avec la Révolution française et avec le régime autoritaire instauré par Bonaparte. « Voilà une génération tout entière à laquelle les événements politiques ont tenu lieu de l'éducation d'Achille. Elle a eu pour aliment la moelle et le sang des lions ; et maintenant qu'un gouvernement qui ne laisse rien au hasard et qui fixe l'avenir a restreint le développement dangereux de ses facultés (…), sait-on ce que tant de passions oisives et d'énergies réprimées peuvent produire de funeste[37] ? » Selon Nodier, la Révolution a provoqué un appel d'air et suscité des passions politiques qui ont ensuite été empêchées. Cette énergie refoulée se retourne alors contre ceux qui y ont investi leurs espérances et elle libère des pulsions destructrices et autodestructrices.

Cette interprétation politique des souffrances liées au mal du siècle peut donner lieu à des positionnements divers. Elle peut justifier l'opposition libérale au régime napoléonien, elle peut aussi se traduire par un désengagement, un rejet des illusions politiques et une aspiration à se situer dans une dimension culturelle, artistique ou littéraire autonome, voire marginale. La critique des souffrances consécutives aux événements politiques s'est d'emblée fortement exprimée dans la pensée contre-révolutionnaire. Dès le Directoire, Chateaubriand et Joseph de Maistre s'en prennent à l'esprit révolutionnaire, conséquence du rationalisme des Lumières, dont la prétention est allée jusqu'à vouloir reconstruire la société et même changer l'être humain, mais qui n'a été capable que de répandre la destruction et la zizanie. Dans ses *Considérations sur la France*, Joseph de Maistre estime que le lien social est dissous[38]. Selon lui, il ne saurait être régénéré que par la prise de conscience que l'être humain n'est pas seulement rationnel, mais est attaché à des croyances, des habitudes, des rituels. La thématique du mal du siècle inspire donc des contestations diverses, voire opposées. Elle se prête à des interprétations qui, mettant en relief tantôt l'importance

36 E. Senancour, *op. cit.*, p. 16.

37 C. Nodier, *Les méditations du cloître* (1803), in *Romans de Charles Nodier*, *op. cit.*, p. 238.

38 J. de Maistre, *Considérations sur la France* (1797), suivi de *Essai sur le principe générateur des constitutions politiques* (1809), Paris, éditions complexe 1988.

des traditions, tantôt la défense du libre arbitre, conduisent à militer tantôt pour l'ordre et tantôt pour la liberté. Elle atteste en tout cas que les espoirs issus des Lumières et de la Révolution française ont reflué en donnant lieu à un sentiment de trahison de la raison[39]. Les déceptions sont alors tellement vives qu'elles provoquent de grandes souffrances pouvant aller jusqu'au désespoir.

Le désespoir dérive aussi de ce que le conflit entre le sujet atteint par le mal du siècle et le régime politique en place semble ne pas pouvoir tourner au désavantage de ce dernier. Non seulement il ne paraît guère ébranlable par quelque nouvelle révolution, mais il n'hésite pas à imposer toutes sortes de contraintes pour assujettir les individus et exercer sur eux une emprise sans limites. La subjectivité en est alors réduite à protester contre une autorité à la fois tyrannique et mortifère allant jusqu'à interdire à l'individu de décider de son sort : « Ces mêmes sophistes qui me défendent la mort m'exposent ou m'envoient à elle. Leurs innovations la multiplient autour de moi, leurs préceptes m'y conduisent ou leurs lois me la donnent[40]. » Et Senancour poursuit : « Sous cent prétextes, ou spécieux ou ridicules, vous vous jouez de mon existence[41]. » Dans une situation où il est impossible de résister à l'oppression, l'auteur revendique la possibilité de s'y soustraire par la mort. « Si ce pouvait être un crime d'abandonner la vie, c'est vous que j'accuserais, vous dont les innovations funestes m'ont conduit à vouloir la mort, que sans vous j'eusse éloignée (...) Opprimez ma vie ; la loi est souvent aussi la loi du plus fort ; mais la mort est la borne que je veux poser à votre pouvoir[42]. » La défense du suicide devient alors l'ultime ressource contre l'avilissement politique de l'existence : « Ceux qui nous prêchent contre le suicide sont précisément les hommes dont les opinions rendent la vie une chose méprisable et honteuse, les partisans de l'esclavage et de la dégradation[43]. » De tels propos montrent que les souffrances du mal siècle ne se bornent pas à une dimension psychologique, ni même ontologique, mais comportent une critique sociale et politique revendiquée par les auteurs qui en font état.

39 P. Hintermeyer, « La trahison de la raison », in C. Javeau et S. Schehr (dir.), *La trahison. De l'adultère au crime politique*, Paris, Berg International, 2010, p. 109-119.

40 E. de Senancour, *op. cit.*, p. 296.

41 *Id.*, p. 297.

42 *Id.*, p. 300.

43 B. Constant, *op. cit.* p. 249.

Les références aux souffrances du mal du siècle, qui se diffusent au lendemain de la Révolution française, présentent pour une part, nous venons de le voir, des traits caractéristiques de ce moment historique. Pour une autre part, leurs significations excèdent ce contexte spécifique et s'inscrivent dans des tendances sociales et culturelles encore plus larges. Cette littérature s'inspire d'auteurs antérieurs et elle a inspiré beaucoup d'auteurs ultérieurs. Elle peut être considérée comme une étape d'un mouvement de vaste ampleur qui s'affirme dans la seconde moitié du XVIIIe siècle autour des figures tutélaires de Rousseau et Goethe, se développe avec le *Sturm und Drang*, touche des pays voisins comme l'Angleterre et l'Italie, ces convergences en venant à dessiner les contours d'un préromantisme qui préluderait, comme l'indique le préfixe, au grand mouvement romantique. On peut en effet relever des continuités sur plusieurs générations et plus d'un siècle : la sensibilité exacerbée, le rapport à la nature comme compensation aux conventions sociales, la fascination pour une position marginale, l'inquiétude, l'ennui, le désespoir, etc. On peut relever également la prégnance du thème de l'Amour impossible conduisant à la mort, qu'on trouve déjà en 1774 dans le *Werther* de Goethe. Ce livre a été non seulement un succès littéraire considérable, mais a eu des effets sociaux qui ont surpris, par exemple une vague de suicide. Mais Werther reste centré sur l'amour impossible. Dans les échos qu'il rencontre au début du XIXe siècle, chez un auteur comme Ugo Foscolo, marqué par le suicide de son frère en 1801, c'est à la fois l'amour qui est impossible et la situation de l'Italie, occupée par des puissances étrangères. De même, dans une partie au moins du corpus sur les souffrances du mal du siècle, c'est le fait même de vivre dans la société issue de la révolution qui est présenté comme pénible ou impossible. La souffrance personnelle se trouve ainsi arrimée à une critique sociale et politique.

Cette conjonction placée sous le signe de la douleur sans remède a présenté des potentialités littéraires et artistiques que le romantisme a ensuite validées, confirmées et prolongées. Elle a aussi eu des effets sociologiques et épistémologiques durables. La fécondité du mal du siècle dans les sciences humaines apparaît notamment à travers l'apport de Maine de Biran, dont le travail d'introspection minutieuse a contribué à l'émergence de la psychologie, et de Joseph de Maistre, qui a incité à envisager la société non comme elle devrait être, selon les prescriptions d'un contrat social idéal, mais comme elle est effectivement, avec ses zones d'ombre et d'irrationalité.

Le mal du siècle a aussi eu un impact à plus long terme dans ces disciplines. Ainsi, Durkheim est marqué par la vision pessimiste que les auteurs du mal du siècle se font de l'individu. Il l'envisage comme un être de démesure, incapable de se régler lui-même, de se contenter de sa condition, de borner ses désirs. Un tel individu ne peut qu'éprouver une insatisfaction qui menace de se retourner contre lui-même et de conduire à la destruction et à l'autodestruction si la société n'est pas en mesure de fixer des limites à ses ambitions[44]. C'est ce qui se produit dans les situations d'anomie que Durkheim associe aux époques de changement accéléré. À la fin du siècle qu'ils ont inauguré, les auteurs du mal du siècle conservent une fécondité heuristique qui transparaît même *a contrario* chez des auteurs qui, dans le sillage du vitalisme nietzschéen, ont vigoureusement rejeté toute complaisance pour cette souffrance exacerbée, la considérant comme un symptôme de décadence, de nihilisme et de dépréciation de la vie.

Le mal du siècle anticipe aussi des analyses encore plus tardives comme celles qui se développent à la fin du XXe siècle sur la fatigue d'être soi. Dans de telles approches, il ne se réduit pas à des situations de déclassement, aux conditions sociales difficiles dans lesquels se seraient retrouvés des artistes et des écrivains. Avec son cortège de mélancolie, de dépression et de suicides, le mal du siècle est plutôt considéré comme le revers de la promotion de l'individu, responsabilisé à outrance et sans cesse sommé de faire la preuve de ses qualités[45].

Chez Grainville et d'autres auteurs de son époque, le mal du siècle marque le passage de la ferveur révolutionnaire à l'abattement postrévolutionnaire. Un tel contraste pose un problème que les sciences sociales n'ont pas entièrement élucidé, celui des changements complets dans ce qu'on peut appeler, à la suite d'Edgar Morin, l'esprit du temps[46]. Il y a des moments où beaucoup de choses semblent possibles, où l'espace est disponible pour des expéditions lointaines, où l'avenir paraît ouvert et malléable, où la vie collective cherche à repousser les frontières et à se rapprocher de l'horizon. Alors ceux qui entrent dans la vie ont aisément

44 E. Durkheim, *Le suicide* (1897), Paris, P.U.F., 1990.

45 A. Ehrenberg, *La fatigue d'être soi. Dépression et société*, Paris, éd. Odile Jacob, 1998.

46 E. Morin, *L'esprit du temps. Essai sur la culture de masse*, Paris, Grasset, 1962.

le sentiment de pouvoir participer à une aventure sociale exaltante. Mais il y a aussi des moments de contraction et de repli qui distillent diverses formes d'abattement, de désillusion et de désespérance. Les auteurs du mal du siècle ont décrit les souffrances liées à ce sentiment de vacuité généralisé et ils les ont interprétées comme un effet du désarroi d'une jeunesse qui se sent étrangère à son temps, non seulement parce qu'elle n'y trouve pas de place à sa mesure, mais aussi parce qu'elle récuse les principes qui y prévalent. En ayant ainsi mis en perspective les tendances au désengagement qui se diffusent dans des périodes de reflux des idéaux collectifs, ils incitent à s'interroger sur les rapports entre une critique sociale radicale et les difficultés à donner du sens à la présence subjective au monde, ils invitent à prolonger leurs analyses sur les alternances entre des ambiances collectives contrastées.

Pascal Hintermeyer
Université de Strasbourg

CINQUIÈME PARTIE

VERS UNE NOUVELLE ATTITUDE

DOULEUR ET SCIENCE MÉDICALE

dans quelques pages du *Discorso sull'indole del piacere e del dolore* et des *Osservazioni sulla tortura* de Pietro Verri

> *La medicina è una vera meretrice con finti colori, con chiome finte, che ha finte lusinghe e finta sensibilità ; abbandonati a quella, perdi tempo, danaro, e corrompi la massa del tuo sangue.*
>
> « La médecine est une véritable prostituée aux fausses couleurs, aux faux cheveux, aux flatteries trompeuses et à la sensibilité mensongère ; livre-toi à elle, tu perds du temps, de l'argent et tu endommages la masse du sang[1]. »

Dans ce passage, tiré des *Souvenirs désintéressés et sincères* recueillis par Giulio Carcano en 1854 dans les *Scritti vari* de Pietro Verri[2], le comte milanais fustige la science médicale contemporaine avec une ironie corrosive, ou plutôt avec insolence et malice. Verri doute surtout des remèdes proposés par les médecins de son époque, qui insistent à prescrire des médicaments sur la base de la mode scientifique du moment et notamment sur des théories qui ne s'appuient pas sur d'expériences concrètes. Il ne se borne pas à noter que le « charlatanisme médical [...] est devenu un objet de dérision et de mépris chez les véritables savants » (*ciarlataneria medica, la quale è stata l'oggetto della derisione e del disprezzo degli uomini di maggior ingegno*[3]) et en même temps un sujet courant pour les auteurs du théâtre comique : il vise à prévenir les hommes et

---

1 P. Verri, *Ricordi disinteressati e sinceri d'un uomo dabbene*, Edizione nazionale delle Opere di Pietro Verri, vol. VI, *Scritti politici della maturità*, a cura di C. Capra, Roma, Edizioni di storia e letteratura, 2010, p. 489. Toutes les citations sont traduites par l'auteur de l'article, à l'exception des passages tirés des *Osservazioni sulla tortura* (*cf. infra* n. 38).

2 P. Verri, *Scritti vari, ordinati da G. Carcano e preceduti da un saggio civile sopra l'autore per V. Salvagnoli*, Firenze, Le Monnier, 1854, vol. II, p. 231-238 : 232. Sur la valeur et la portée épistémologique des écrits autobiographiques de Verri *cf.* B. Alglani, *« L'uomo non si muta ». Pietro Verri tra letteratura e autobiografia*, Roma, Edizioni di Storia e Letteratura, 2012 ; G. Nicoletti, « La memoria meticolosa di Pietro Verri », *Paragone*, n° 54-55-56, 2004, p. 102-113.

3 P. Verri, *Ricordi disinteressati e sinceri*, *op. cit.*, p. 489.

les femmes qui s'en remettent à une science qui – il écrit – « dans les derniers siècles s'est éloignée des chemins de la droite raison et s'est noyée dans la mer des chimères et des rêves » (*in questi ultimi secoli ha deviato dal sentiero della retta ragione, e s'è infelicemente ingolfata nel mare delle chimere e de' sogni*), car – il ajoute – « les principes de l'art médical sont et seront toujours inconnus aux hommes » (*i principj dell'arte medica sono e saranno sempre ignoti agli uomini*[4]).

Pietro Verri, fondateur, rédacteur en chef du périodique *Il Caffè* et animateur de l'Académie dei Pugni (1761-1766), écrit pour contribuer au développement épistémologique de son époque, en proposant une approche scientifique sérieuse dans tous les domaines du savoir : dans l'économie politique et commerciale, le droit civil et pénal, l'agriculture autant que les sciences humaines. Mais dans ses raisonnements sur la science médicale, le Comte milanais n'est pas seulement conduit par un principe de discernement et un souci de juger correctement des choses : son pessimisme radical et la façon acharnée avec laquelle il s'adresse aux médecins de son âge viennent aussi de son expérience personnelle, d'une vie familiale constellée de maladies, de morts et de douleurs[5].

Verri même, dans son enfance, contracte plusieurs maladies qui donnent à sa mère, la hargneuse et agressive comtesse Barbara Dati della Somaglia, la chance d'exercer toute sa violence brutale : frappé par une fièvre mystérieuse et touché par la variole, le petit Pietro est soumis à un jeûne inutile et forcé à avaler violemment des médicaments ; un inexplicable gonflement à l'aine est interprété par madame Verri comme une hernie : elle bande la partie malade très étroitement et court le risque d'estropier son petit fils pour toujours. Aux yeux du petit Pietro, Madame Verri devient le premier ministre d'une pratique

4 *Ibid.*, p. 490.

5 L'attitude sceptique de Pietro Verri se nourrit aussi des polémiques contre la médecine théorique, aristotélicienne et galénique, engagées par Leonardo di Capua (1617-1695) et Antonio Vallisneri (1661-1730) (je dois cette observation à Roberto Poma, que je remercie infiniment). *Cf.* S. Serrapica, *Per una teoria dell'incertezza tra filosofia e medicina. Studio su Leonardo di Capua (1617-1695)*, Napoli, Liguori, 2003 ; A. Carlino, « La via dell'incertezza : una lettura scettica del *Parere sull'incertezza della medicina* di Lionardo di Capua », *Vita sociale e politica. Omaggio a Rosario Villari*, Milano, FrancoAngeli, 2007, p. 323-351 ; S. Mammola, « Teorie dell'incertezza medica : Sorbière e Di Capua », *La ragione e l'incertezza. Filosofia e medicina nella prima età moderna*, Milano, FrancoAngeli, 2012, p. 319-329 ; *Antonio Vallisneri : la figura, il contesto, le immagini storiografiche*, a cura di D. Generali, Firenze, Olschki, 2008.

médicale insensée et cruelle fondée sur des préjugés populaires soutenus par les théories fantaisistes et fausses de médecins avides et ambitieux qui n'hésitent pas à tirer profit de l'ignorance universelle sur le fonctionnement du corps humain.

Dans sa longue vie Pietro fait, personnellement et indirectement, expérience des infinis degrés de la douleur physique, mais aussi des faux principes et des procédés aberrants de la médecine moderne. Pour trois longues années, entre 1779 et 1781, il est forcé d'abandonner ses engagements intellectuels pour se dédier à son épouse adorée, la jeune Maria Castiglioni, une nièce épousée par le philosophe milanais en 1776. Maria tombe malade après trois années de mariage d'une tuberculose que les médecins diagnostiquent trop tard (car dans un premier temps on avait attribué les douleurs de Maria à une grossesse inattendue et prescrit des médicaments nuisibles) et Pietro est sur son lit de mort jusqu'au dernier moment. À partir du 22 février 1781 Verri tient un journal[6] où il annote de façon minutieuse tout ce qui concerne les conditions de sa femme : « les manifestations de la maladie, les moindres signes de reprise ou d'aggravation, la couleur de l'urine et des excréments, les médicaments administrés et leurs effets, comme dans la tentative de maîtriser et neutraliser – grâce à la froide observation scientifique – un malheur qui menace [de vaincre] sa résistance psychologique[7] ». Après la mort de Marietta, Pietro demande l'autopsie de sa femme (comme il avait fait après la mort de son petit fils Alessandro)[8] : la maladie, comme la naissance, lui permet de jeter un regard privilégié et direct sur le fonctionnement de la « machine humaine » et sur les manifestations de la douleur physique, tandis que la science médicale contemporaine, dans son domaine exclusif (l'anatomie), n'offre qu'un aperçu insuffisant sur des objets disséqués et morts[9].

La naissance, selon Pietro, est surtout une expérience de douleur : « Juste après l'accouchement – écrit-il dans ses *Pensées dangereuses à les*

6 P. Verri, « Carte attinenti alla malattia e morte seguita nella notte funesta che precedette il giorno 27 maggio 1781 alle ore 3.½ della adorabile mia Marietta », in *Id.*, « *Manoscritto* » *per Teresa*, a cura di G. Barbarisi, Milano, Serra e Riva Editori, 1983, p. 241-265 ; maintenant Edizionale nazionale delle opere di P. Verri, vol. V, *Scritti di argomento familiare e autobiografico*, a cura di G. Barbarisi, Roma, Edizioni di storia e letteratura, 2003, p. 455-470.

7 C. Capra, *I progressi della ragione. Vita di Pietro Verri*, Bologna, il Mulino, 2002, p. 474.

8 *Ibid.*, p. 475.

9 *Cf.* P. Verri, « La medicina », *Il Caffè*, f° XVIII, « *Il Caffè* ». *1764-1766*, a cura di G. Francioni e S. Romagnoli, Torino, Bollati Boringhieri, 1993, p. 201.

dire – ce morceau de chair est confié à la volonté despotique d'une sage-femme qui lui comprime le crâne à sa manière et parfois le rend par là idiot ou imbécile de façon irrémédiable » (*Nato appena, quel pezzo di carne si consegna al dispotico arbitrio d'una levatrice, la quale gli comprime il cranio a suo modo e talvolta lo rende con tutto ciò irrimediabilmente stolido o imbecille*[10]). Sa bien-aimée petite fille Teresa est observée de façon presque scientifique, par « un désir d'examiner de près les réactions d'un être pas encore doué de raison [de scruter] le développement de ses sensations, la première formation du langage[11] ». Mais, surtout, Pietro suit les progrès de Teresa afin de la protéger des premières douleurs corporelles. L'intérêt du savant pour la science médicale est donc enraciné dans la crainte de la douleur, mais se nourrit aussi d'une connaissance pas superficielle du domaine scientifique.

Élève au collège de Santa Caterina à Parme, le jeune Verri est influencé par les enseignements des pères jésuites qui accueillent les principes de la science newtonienne avec prudence pour les accorder à la pensée aristotélicienne et thomiste[12]. C'est à Parme que Pietro commence à se familiariser avec les questions scientifiques (atomisme, astronomie, phénomènes électrostatiques) et qu'il acquiert les rudiments des études médicales. Dans ce domaine – selon son biographe, Carlo Capra – il possédait des connaissances limitées, mais solides, comme le démontrent l'inventaire de sa bibliothèque, où se trouvaient plusieurs traités et œuvres divers de médecine pratique[13], et son écrit *Sur l'inoculation de la variole*[14], le dernier article publié par Verri sur *Il Caffè* (1766). Il y mentionne une série copieuse de médecins européens dont il avait lu et annoté les ouvrages (Hermann Boerhaave, Albrecht von Haller, Johann Theodor Eller, Richard Mead, James Kirkpatrick, Charles Maitland, William Sherard, Antoine Le Duc, Jean-Nicolas Millin, Charles-Marie

10 P. Verri, *Pensieri miei pericolosi a dirsi*, Edizionale nazionale delle opere di P. Verri, vol. V, *cit.*, p. 490-491.

11 C. Capra, *op. cit.*, p. 413.

12 *Cf.* S. Baia Curioni, *Per sconfiggere l'oblio. Saggi e documenti sulla formazione intellettuale di Pietro Verri*, Milano, FrancoAngeli, 1988, p. 37.

13 C. Capra, *op. cit.*, p. 228. *Cf.* aussi C. Capra, « Pietro Verri e il "genio della lettura" », *Per Marino Berengo. Studi degli allievi*, a cura di L. Antonielli, C. Capra e M. Infelise, Milano, FrancoAngeli, 2000, p. 637.

14 P. Verri, « Sull'innesto del vaiuolo », *Il Caffè*, f° IV-V-VI, *« Il Caffè ». 1764-1766, cit.*, p. 756-803. *Cf.* B. Fadda, *L'innesto del vaiolo. Un dibattito scientifico e culturale nell'Italia del Settecento*, Milano, FrancoAngeli, 1983.

de la Condamine, Giacomo Pilarini, Emanuel Timoni, Giovan Battista Tadini, Giovanni Maria Bicetti de' Buttinoni, Saverio Manetti, Giovanni Paolo Centenari). Pietro Verri, qui pouvait aussi lire le *Journal encyclopédique* de Pierre Rousseau dans la traduction italienne publiée à Lucca par l'imprimeur Giuntini et plus tard par Iacopo Giusti (1757-1760), accueillit, en particulier, la théorie du médecin Pietro Moscati, qui concevait la médecine comme une science empirique et phénoménologique fondée sur l'observation de l'individuel et du singulier[15].

Dans les années suivantes, Pietro est entouré de médecins avertis (parmi les autres, Alessandro Ludovico Laugier, Giuseppe Cicognini et Giuseppe Visconti di Saliceto). Avec eux il peut s'entretenir – à travers l'écriture épistolaire ou au cours des discussions animées par les Académiciens des Pugni – sur les questions scientifiques les plus débattues en Europe. C'est dans cette atmosphère amicale et presque familiale que Pietro engage ses premières batailles contre la fausse médecine et en faveur d'une science nouvelle qui « érige l'expérience en critère de connaissance[16] ». Il écrit une série de pamphlets, parmi lesquels *La raison masquée, La vérité masquée ou le Démocrite*[17], un autoportrait ironique, qui nous en dit beaucoup sur les opinions, les attitudes mentales et les aversions de cet intellectuel milanais d'âge moyen[18]. Verri se cache sous le sourire moqueur du premier philosophe atomiste grec pour s'éloigner d'une existence parsemée et empoisonnée – il écrit – « d'une série infinie de maladies, fièvre, podagre, migraine, coliques », mais surtout de « médecins, de casse-pieds et d'avocassiers » : il n'y a que la bonne humeur pour consoler et soulager le cœur humain[19].

Mais la bataille décisive a lieu sur son périodique, la revue philosophique *Il Caffè* distribuée à Milan de 1764 à 1766, mais imprimée, à

15 *Cf.* S. Contarini, « Nota introduttiva », Edizione nazionale delle opere di P. Verri, vol. III, *I « Discorsi » e altri scritti degli anni Settanta*, a cura di G. Panizza, in collaborazione con S. Contarini, G. Francioni, S. Rosini, Roma, Edizioni di storia e letteratura, 2004, p. 37.

16 R. Abbrugiati, « Les Lumières milanaises et la naissance des sciences humaines », *Naissance de la science dans l'Italie antique et moderne, Actes du colloque franco-italien des 1er et 2 décembre 2000*, éds. L. De Poli et Y. Lehmann, Berne, Peter Lang, 2004, p. 280.

17 Pour la datation de ce pamphlet inédit *cf.* C. Capra, *op. cit.*, p. 215.

18 *Ibid.*, p. 218.

19 « *Il breve corso di vita che è dato al uomo di passare su questa terra è avvelenato da una serie infinita di mali, febbre, podagra, mal di capo, colica, pietra, astima, medici, seccatori, legulei, oh cielo che robba ! un po' di buon umore è una consolazione e un balsamo che va al cuore…* » (cité par C. Capra, *op. cit.*, p. 217).

cause de la censure autrichienne, dans la ville de Brescia par Giammaria Rizzardi. Le projet ambitieux de Verri et de ses collègues est de lutter contre les préjugés, de diffuser des idées nouvelles, des règles de goût et de mœurs afin de mettre en place des réformes sociales et politiques en tant que fonctionnaires de la bureaucratie lombarde. Il s'adresse donc à l'auditoire sélectionné des responsables de la chose publique. Les articles sur les médecins publiés par Verri sur la revue milanaise – comme la tirade satirique contre les médecins *polsisti* (les charlatans qui feignent de déduire les causes des douleurs physiques et même d'en deviner les degrés simplement en mesurant le pouls[20]) constituent par ailleurs les matériaux préparatoires des deux traités inspirés à l'esprit de géométrie argumentative des écoles philosophiques française et anglaise : le *Discours sur la nature du plaisir et de la douleur* (1781), un remaniement de ses *Idee sull'indole del piacere* (1773), et les *Observations sur la torture.*

À travers le *Discours*, Pietro Verri essaie ambitieusement de s'insérer dans le vaste débat européen sur la nature de la sensibilité en témoignant d'un changement éthique et culturel produit par la laïcisation de la pensée scientifique[21]. Le comte milanais vise à rejeter les théories courantes de Wolff, Sulzer et surtout de Descartes, qui pose le plaisir « dans notre conscience de quelque perfection », mais aussi la définition en quelque sorte tautologique de Maupertuis contenue dans l'*Essai de philosophie morale* : le plaisir consiste dans « toute perception que l'âme aime mieux éprouver que ne pas éprouver[22] », « énonciation aussi évidente qu'inutile » (*asserzione egualmente evidente quanto superflua*[23]). Maupertuis reste néanmoins l'autorité principale, avec Hélvetius et Locke, en ce qui concerne l'idée d'une supériorité de la douleur sur le plaisir dans la vie humaine.

---

20 P. Verri, « Lettera d'un medico polsista », *Il Caffè*, f° I, *« Il Caffè ». 1764-1766*, *cit.*, p. 350-351.

21 Sur les sources de P. Verri *cf.* S. Contarini, « Nota introduttiva », *cit.*, p. 25-61 ; à propos du contexte européen *cf.* le chap. 5 de R. Rey, *Histoire de la douleur*, Paris, Édition La Découverte, 1993.

22 P.-L. M. de Maupertius, *Essai de philosophie morale*, *Œuvres de Maupertuis*, nuovelle édition corrigée et augmentée, Lyon, Jean-Marie Bruyset, 1768, tome I, p. 193. *Cf.* C. Rosso, « La triste felicità di Maupertuis e i suoi echi in Italia », *Illuminismo, felicità, dolore. Miti e ideologie francesi*, Napoli, Edizioni scientifiche italiane, 1969, p. 27-41 ; F. Verde, *La polemica in Italia sul* Saggio di filosofia morale *di Maupertuis*, Firenze, Polistampa, 2013. Sur la présence de Maupertuis dans la pensée de Verri en particulier, *cf.* S. Contarini, « Nota introduttiva », *cit.* p. 31-46.

23 P. Verri, *Discorso sull'indole del piacere e del dolore*, Edizione nazionale delle opere di P. Verri, vol. III, *cit.*, p. 68.

Pietro Verri essaie d'approfondir et réviser aussi les idées de John Locke, dont il a lu l'essai *On Human Understanding* dans la traduction française par Pierre Coste publiée à Paris en 1755 sous le titre *Essai philosophique concernant l'entendement humain*. Selon le philosophe anglais, le plaisir et la douleur « sont les pivots sur lesquels roulent toutes nos Passions[24] ». Ces deux concepts simples ne sont définissables que de façon indirecte : « Nous nommons BIEN, tout ce qui est *propre à produire & à augmenter le plaisir en nous, ou à diminuer & abréger la douleur* ; ou bien, *à nous procurer ou conserver la possession de tout autre Bien, ou l'absence de quelque Mal que ce soit.* Au contraire nous appelons MAL, ce qui est *propre à produire ou à augmenter en nous quelque douleur, ou à diminuer quelque plaisir que ce soit*[25] ». Loin de toute solution optimiste, Verri finit par appuyer sa pensée sur les argumentations de Locke en reconnaissant que c'est à l'*inquiétude* de régler le rapport entre plaisir et douleur (corporelle et morale) afin de stimuler toute action humaine, car « l'*Inquiétude* est le principal, pour ne pas dire le seul aiguillon qui excite l'industrie & l'activité des Hommes[26] » (une idée que Verri pouvait partager avec Henry Lloyd et que son ami anglais formulera dans son *Essai sur l'homme*[27]). Mais ensuite le penseur milanais essaie d'établir une relation étroite, ou mieux d'intégrer la douleur physique dans la dimension morale et psychique de la vie humaine ; la mémoire (le souvenir d'une douleur déjà éprouvée) peut produire un accroissement de la douleur même, une sensation intensifiée par l'ignorance des lois qui règlent le fonctionnement du corps :

> *Quando un ferro rovente a caso si accosti alle mie membra, risento un dolor fisico : so che allora ivi si lacera e si scompone la mia macchina : so che risento dolore ; ma qual relazione abbiano questa lacerazione e questo scompaginamento colla mia sensazione del dolore, non lo so. Se non intendo questa relazione, se non distinguo gli anelli di*

---

24 J. Locke, *Essai philosophique concernant l'entendement humain, ou l'on montre quelle est l'entendue de nos connoissances certaines, et la manière dont nous y parvenons*, traduit de l'anglois par M. Coste, Amsterdam et Leipzig, J. Schreuder & Pierre Mortier le Jeune, 1755, p. 176.

25 *Ibid.*

26 *Ibid.*, p. 177. *Cf.* aussi les lettres de P. Verri à son frère Alessandro, où il expose le noyau essentiel de sa théorie sur le plaisir comme négation et cessation instantanée de la douleur (G. Francioni, « Metamorfosi della felicità. Dalle *Meditazioni* del 1763 al *Discorso* del 1781 », *Pietro Verri e il suo tempo*, actes du colloque, Milan, 9-11 octobre 1997, Bologna, Cisalpino, 1999, p. 376).

27 Et *cf.* R. Rey, *op. cit.*, p. 137 : « C'est dans la stricte mesure où la douleur peut réveiller ou stimuler des forces vitales affaiblies ou endormies qu'on pourra parler d'utilité de la douleur ».

quella catena che unisce la fisica lacerazione colla sensazione dolorosa, quantunque una delle due estremità sia da me conosciuta, come mai spererò di conoscere e distinguere gli anelli di quell'altra catena, che comincia dall'immagine presentata dalla memoria e termina alla sensazione ?

« Lorsqu'on approche un fer chaud de mon corps, je ressens une douleur physique : je sais que ma machine va être déchirée et décomposée ; je sais que je vais ressentir la douleur ; mais quelle relation intervient-elle entre cette déchirure et cette décomposition et ma sensation douloureuse ? Je ne sais pas. Si je ne comprends pas cette relation, si je ne peux pas distinguer les maillons de la chaîne qui unit le déchirement à la sensation douloureuse, même si je connais une des deux extrémités, comment espérer de connaître et distinguer les maillons de l'autre chaîne qui commence par l'image présentée par la mémoire et finit avec la sensation[28] ? »

Chez Verri la mémoire agit en nous comme la fantaisie : elle fournit les images des douleurs futures. La sensation imaginée peut se manifester physiquement avant que la douleur ne se produise dans le corps : « la pâleur, la respiration haletante, le battement impétueux des artères, le tremblement des membres, la turbidité des yeux » peuvent accompagner « la seule appréhension du mal sans aucune action physique extérieure » (*Il pallore, l'ansietà del respiro, il precipitoso battere delle arterie, il tremore delle membra, la torbidezza dello sguardo [...] accompagnano la sola viva apprensione del male senza alcuna fisica azione esterna*[29]).

Au fond, la réflexion de Verri n'aboutit à des résultats originaux que dans sa thèse principale, qui repose sur la pensée sensiste : le plaisir est produit uniquement par une cessation instantanée de la douleur et, par

28 P. Verri, *Discorso sull'indole del piacere e del dolore*, *cit.*, p. 97. Pietro Verri accorde à la mémoire une fonction prioritaire à la suite de Rousseau (*Nouvelle Héloïse* et *Confessions*) ; l'imagination et le *pathos* viennent ainsi prendre leur revanche sur « l'opération mécanique de Condillac [...] en réaffirmant la nature complexe des sensations » (S. Contarini, « Nota introduttiva », *cit.*, p. 42). Je retrouve une notion semblable chez D. Diderot, *Jaques le fataliste et son maître*, préface, notes et annexes par P. Chartier, Paris, LGP, 2000, p. 61 : « Il cherchait à faire concevoir à son maître que le mot douleur était sans idée, et qu'il ne commençait à signifier quelque chose qu'au moment où il rappelait à notre mémoire une sensation que nous avions éprouvée ». Sur les phénomènes de sympathie dans l'organisme par rapport à la mémoire chez Diderot *cf.* J. Proust (« Source et portée de la théorie de la sensibilité généralisée dans *Le Rêve d'Alembert* », *La quête du bonheur et l'expression de la douleur dans la littérature et la pensée françaises, Mélanges offerts à Corrado Rosso*, édités par C. Biondi *et alii*, Genève, Droz, 1995, p. 429-438) qui signale « une conception globale de l'homme, corps et âme constituant une unité sensible, inséparable de son environnement naturel ».

29 P. Verri, *Discorso sull'indole del piacere e del dolore*, *cit.*, p. 98.

conséquent, on lui nie toute existence positive et autonome[30]. Au contraire, la souffrance est envisagée comme énergie négative, mais nécessaire : elle amène les hommes à la formulation d'un contrat social fondé sur le statut universel de la douleur physique[31]. Il n'y a pas d'hommes ou de femmes parfaitement saines, car chaque corps cache des défauts invisibles (des douleurs « inconnues » et « innommables[32] ») qui expliquent, néanmoins, le phénomène des souffrances intimes auxquelles répondent les plaisirs de l'imagination littéraire et artistique.

Dans son *Discours* Verri adopte une approche empiriste et utilitariste qu'on retrouvera dans le traité sur la torture. Mais si les questions générales abordées dans l'exposée sur la nature de la douleur lui permettent d'évoquer les pages de son expérience intellectuelle et personnelle (il fait référence, par exemple, à la souffrance profonde, mais lente prouvée par un homme qui perd un ami ou sa femme), dans les *Observations sur la torture* il procède de manière inductive, à partir d'une réécriture fidèle (bien que passée au crible de la raison des Lumières et parsemée des véhémentes expressions d'indignation du philosophe) du procès-verbal concernant la condamnation et l'exécution de Gian Giacomo Mora et de Guglielmo Piazza, deux citoyens milanais accusés en 1630 d'avoir propagé la peste. Il s'agit d'exhumer une page honteuse de l'histoire italienne qui témoigne d'une cruauté que Verri ne peut dire complètement éteinte : les deux supposés *untori* (propagateurs de peste) avaient été torturés et égorgés sur la place publique et une *Colonna Infame* bâtie sur la maison abattue de Mora afin de garder un souvenir éternel du crime. « Quant à moi – Verri écrit –, je crois que, de nos jours, la procédure criminelle est régie par les mêmes livres qu'en 1630 » (*Io però credo che al giorno d'oggi la pratica criminale sia diretta da quei medesimi libri che si consultavano nel 1630*[33]).

30 F. Fido, « L'Illuminismo centro-settentrionale e lombardo. Pietro e Alessandro Verri. Cesare Beccaria », *Storia della letteratura italiana*, dir. E. Malato, vol. VI, *Il Settecento*, Roma, Salerno Editrice, 1998, p. 517. Mais *cf.* aussi S. Contarini, « Nota introduttiva », *cit.*, p. 28.

31 Sur le « contractualisme modéré » de Pietro Verri, inspiré par Hélvetius et Locke plutôt que par Rousseau *cf.* G. Francioni, *op. cit.*, p. 368-369.

32 « *e sono questi* dolori innominati, *dolori non forti, non decisi, ma che ci rendono addolorati senza darci una idea locale di dolore, e formano vagamente sì, ma realmente il nostro mal essere, l'*uneasiness, *conosciuta dal pensatore Giovanni Locke* » (P. Verri, *Discorso sull'indole del piacere e del dolore*, *cit.*, p. 107).

33 P. Verri, *Osservazioni sulla tortura e singolarmente sugli effetti che produsse all'occasione delle unzioni malefiche alle quali si attribuì la pestilenza che devastò Milano l'anno 1630*, Edizione

le leggi, le pratiche sotto le quali viviamo sono le stesse, siccome ho detto, ed altro non manca per ripetere le stesse crudeltà se non che ritornassero de' giudici simili a quelli d'allora. Si adopera attualmente per tortura la lussazione dell'osso dell'omero, si adopera talvolta il fuoco ai piedi, crudeli operazioni per se stesse ; ma nessuna legge limita la crudeltà a questi due modi[34].

« les lois et les coutumes dont nous dépendons sont inchangées et il ne manque, pour que se répètent les mêmes cruautés, que des juges semblables à ceux de cette époque. On recourt actuellement, dans la torture, à la luxation de l'humérus ou, parfois, au feu sous la plante des pieds ; se sont là deux opérations cruelles, mais aucune loi ne limite la férocité à ces deux seules méthodes[35]. »

Verri, qui avait fait allusion au sujet dans des ouvrages précédents, comme l'écrit satirique *Mal di milza* (*Mal de rate*, 1764), l'*Orazione panegirica sulla giurisprudenza milanese* (*Oraison panégyrique sur la jurisprudence milanaise*, 1763), les *Considerazioni sul Commercio dello Stato di Milano* (*Considérations sur le Commerce de l'État de Milan*, 1763) et ses *Memorie sulla pubblica economia* (*Mémoires sur l'économie politique*, 1768), reprend le «*foglio, anzi lenzuolo*» (la feuille, ou bien le drap) sur lequel il avait annoté ses réflexions sur la torture au temps de l'écriture du traité *Des délits et des peines* par son ami Cesare Beccaria. Mais pourquoi reprendre un sujet si largement traité par ses contemporains ? Il est peut-être sollicité par l'histoire récente (1775) de Carlo Sala, un voleur sacrilège qui, soumis à la torture, n'avait pas confessé ses délits. Pietro Verri est inspiré aussi par le décret de Marie-Thérèse d'Autriche (2 janvier 1776) qui impose l'abolition de la torture dans les états héréditaires et par la réaction du Sénat de Milan représenté par son père, Gabriele Verri, qui dans la consulte du 19 avril avait rendu un avis défavorable et fait une « apologie de la torture » (*il Senato in nome del quale mio Padre ha fatto l'apologia della tortura*[36]).

Rédigé à partir du mois de janvier 1777, le 9 avril le manuscrit des *Observations* est envoyé par Pietro à son frère Alessandro, qui lit le texte comme « une très noble tragédie » et se dit ému jusqu'au dégoût et aux

nazionale delle opere di P. Verri, vol. VI, *op. cit.*, p. 94 et traduction française in P. Verri, *Observations sur la torture et notamment sur les conséquences à l'occasion des onctions maléfiques auxquelles fut attribuée l'épidémie de peste qui ravagea Milan en 1630*, traduit de l'italien par F. Bouchard, Paris, Éditions Viviane Hamy, 1992, p. 93.

34 P. Verri, *Osservazioni sulla tortura op. cit.*, p. 95.

35 P. Verri, *Observations sur la torture*, *op. cit.*, p. 94.

36 P. Verri, *Notizie intorno la vita di vostra madre*, Edizione nazionale delle opere di P. Verri, vol. V, *cit.*, p. 294-295.

tourments. Mais le conseil d'Alessandro est de ne pas publier le traité. En effet, Pietro renonce à la publication à cause des rapports assez troublés avec son père et surtout afin de ne pas s'aliéner le Sénat milanais[37]. Les *Observations* demeurent donc inédites : elles sont publiées en 1804 dans une édition assez infidèle par Pietro Custodi[38].

Si l'histoire de Mora et Piazza – que Verri se propose d'« exposer fidèlement au lecteur » (*porre esattamente sott'occhio al lettore*) en « transcrivant l'intégralité du procès-verbal » (*strascrivere tutto il processo*)[39] – vise à illustrer une époque dominée par « l'atroce fanatisme » des juges, par l'ignorance et la superstition, du point de vue argumentatif l'idée centrale du traité (la torture n'est pas un moyen de connaître la vérité) repose sur les prémisses utilitaristes au cœur du *Discours sur la nature du plaisir et de la douleur* : le sentiment qui « naît chez l'homme sujet à la douleur » (*il sentimento che nasce nell'uomo allorquando soffre un dolore*)[40] est toujours le même :

> *Questo sentimento è il desiderio che il dolore cessi. Più sarà violento lo strazio, tanto più sarà violento il desiderio e l'impazienza di essere al fine. Quale è il mezzo, col quale un uomo torturato può accellerare il termine dello spasimo ? Col asserirsi reo del delitto su di cui viene ricercato. Ma è egli la verità che il torturato abbia commesso il delitto ? Se la verità è nota, inutilmente lo tormentiamo ; se la verità è dubbia, forse il torturato è innocente, e il torturato innocente è spinto egualmente come il reo ad accusare se stesso del delitto.*

> « Ce sentiment, c'est le désir que cesse cette douleur. Plus la souffrance sera violente et plus le désir et l'impatience d'en finir seront pressants. Par quel moyen un homme mis à la torture peut-il provoquer la fin de ses tourments ? En se déclarant coupable du crime à cause duquel on l'interroge. Mais est-il vrai que le patient a commis le crime ? Si la vérité est connue, on le tourmente en vain ; si la vérité est douteuse, il se peut que le patient soit innocent, mais, tout comme le coupable, il est tout de même poussé à s'accuser de ce crime[41]. »

---

37 *Cf.* C. Cordier, « *Le osservazioni sulla tortura* di Pietro Verri », *Symposium*, vol. IV, n° 2 (novembre 1950), p. 304-324.

38 Le traité sur la torture est publié avec les inédites *Memorie storiche sull'economia pubblica dello Stato di Milano* et d'autres écrits économiques par P. Verri dans le recueil *Scrittori classici italiani di economia politica. Parte moderna*, vol. XVII, Milano, nella stamperia e fonderia di G. G. Destefanis a S. Zeno, 1804, p. 191-312.

39 P. Verri, *Osservazioni sulla tortura*, *op. cit.*, p. 88 : « Se volessi porre esattamente sott'occhio al lettore la scena degli orrori metodicamente praticati in quella occasione dovrei trascrivere tutto il processo ». Traduction française dans P. Verri, *Observations sur la torture*, *op. cit.*, p. 85.

40 P. Verri, *Osservazioni sulla tortura*, *op. cit.*, p. 105. Traduction française P. Verri, *Observations*, *op. cit.*, p. 103.

41 *Ibid.*

Dans les *Observations* on ne trouvera pas de raisonnements sur la notion de douleur ; les idées du *Discours sur le plaisir* constituent néanmoins le cadre épistémologique implicite. Dans l'histoire de Piazza e Mora on ne peut pas retracer, d'autre part, le contraire positif de la douleur (le plaisir) à utiliser comme terme de comparaison pour mesurer la portée et définir l'essence intime des tourments auxquels les propagateurs de peste sont soumis. L'atrocité perverse et acharnée des juges et des tortionnaires, un sentiment qui demeure hors d'explication, car il transcende la nature humaine, est opposée à l'horreur des lecteurs et de l'écrivain même :

> *Soffoco violentemente la natura [...] La scena è crudelissima, la mia mano la strascrive a stento ; ma se il raccapriccio che io ne provo gioverà a risparmiare anche una sola vittima, se una sola tortura di meno si darà in grazia dell'orrore che pongo sotto gli occhi, sarà ben impiegato il doloroso sentimento che provo, e la speranza di ottenerlo mi ricompensa*[42].
>
> « Je ferai violence à la nature [...] La scène est atroce, ma main peine à écrire ; mais si l'horreur qui me taraude permet de sauvegarder une seule victime, si l'abomination que j'expose épargne une seule torture à quelqu'un, le sentiment douloureux que j'éprouve aura été employé à bon escient et l'espoir d'arriver à cette fin me remplit d'aise[43]. »

La « répulsion naturelle que l'idée de torture éveille chez les hommes » (*il ribrezzo, che ogni cuore sensibile prova colla sola immaginazione del tormento*[44]) s'accompagne du sentiment d'empathie suscité par la mémoire et l'imagination que Verri avait déjà décrit dans ses *Meditazioni sulla felicità* :

> *Qualunque volta a un uomo cui sia noto che sia dolore si presenti la vista d'un essere sensibile addolorato, per quella segreta connessione che passa fra l'azione degli oggetti esterni e le sensazioni nostre [...] l'animo nostro sente parte di quel dolore, e più lo risente e più è spinto a procurare la cessazione della miseria in quell'oggetto [...] Questo è il sentimento morale, che nasce [...] da una associazione d'idee semplici che per analogia chiamerei moto curvilineo della umana sensibilità.*
>
> « À chaque fois que le spectacle d'un être sensible soumis à la douleur se présente à la vue d'un homme qui en a fait l'expérience, en raison du lien secret entre l'action des objets extérieurs et nos sensations [...] notre âme ressent une partie de cette souffrance, et plus elle la ressent et plus elle est

42 P. Verri, *Osservazioni sulla tortura*, p. 82.
43 Traduction française, p. 73.
44 *Ibid.*, p. 94 ; traduction française, p. 94.

poussée à faire cesser la misère de cet objet [...] Cela est le sentiment moral engendré par une association d'idées simples que par analogie je nommerais mouvement curviligne de la sensibilité humaine[45]. »

La théorie de la douleur vient ainsi constituer chez Verri le fondement de son système éthique, la voie directe pour aborder « les questions radicales du rapport entre raison et instinct, vertu et morale, droit et justice, dans la dialectique des intérêts individuels et collectifs[46] ». D'autre part, le cas des *untori* montre la validité des hypothèses du *Discours sur le plaisir* : dans l'exposé des tourments infligés à Mora et Piazza on peut envisager une échelle d'intensité décrivant la parabole physiologique de la douleur[47] ; à partir d'un état d'irritation, on aboutit à l'anéantissement de l'identité ou à la mort corporelle de l'individu. Il n'y a pas d'alternatives : les accusés sont soumis à des séries réitérées de tourments afin de les forcer à redéfinir leur vérité (et leur identité) selon la fable perverse proposée par les juges.

Ce qui peut étonner aujourd'hui dans la lecture de ce traité – par ailleurs passionné et engageant – est le manque d'élan narratif ou de verve romanesque, qualités qu'on retrouve dans les œuvres consacrées au même sujet par d'autres auteurs de l'époque et qu'on retrouvera dans le chef-d'œuvre d'Alessandro Manzoni, *Les fiancées* (sa *Storia della colonna infame* est autre chose). Au siècle de la volupté des larmes Pietro Verri semble préférer la noblesse du silence. D'autre part, en se référant au « roman[48] », au conte

45 P. Verri, *Meditazioni sulla felicità* (1763), Milano, Galeazzi, 1766, p. 89. Sur les *Meditazioni* *cf.* R. Steiner, « Le "Meditazioni sulla felicità" e il significato della loro doppia redazione nel pensiero di Pietro Verri », *Giornale storico della letteratura italiana*, CXLIV, 1967, p. 368-419 ; E. Sala Di Felice, *Felicità e morale in Pietro Verri*, Padova, Liviana, 1970, p. 127-205 ; G. Francioni, *op. cit.*, p. 353-427, en particulier p. 398-399 : en envisageant la compassion comme un « mouvement spontané de l'âme antérieur à l'emploi de la raison et de la réflexion », Pietro Verri développe l'idée de *pitié naturelle* qu'on retrouve chez Rousseau (*Émile*, liv. IV). Traduction personnelle.

46 S. Contarini, « Nota introduttiva », *op. cit.*, p. 26.

47 Pietro Verri dessine une échelle de la douleur qui renvoie à l'article *Douleur (Médecine)* par Arnulphe d'Aumont, dans le tome 5, p. 82-87, de l'*Encyclopédie* (1re éd., 1751).

48 *Cf.* P. Verri, *Osservazioni sulla tortura*, *op. cit.* : p. 59 : « *il principio del romanzo* » (P. Verri, *Observations sur la torture*, *op. cit.*, p. 42 : « le début de ce conte ») ; p. 65 : « *un romanzo più tristo e più assurdo* » (p. 50 : « une fable plus saugrenue et plus absurde ») ; p. 66 : « *il funesto romanzo* » (p. 51 : « cette sinistre fable ») ; p. 67 : « *questo secondo romanzo contradittorio del primo* » (p. 52 : « cette seconde fable [...] en contradiction avec la première ») ; p. 68 : « *a forza di tormenti e di minacce si è trovato modo di far coincidere i due romanzi* » (p. 53 : « à force de tourments et de menaces, on a réussi à faire en sorte que ces deux fables

invraisemblable[49], aux fables « extorquées sous la torture aux malheureux Piazza e Mora[50] », le comte milanais vient stigmatiser la torture comme un récit fictif et menteur centré sur un seul élément réel et universel : la douleur physique.

Marco SIRTORI
Università degli Studi di Bergamo

coïncident ») ; p. 75 : « *Si forzò a comporre un romanzo e nominare altri rei* » (p. 63 : « On le forçait à raconter une fable et à nommer d'autres coupables ») ; p. 78 : « *con un romanzo di accuse* » (p. 67 : « des accusations fantaisistes ») ; p. 79 : « *il sugo de' romanzi forzatamente creati colla tortura* » (p. 68 : « la substance des fables engendrées sous l'effet de la torture »).

49 *Ibid.*, p. 75-76 : « *una storia lunghissima e sommamente inverosimile* » (p. 63 : « une histoire interminable et parfaitement invraisemblable »).

50 *Ibid.*, p. 88 : « *tutte queste assurde proposizioni emanate dal forzato romanzo che la insistenza degli spasimi fece concertare fra i miseri* Piazza e Mora » (p. 85 : « toutes ces absurdes conjectures avaient pour origine les fables qu'on avait extorquées sous la torture aux malheureux Piazza et Mora »).

JEAN-FRÉDÉRIC OBERLIN (1740-1826) ET SON COMBAT CONTRE MISÈRE ET SOUFFRANCE AU XVIIIe SIÈCLE

Du rapport paradoxal entre science et théologie

Germanique de naissance et latin d'adoption, sensible tout à la fois à l'*Aufklärung* et aux Lumières, résolument tourné vers l'Europe, curieux des développements de la pensée scientifique rationnelle autant que des expériences mystiques de la foi chrétienne, pasteur, pédagogue, animateur rural, Jean-Frédéric Oberlin (1740-1826) tente de concilier, tout au long de son ministère au Ban de la Roche, différents champs de savoir et d'activité apparemment très éloignés les uns des autres.

Au fil des *Annales du Ban de la Roche*, sorte de journal de bord qu'il tient, avec plus ou moins de régularité, entre 1770 et 1822, la situation sociale des habitants de sa paroisse est décrite avec une grande minutie. Tout à la fois chroniqueur, historien, anthropologue, témoin et acteur, il dénonce les conditions de vie peu enviables de ses contemporains. L'organisation même des *Annales* atteste d'une volonté de transmettre aux générations futures, sans affrètement littéraire, le quotidien de ces gens ordinaires, « sans histoire ».

S'il est un terme qui domine les 272 pages de cette chronique, c'est bien celui d'une effroyable misère, source de tous les maux, mais aussi paradoxalement, principale cause de l'attachement indéfectible d'Oberlin à ce petit peuple oublié :

> Christ. Caquelin, pauvre homme avait semé du seigle, qui périt l'hiver passé, il y faut maintenant des pommes de terre. Il devait semer de l'avoine dans un autre champ, il en avait préparé et réservé la semence, mais son fils ayant cassé sa jambe, le cheval du chirurgien la lui mangea (sic !), outre les autres dépenses. Maintenant il n'a plus ni semence, ni argent, ni crédit. Il faut payer sur le bien, et n'en rien tirer ? Cela est dur. Le pauvre homme est aux abois, il ne sait où donner de la tête. Il promet de donner 1 boisseau d'intérêt pour

> deux boisseaux d'emprunt. Agirait en barbare, qui l'accepterait. J'espère bien lui en procurer sans intérêt[1].

Témoin « immergé volontaire » dans cet environnement hostile, le pasteur de Waldersbach prend la plume pour dénoncer les abus de toutes sortes, particulièrement l'incompétence et le mépris des autorités locales pour les habitants de la vallée. Indifférentes aux maux qui les rongent, elles renforcent le sentiment ambiant de fatalité et d'abandon en outrepassant leurs droits.

Prendre soin du corps pour espérer élever l'âme... Combattre la misère sous toutes ses formes, pour rendre à l'homme dignité et sens de l'honneur... Faire de la science une arme pour lutter contre le poids de l'ignorance et des préjugés... Un récit intitulé « Les trois prétendues morts revivifiées. Juliette Spendler, Marie-Paisible Scheidecker et Concorde Caquelin » extrait des *Annales* (1786)[2], nous paraît exemplaire de ce combat engagé au service de la vie. C'est particulièrement le cas de Concorde Caquelin qui a retenu notre attention. Oberlin en donne, dans ses *Annales*, une première version courte en allemand le 18 janvier 1786 (p. 162-166), soit le lendemain même de l'accident, sous forme de copie d'une lettre adressée à sa mère (*Liebe Mamma !*) avec l'annotation « Conc. Caq. noyée et rétablie. » Par l'intermédiaire de Madame Oberlin, le récit a dû parvenir jusqu'aux oreilles du Professeur Ehrmann, à Strasbourg, qui réclame plus de détails. Le 27 janvier 1786, Oberlin produit donc un second compte-rendu du cas Caquelin, plus exhaustif et en français cette fois, à l'intention de son interlocuteur strasbourgeois (p. 167-176) :

> Je viens à la troisième. C'est Concorde Caquelin de Waldersbach, enfant de onze ans, qui le 17 janvier fut emportée par l'eau et le bois de flotte, resta au-delà d'un quart d'heure sous l'eau, fut retirée pour morte... et vit actuellement. Mais vous aimez les détails de pareilles choses. Les voici : [...][3]

La première partie du récit nous invite à entrer dans l'intimité du cabinet de travail d'un pasteur polyvalent, qui s'investit « corps et âme » au service du bien public :

1 Jean-Frédéric Oberlin, *Annales du Ban de la Roche*, 1770, Walrdersbach, Musée Oberlin, p. 1.
2 *Ibid.*, p. 167-176.
3 *Ibid.*

> Mercredi 17 janvier 1786, le soir, étant occupé à la 50e ou 100e de toutes les choses que je trouve à faire dans ma pauvre et grande paroisse, et m'y applique de corps et d'âme, me proposant d'achever avant la nuit, mes yeux virent bien que contre coutume, il passait beaucoup de monde devant mes vitres. J'entendis bien aussi un bruit confus dans l'air. Mais je n'eus pas le temps d'y faire la moindre attention et proprement mon âme ne vit et n'aperçut que mon travail. Vous savez Monsieur, de combien de métiers qu'il me faut être ici[4].

Survient l'annonce de l'accident. Il est alors frappant de constater de quelle manière l'homme de réflexion (celui du « haut » ?), absorbé par son travail, se mue instantanément en homme d'action (celui du « bas »), pour lequel chaque seconde compte. Indifférent aux commentaires fatalistes de la foule, Oberlin le secouriste « vole » à la rescousse de la vie. Sans perdre son sang-froid, il pense à faire prévenir Sébastien Scheidecker, ce qui montre à quel point la présence du maître d'école, alors à Bellefosse, est devenue essentielle dans pareille situation :

> Une servante entre (elle a de la peine à me tirer de ma distraction ou recueillement !) en me disant : « l'officier Claude Caquelin vous fait prier de venir chez lui, sa fille est tombée dans le ru, elle s'est noyée… » Je reviens à moi – je pars – je vole – une longue suite de monde, tous les gens du haut et du moyen village revinrent déjà, ils avaient déjà vu la pauvre jumelle noyée. « C'en est fait, Monsieur ! » s'écria-t-on de toutes parts, « elle n'est que trop morte etc. » Attentif à rien, je poursuis ma course. En passant devant la maison du brave Gros Colas, ou Nicolas Neuvillers, je prie son fils de se chausser, de courir appeler Sébastien Scheidecker, maître d'école de Bellefosse, qui demeure à une bonne demi-lieue de Waldersbach, en montant toujours[5]…

Arrivé sur les lieux du drame, le pasteur secouriste va devoir affronter l'incrédulité d'une foule résignée, spectatrice de la mort. Cette scène nous semble particulièrement caractéristique de son comportement en général : dans un premier mouvement, il vitupère, s'emporte contre l'inertie et s'entête à croire qu'il peut retenir par un fil cette vie qui s'en va. Mais dans un second mouvement, il excuse auprès de son interlocuteur le manque de réactivité de ces gens, qui, mangés par la misère, sont dans l'impossibilité de lui fournir ce qu'il réclame. Il profite de son récit pour rappeler à cet égard aux Strasbourgeois combien l'indigence de leurs coreligionnaires du Ban de la Roche réclame leur soutien :

---

4 Jean-Frédéric Oberlin, *op. cit.*, p. 167 *sq.*

5 *Ibid.*

> J'arrive à la maison – je fends la presse[6], j'entre au poêle ; je cherche la noyée, je demande après – on ne me voit pas et ne m'entend pas, il faisait sombre et le poêle et les avenues étaient remplies de monde, comme un boisseau de grain. La mère, les tantes, les sœurs etc. remplirent l'air d'horribles cris. Je trouve l'enfant dans les mains d'une voisine occupée à la déshabiller – je m'y joins – spectacle hideux qu'un noyé – nous arrachons les haillons de dessus ce corps glacé ; en y travaillant je demande des cendres chaudes – personne ni entend, ni remue, tout crie, tout hurle – j'entre en colère factice – je frappe du pied, je crie comme un marinier, je gronde les pleureuses et je menace de battre tout le monde si on ne se tait – l'enfant est déshabillée – je la jette sur le lit : « de la flanelle ! » m'écriais-je « du drap ! Étoffe de laine ! »... Rien ne vient. J'avais tort et j'avais oublié que nos pauvres gens sont trop heureux quand ils ont assez de toile pour se couvrir, malgré le froid du climat, que bien des gens pour aller à la sainte Cène sont obligés d'emprunter une chemise – que c'est par les aumônes de leur gracieux Seigneur Monsieur le baron de Dietrich, que je leur ai procuré des gilets de *Halbline*, ou droguet. Tout cela je l'avais oublié.
>
> Mais voici un vieux bas de laine, qu'on me présente. Plein de joie je commence à frotter le corps roide – il nous vient un vieux bonnet de laine – quelque temps après un bas [...] Nous sommes trois à frotter, c'est tout ce qui se pût, il n'y eut de place que pour trois. Ne dites pas, Monsieur « il aurait fallu avancer le bois de lit » – non Monsieur, dans ce pays où les deux tiers sont sans pain, où on ne peut pas payer le sel, où tout le fruit du travail n'est pas pour l'ouvrier, où les rentes servent à payer des dettes héritées des ancêtres, les deniers à payer, les faux-frais etc. etc. sont au-delà de ce que l'application toute nue des vieux et des jeunes, jusqu'aux enfants de trois ans peut gagner, où il ne s'agit que de se sauver des mains du sergent exploitant... dans ce pays la nourriture et les meubles doivent être misérables – les bois de lits pourris, raccommodés, pièces contre pièces, gardez-vous de les remuer, ils se briseraient par éclats[7] !

Suit le récit détaillé et passionné d'un sauvetage, pendant lequel Oberlin se trouve progressivement des alliés, qui commencent à le croire. Force de l'exemple, précision et justification des gestes. La description de la noyée devient clinique[8] :

> Tout en frottant, j'insistais à demander des cendres chaudes – par bonheur la brave Sophie Bernard, fille de l'Ancien, se trouvait parmi la troupe. Sensible,

6 Foule, multitude de personnes qui se pressent les unes contre les autres. Napoléon Landais, *Dictionnaire général et grammatical des dictionnaires français*, Paris, Bureau central des dictionnaires, 1836, p. 440.

7 Jean-Frédéric Oberlin, *op. cit.*, p. 167 *sqq.*

8 Au sens grec de *klînê*, chevet du malade.

> charitable, hardie… elle fit à peu près la maîtresse de cuisine comme moi au poêle… Elle m'apporte le premier sachet de cendres : quelle joie ! Je mets le sachet sous le bras gauche, sur le cœur, et pliais doucement le bras dessus autant que faire se put. Maintenant nous pûmes tant plus faire le tour du reste du corps en frottant – mais quelle surprise ravissante ! J'entends un profond coup d'haleine, comme un long soupir ! Je crie tout haut pour l'annoncer aux père et mère éplorés. Le deuxième sachet arrive, je le pose sur le côté droit de la poitrine, sous le bras. On apporte une lampe… L'enfant était blanc partout le corps ! Pas la moindre tache de meurtrissure, rien de cassé ni de déboîté, rien de bleu ni rouge ! Mais le visage hideux, tacheté de sang – couleur livide – l'œil droit fermé, gonflé, bleu, l'œil gauche ouvert, parfaitement terni, comme dans les morts la bouche ouverte en apparence, car les dents étaient serrées. Pourtant l'enfant avait été mêlée avec une énorme quantité de bois, et emportée par un torrent qui en tonnant entraînait tout avec une extrême violence[9].

Par un effet de ce que les anglo-saxons appellent *Flash-back*, Oberlin relate ensuite les circonstances de l'accident, reconstitution qu'il n'a pu faire lui-même qu'ultérieurement. On est frappé du style direct, quasi télégraphique, qui donne un rythme haletant à la succession de faits conduisant à une mort certaine, sans l'intervention providentielle du « soldat. » L'analogie de comportement entre la figure de l'ancien militaire et celle du pasteur est remarquable, dans leur lutte contre l'inertie ambiante. Il est peut-être utile de rappeler à ce propos qu'avant d'être convaincu par Stuber de venir au Ban de la Roche, Oberlin avait signé un engagement comme aumônier militaire dans le même régiment, le Royal Alsace :

> L'enfant devait ce soir faire une commission, elle sortit, justement le dernier coup d'étang[10] pour ce jour se fait entendre de loin – c'est un phénomène trop majestueux aussi bien que terrible pour ne pas s'arrêter – la voilà qui arrive. Avec un fracas effroyable, les roches sur les grosses pierres sont roulées avec le bois – l'enfant sur le gazon au bord du torrent, veut y jeter une bûche – elle glisse et le poids de la bûche l'entraîne, elle disparaît. Claudine, sa sœur aînée, ce moment à la fenêtre, voit disparaître sa tendre et maigre sœur Concorde, elle crie à la mère, la mère se précipite hors de la maison, et avec une fureur de mère et une voix effroyable, que malgré le fracassement de la flotte on avait entendue jusqu'au Haut-village demande son enfant à tout ce

---

9 Jean-Frédéric Oberlin, *op. cit.*, p. 167 *sqq.*

10 Dans la lettre à sa mère précédemment citée, Oberlin donne les indications suivantes en allemand : « […] *des letzte Flos-Zug* (le dernier coup d'étang, *sagen sie hier*). » Et plus haut : « *Floß = Holz.* » Donc *Floß-Zug* peut se traduire littéralement par « train de bois ».

> qu'elle rencontre… Un des flotteurs, Christophe Kommer, ancien soldat du régiment d'Alsace survient, ayant entendu le bruit. Il poursuit le morceau de bois qui doit avoir englouti l'enfant, il s'y jette avec une fureur inconcevable, il brise le crochet et la perche de son flottoir, le bois se défait, se débrouille un peu – voici un mince bras blanc qui sort de l'eau – et disparaît – on poursuit toujours – le bois s'arrête un peu – se sépare encore et on retire l'enfant mort et le met là pour l'abandonner à la visite de la justice. Le soldat se fâche : « Emportez-le – nous n'osons ! – Emportez-le vous dis-je ! » On se regarde – on tire les épaules – un peuple pauvre ne ressemble qu'à trop d'égards à des brebis etc. Le soldat emporté gronde, regarde d'un œil menaçant, frappe du pied – on s'enhardit, on l'emporte chez-elle – le père veut qu'on m'avertisse : « C'est trop tard, elle est morte, parfaitement morte », lui dit-on. Le père insiste et on me cherche. Le brave père ne put venir lui-même, car depuis plusieurs années il est estropié par un coup d'apoplexie[11].

Avec patience et méthode, le pasteur secouriste s'acharne à réchauffer le corps de la petite noyée, par des frictions et une couverture de cendres chaudes. Le moindre signe de retour à la vie est synonyme de joie et d'espoir, jusqu'à l'apparition de cris continus qui plongent l'assistance dans l'effroi :

> Avec les deux vieux bas et le bonnet, nous continuâmes à frotter – quelques minutes après le premier soupir vint le deuxième – puis dans les intervalles qui allaient se raccourcissant, le troisième, le quatrième. Le troisième sachet étant arrivé, je le mis sur la poitrine entre les deux autres – et nous frottâmes d'autant plus sur le reste du corps – dans les soupirs je commençais à distinguer une espèce de ronflement dans le gosier – je mis l'enfant sur le côté, il se montra quelques bouteilles[12] de sang et de crachat à la bouche qui s'augmentèrent un peu et il en coula même un peu d'eau, de crachat et de sang, mais pas assez pour en remplir une coque de noix. Le frottement continu et les sachets à cendres se multiplièrent ; aux coups d'haleine ou profonds soupirs se joignit un léger son qui augmenta à chaque soupir, devint enfin un cri perçant et effroyable qui nous transit de frayeur et qui ne discontinua pas pendant au moins deux heures et accompagna dès lors toutes nos opérations jusqu'à mon départ presque[13].

L'arrivée de Sébastien Scheidecker modifie les données du problème. Le maître, soulagé, laisse la place et l'initiative à son élève « qui le

11 Jean-Frédéric Oberlin, *op. cit.*, p. 167 *sqq.*

12 Ampoule ou bulle pleine d'air, qui se forme soit sur l'eau quand il pleut, soit sur un liquide quelconque qui bout, soit de quelque autre manière : *la pluie fait des bouteilles en tombant*. Dans cette acception, on dit mieux *bulle* (N. Landais, *op. cit.*, p. 259).

13 Jean-Frédéric Oberlin, *op. cit.*, p. 167 *sqq.*

surpasse aujourd'hui de beaucoup en habilité », et met son autorité morale à son service. Cette scène est pour nous le paradigme de la réussite du « modèle » pédagogique patiemment élaboré par Stuber et Oberlin : aider les Ban de la Rochois à « s'en sortir » par leurs propres moyens. Et de fait, Sébastien prend aussitôt une initiative aussi surprenante qu'efficace :

> Quand elle fut presque couverte de cendres et que les cris perçants étaient bien formés et suivis, arrive à ma grandissime joie le brave et généreux Sébastien Scheidecker, maître d'école de Bellefosse. Jadis mon disciple dans la teinture de médecin, il me surpasse aujourd'hui de beaucoup en habileté, adresse et expérience. Lui arrivé, et moi fatigué, je me retirai du lit, mais je restais dans le poêle pour aider et servir le maître d'école toutes les fois que, dans une aussi grande affluence de monde, il fallait employer un peu d'autorité. Sébastien commençait à faire donner des lavements de fumée de tabac – nous ramassâmes une partie de bonnes gens, qui voulurent bien se prêter à cet ouvrage dégoûtant. Nous mîmes un canon de seringue à lavements dans le fondement de l'enfant, et fîmes approcher un fumeur après l'autre, pour souffler la fumée dans ce canon, en s'enivrant presque soi-même. Concorde était au reste toute enveloppée de sachets de cendre, qu'on changea alternativement contre des sachets chauds ; car ils se refroidirent assez vite – Pendant l'opération Concorde tira un pied – une fois ! – encore ! – un bras se remue ! – le cris perçant continuant toujours –, mais point de pouls, et les dents étaient serrées de façon qu'il était impossible de lui faire couler la moindre chose dans la bouche. Nous fîmes cesser la fumée pour envelopper ses jambes et pieds froids de sachets de cendres, nous en mîmes aussi sur les deux mâchoires du côté du cou. Les cris continuèrent toujours et glacèrent d'effroi tous ceux qui n'étaient pas occupés au travail – les mouvements des bras et des jambes augmentèrent visiblement, et devinrent enfin semblables aux efforts désespérés d'un homme en danger de vie. Quelque terrible que tout cela sembla aux spectateurs, nous en fûmes très charmés, Sébastien et moi – aussi le pouls commençait à se faire sentir, un œil s'ouvrit et se referma, et les mâchoires n'étaient plus si raides. « Ah ! Ah ! Ah ! » était la première voix que nous eûmes le plaisir d'entendre. Je mis Claudine, sa sœur aînée à côté du lit, pour essayer de la faire revenir à elle, en lui parlant fort haut. Longtemps, il ne sembla pas que cela eut le moindre effet. Les cris étaient les mêmes et les mouvements de défense de ses bras et jambes devinrent si violents qu'on ne pût presque plus la manier. La sœur continua à l'appeler et lui parler à fort haute voix, et Concorde cria enfin « *d'ja pratte ! d'ja pratte* » – (je suis prête, je suis perdue) – avec une inflexion de voix si pitoyable, que nous en fûmes tous touchés. Elle répéta ensuite souvent les mêmes paroles[14].

14 *Ibid.*

Ce passage met en évidence la connivence, la passion qui anime le maître et l'élève. Malgré la douleur, la vie va triompher. Les signes cliniques d'un retour progressif à la conscience jalonnent la description que fait Oberlin à son interlocuteur strasbourgeois. Mais après s'être essentiellement concentré sur la dimension corporelle du sauvetage, et poussé en cela par les réactions de l'assistance, il l'aborde maintenant sous l'aspect psychologique et moral :

> Comme elle avait à différentes reprises ouvert et vite refermé les yeux, et que ses cris perçants et désespérés continuèrent toujours, plusieurs des assistants étaient d'avis que c'était de honte qu'elle criait, s'étant vue nue entre tant de monde. Ils se trompaient, Concorde ne savait rien de tout cela, elle se croyait toujours dans l'eau, prête à périr. Ses dernières pensées avant l'évanouissement étaient ses premières à son réveil, ou plutôt elle n'était pas réveillée encore, seulement le corps commençait à se prêter aux efforts de l'âme. Je cédai et j'ordonnai de lui mettre une chemise, un mouchoir de cou, et un bonnet. Plusieurs se mirent après et il fallait bien de la force et de l'adresse pour en venir à bout sans lui casser ou déboîter un membre, tant sa défense était violente. Enfin la chose fut faite, Didier Marchal, un voisin aimé de l'enfant, homme très grand et fort, l'arracha du lit et la tint sur ses bras malgré ses défenses et cris – il la porte à la mère, la lui présente, la mère lui parla – tout en vain – l'enfant se défend toujours contre les bûches de bois dans l'eau – enfin, sentant le cou de ce grand homme, elle s'y accrocha avec une rapidité et s'y tint collée avec une raideur extrême ; elle commença à respirer, à se tranquilliser ; ses défenses cessèrent, ses cris se calmèrent – elle se crut sauvée – il la porte du côté de son père, la lui montre « Voici ton père ! » « Non, non » répondit-elle, elle était contente d'avoir trouvé à quoi s'accrocher.
>
> En attendant on avait bien accommodé le lit, on l'y remit, elle fut tranquille. Je me retirai après y avoir été environ deux heures et demie, Sébastien y resta. Au bout d'une heure j'y retournai. Elle était tranquille, mais ne se possédant pas encore[15].

Ainsi, contrairement aux affirmations de la *vox populi*, Oberlin soutient la pratique des lavements de fumée initiée par son élève, faisant le pari que la noyée est inconsciente de ce qui lui arrive, ou, pour mieux dire, que sa perception sensorielle est restée bloquée au stade de la noyade. Toutes les étapes de son sauvetage, depuis la perte de connaissance jusqu'à son réveil, constituent une parenthèse, s'inscrivant dans un espace-temps différent. Soucieux d'aller au bout de sa logique clinique, le pasteur retourne voir l'enfant qui « le lendemain se connut », et le récit

15 J.-F. Oberlin, *op. cit.*, p. 167 *sqq.*

qu'il recueille alors de sa bouche, lui permet de vérifier la pertinence de son hypothèse de départ, sur le degré de conscience d'un accidenté en état de choc :

> Le lendemain elle se connut, ne sut rien de nos opérations et de son rétablissement – ce qu'elle sut était : « qu'elle était tombée à l'eau, et sentant lever sa jupe par l'eau, elle fit des efforts dans l'eau même pour descendre sa jupe et se cacher le corps – que l'eau voulut lui entrer dans la bouche ; elle serra ses dents, et tâchait de crier en même temps – qu'elle se vit entraînée dessous le pont, passer devant le moulin, qu'elle aperçut une fois des broussailles au bord de l'eau, et qu'elle étendit alors son bras pour les saisir – le coup lui ayant manqué d'autant plus que ces broussailles étaient plus de six pieds loin d'elle, elle tâcha de s'accrocher au bois, mais que toutes les bûches lui échappèrent – qu'elle heurtait souvent son visage contre du bois – et qu'enfin elle désespérait de sa vie et perdit connaissance[16]. »

La fin du récit nous ramène à la triste réalité quotidienne au Ban de la Roche. Certes une jeune noyée vient d'être « revivifiée », mais pour quel avenir ? Quelle est la valeur d'une telle vie sauvée ? Et Oberlin d'adopter pour décrire la misère ambiante, la même démarche clinique, le même souci du détail que lorsqu'il représente la scène du sauvetage. Si son interlocuteur accorde quelque crédit à ses considérations médicales, il devra accorder la même valeur à sa description du tableau social. L'un ne se conçoit pas sans l'autre, car celui qui constate n'est pas différent : le pasteur d'hommes se drape tout à la fois du manteau d'homme d'église, de science, de savoir… Le secouriste ne se satisfait pas du caractère spectaculaire de son récit ; il est présent parce qu'il est utile, témoin tout à la fois solitaire et solidaire. « Dieu exige ici mon sacrifice. » Toute défaillance serait à cet égard synonyme d'abandon. Science, éducation, foi et réformes sociales ne progressent pas au même rythme : le microcosme du Ban de la Roche ne peut se soustraire aux règles du macrocosme environnant, impitoyables pour les plus faibles. Et l'on comprend au final combien les ressources de la science n'ont de sens que dans une perspective de progrès social.

> Les jours suivants et dès le lendemain, le maître d'école lui fit laver et frotter tout le corps avec du vinaigre – alors il apparut des tâches rouges et bleues par ci et là par tout le corps, qui se perdirent peu à peu.

---

16 *Ibid.*

Elle est actuellement encore couchée, à côté de sa mère, toutes deux faibles comme un convalescent d'une grave maladie – le père estropié assis derrière le fourneau. La petite sœur jumelle et la grande sœur Claudine, maladive depuis longtemps, un aimable garçon de 18 ans seul en bonne santé, et seul chargé de chercher, porter, façonner le bois du ménage et des autres travaux à faire – mais certes trop peu pour gagner ni la nourriture de la famille, ni moins encore les deniers à payer. Cependant les ramasseurs d'argent roulant toujours : « Payez, payez ! » « D'où le prendre ? » « Il ne s'agit pas de cela, il s'agit de payer ! » Et cette famille n'est pas la plus malheureuse de ma paroisse. Dans la même maison il y a la pareille, et dans tous les cinq villages et trois hameaux de ma paroisse il y en a près de quarante aussi misérables qu'eux, quelques uns encore plus, et plus de cinquante dont la misère approche de la leur. Cependant aucun mendiant, pas un seul – plusieurs réduits trop souvent à manger des orties et autres herbes sauvages, en cachette – [...] misérablement – demi nus – obligés souvent d'emprunter tous les habits pour paraître à l'église, pour payer les deniers à Rothau, et pour aller à la Ste. Cène. Qui ici a du pain suffisant pour en manger toute l'année, passe pour très riche, et qui, sans pain, sans graisse, a des pommes de terre tous les jours, est digne d'envie. Aussi avons-nous beaucoup de gens faibles, malades et languissants. Vous concevez, Monsieur, qu'à me juger sur vos propres sentiments, il n'y a en tout ceci que trop de raisons qui m'attachent à ce pauvre peuple. Ceux qui sont en santé n'ont pas besoin de médecin, mais ceux qui se portent mal.

J'ai l'honneur d'être avec les sentiments les plus distingués de reconnaissance d'estime et de respect, votre très humble et très obéissant serviteur[17].

Loïc CHALMEL
Université de Haute-Alsace

17 Jean-Frédéric Oberlin, *op. cit.*, p. 167 *sqq.*

BIBLIOGRAPHIE

LITTÉRATURE PRIMAIRE

Année sainte des religieuses de la Visitation Sainte-Marie, Annecy et Lyon, 1868.

APOLLINAIRE, Guillaume, « L'esprit nouveau et les poètes », *Œuvres complètes en prose*, Paris, Bibliothèque de la Pléiade, tome II, 1991.

ARISTOTE, *De l'âme*, texte établi par A. Jannone, traduit et annoté par E. Barbotin, Paris, Les Belles Lettres, 1964.

AUGUSTIN, *La Cité de Dieu*, trad. Louis Moreau revue par Jean-Claude Eslin, 3 vol., Paris, Seuil, 1994.

BALLANCHE, Pierre-Simon, *Fragments*, in *Œuvres*, 1833, t. 1, Paris, Jules Didot l'aîné, Encyclopédie des connaissances utiles, 1833.

BALLANCHE, Pierre-Simon, *Le vieillard et le jeune homme* (1819), in *Œuvres*, 1833, t. 3, Paris, Jules Didot l'aîné, Encyclopédie des connaissances utiles, 1833.

BECCARIA, Cesare, *Des délits et des peines*, trad. Xavier Tabet, Paris, Gallimard, 2015.

BINET, Étienne, *Essay des Merveilles de Nature, et des plus nobles artifices* (1621), édition de 1632, préfacée par Marc Fumaroli, Évreux, Association du théâtre de la ville d'Évreux, 1987.

BOERHAAVE, Hermann, *Physiologike, seu Œconomia animalis*, Londini, Apud Johannem Noon, 1741.

BRIGHT, Timothy, *A Treatise of Melancholie*, Londres, 1586.

BURKE, Edmund, *Recherches philosophiques sur l'origine de nos idées du sublime et du beau*, trad. française par Baldine Saint Girons, Paris, Vrin, 2009.

CARTIER, Louis-Vincent, *Éloge de M. Marc-Antoine Petit*, lu dans la séance publique de l'Académie de Lyon le 3 septembre 1811, Lyon, Ballanche, 1811.

CECCATTY, René de, *L'accompagnement*, Paris, Gallimard, 1994.

CHATEAUBRIAND, François-René de, *Atala* (1802) suivi de *René* (1802), Paris, Librio, 2014.

CHATEAUBRIAND, François-René de, *Essai historique, politique et moral, sur les révolutions anciennes et modernes, considérées dans leurs rapports avec la révolution française* (1797), Paris, Ladvocat, 1826, tome XIII.

CHATEAUBRIAND, François-René de, *Génie du Christianisme* (1802), Paris, Flammarion, 1966.

CHEYNE George, *The English Malady* (1733), intr. R. Porter, Londres, Routledge, 1991.

CHIARUGI, Vincenzio, *Della pazzia in genere ed in specie. Trattato medico-analitico con una centuria di osservazioni*, Firenze, Carlieri, 1793-1794.

CIRILLO, Domenico, *Discorsi accademici*, s.l., s.n. 1799.

CONSTANT, Benjamin, *Journaux intimes*, *Œuvres*, Paris, Bibliothèque de la Pléiade, 1957.

CRASHAW, Richard, *Carmen Deo Nostro*, Paris, 1652.

CRASHAW, Richard, *Steps to the Temple*, Londres, 1646.

CROOKE, Helkiah, *Mikrokosmographia : A Description of the Body of Man*, Londres, 1615.

CULVERWEL, Ezechiel, *Time Well Spent in Sacred Meditations, Divine Observations, Heavenly Exhortations*, Londres, 1635.

CUREAU DE LA CHAMBRE, Marin, *Les Charactères des passions*, Paris, P. Recollet ; J. d'Allin, 1660 ; 1662.

DAUDET, Alphonse, *La Doulou* (1930), ed. Les Mille et Une Nuits, 2002.

DESCARTES, René, *Abrégé de musique (Compendium Musicae)*, trad. et notes par F. de Buzon, Paris, P.U.F., 1987.

DESCARTES, René, *Traité des Passions de l'âme*, *Œuvres et lettres*, Paris, Gallimard Bibliothèque de la Pléiade, 1953.

DESGENETTES, René N. Dufriche, *Notice sur la vie de Marc-Antoine Petit*, à Paris, chez l'imprimeur Migneret, 1811.

DIDEROT, Denis, D'ALEMBERT, Jean, *Encyclopédie ou dictionnaire raisonné des sciences, des arts et des métiers*, Paris, Briasson, David l'Aîné, Le Breton, Durand, 1755.

DIDEROT, Denis, *Jacques le fataliste et son maître*, préface, notes et annexes par P. Chartier, Paris, LGP, 2000.

DOWLAND, John, *Lacrymae*, CD avec livret et traductions françaises, Outhere Music / Alpha productions, 2012.

DURAS, Marguerite, *La Douleur*, Paris, P.O.L, Paris, 1985.

DUWIQUET D'ORDRE, Louis-Alexandre, *La philosophie du cœur*, Paris, Pichard, 1811.

ERBERFELD, Laurentius, *Dissertatio medica inauguralis, De morbis eruditorum…*, Duisburgi ad Rhenum, apud Sas, 1693.

ESTEBAN, Claude, *Trajet d'une blessure*, Paris, Farrago, 2006.

FALKNER, John M., *Moonfleet*, Paris, Phébus, 1988.

FICIN, Marsile, « Libro I. Sulla cura della salute di coloro che si dedicano allo studio delle lettere », dans *Id.*, *Sulla vita*, éd. A. Tarabochia Canavero, Milan, Rusconi, 1995.

FOSCOLO, Ugo, *Ultime lettere di Jacopo Ortis* (1802), trad. fr. Paris, Delestre, 1819.

FRANCUS, Georg, *De studiorum noxa*, Heidelbergae, Walter, 1675.

FUSANACCI, Gian Pietro, *Dizionario compendioso di sanità che contiene l'esatta descrizione delle umane malattie, comprese pur quelle degli artefici, e della gente applicata e sedentaria : colla specificazione de' rimedi sperimentati da' piu' celebri professori dell'arte medica : tradotto dal francese, ed illustrato con osservazioni jatrofisiche dal dottor Gian Pietro Fusanacci. Tomo secondo*, In Venezia, Antonio Zatta, 1764.

GOETHE, Johann Wolfgang von, *Les souffrances du jeune Werther* (1774), Paris, Librairie générale française, 1999.

GOETHE, Johann Wolfgang, *Der Triumph der Empfindsamkeit* (1778), trad. fr. J. Decour, *Le triomphe de la sensibilité*, dans ID., *Théâtre complet*, Paris, Gallimard, 1988.

GRAINVILLE, Jean-Baptiste Cousin de, *Le dernier homme* (1804), Paris, Payot, 2010.

GUIBERT, Hervé, *Cytomegalovirus – Journal d'hospitalisation*, Paris, Seuil, 1992.

HERBERT, George, *The Temple. Sacred Poems and Private Ejaculations*, Cambridge, 1633.

HOFFMANN, Fiedrich (praes.), HESSE, Adamus (resp.), *Dissertatio medica inauguralis de praecipuo studiosorum morbo*, Halae Magdeburgicae 1699.

HÖLDERLIN Friedrich, *Sämtliche Werke*, Große Stuttgarter Ausgabe, hg. V. F. Beißner, A. Beck und U. Oelmann, Stuttgart, 1943-1985.

Il maggio fiorito : arie, sonetti, e madrigali, a 1.2.3. de diversi autori : posta in luce da Gio. Battista Rocchigiani orvietano, musico nel Duomo d'Orvieto : primo libro : opera terza, Orvieto, Michelangelo Fei et Rinaldo Riuli, 1623.

KANT, Immanuel, *Observations sur le sentiment du beau et du sublime*, trad. R. Kempf, Paris, Vrin, 1980 (1re éd. 1953).

LA FITE Marie Elisabeth, *Mémoires de Mlle Sternheim*, publiées par Mr Wieland et traduits de l'allemand par Madame *** (1773), La Haye, Pierre Frédéric Gosse, 1774, 2 vol.

LABICHE DE REIGNEFORT, Pierre-Grégoire (éd.), *Vie de la vénérable sœur Françoise-Radegonde Le Noir, morte en odeur de sainteté au couvent de la Visitation Sainte-Marie de Limoges, en 1791*, éd., Paris, Le Clere, 1802, an X.

LE BRUN Charles, *Conférence sur l'expression des passions*, in « Nouvelle revue de Psychanalyse », n. 21, printemps 1980, p. 93-122.

LISCANO, Carlos, *Le fourgon des fous* (2001), tr. fr. par Jean-Marie Saint-Lu Paris, Belfond, 2001.

LOCKE, John, *Essai philosophique concernant l'entendement humain, ou l'on montre quelle est l'entendue de nos connoissances certaines, et la manière dont nous y parvenons*, traduit de l'anglois par M. Coste, Amsterdam et Leipzig, J. Schreuder & Pierre Mortier le Jeune, 1755.

LONGIN, *Traité du sublime*, traduit par Nicolas Boileau, intr. et notes de F. Goyet, Paris, Librairie Générale Française, 1995.

MAINE DE BIRAN, Pierre, *Journal*, (1814-1816), publié par H. Gouhier, Édition de la Baconnière, 1954.

MAINE DE BIRAN, Pierre, *Premier Journal*, éd des œuvres de Maine de Biran par P. Tisserand, Paris, Alcan, 1920.

MAISTRE, Joseph de, *Considérations sur la France* (1797), suivi de *Essai sur le principe générateur des constitutions politiques* (1809), Paris, éditions complexe 1988.

MARIVAUX, Pierre Carlet de Chamblain de, *L'Indigent philosophe*, in *Journaux et Œuvres diverses de Marivaux*, Paris, Classiques Garnier, 2001.

MAUPERTUIS, Pierre Louis Moreau de, *Essai de philosophie morale*, *Œuvres de Maupertuis*, nouvelle édition corrigée et augmentée, Lyon, Jean-Marie Bruyset, 1768.

METASTASIO, Pietro, *Didon abandonnée*, traduit de l'italien par Marie Grignon together with an extract from the life and writings of the Abate Metastasio : by Charles Burney, seconde édition revue et corrigée, Londres, W. Flint, Old Bailey, non daté.

METASTASIO, Pietro, *Didone abandonata*, Naples, Ricciardo, 1724, aujourd'hui lisible en ligne dans *Pietro Metastasio Drammi per musica* (Université de Pavie, projet dirigé par Anna Laura Bellina et Luca Tessarolo) : http://www.progettometastasio.it/pietrometastasio/libretti/DIDONE/libretti/P1-0.jsp.

MICHAUX, Henri, « Bras cassé », *Face à ce qui se dérobe*, Paris, Gallimard, 1975.

MONTAIGNE, Michel de, *Essais*, Paris, Gallimard, 1965.

MONTEVERDI, Claudio, « *Pianto della Madonna* », dans *Selva morale e spirituale*, Venise, 1641.

MONTEVERDI, Claudio, *Il sesto libro de madrigali a cinque voci*, Venezia, Ricciardo Amadino, 1614.

MONTEVERDI, Claudio, *Lamento d'Arianna del signor Claudio Monteverde… Et con due lettere amorose in genere rappresentativo*, Venezia, B. Magni, 1623.

MORHOF, Daniel Georg, *Oratio, de intemperantia in studiis, & eruditorum, qui ex ea oriuntur, morbis*, Kiloni, Joachimi Reumanni, 1672.

NODIER, Charles, *Le peintre de Salzbourg* (1802), in *Romans de Charles Nodier*, Paris, Charpentier, 1840, p. 175-226.

NODIER, Charles, *Les méditations du cloître*, (1803), in *Romans de Charles Nodier*, Paris, Charpentier, 1840, p. 230-239.

NODIER, Charles, *Les proscrits*, Paris, Lepetit et Gérard, 1802.

OBERLIN, Jean-Frédéric, (1767), *Cahier d'analyse critique de lectures*, Archives Municipales de Strasbourg, manuscrit 403.

OBERLIN, Jean-Frédéric, (1771), « Les trois prétendues morts revivifiées. Juliette

Spendler, Marie-Paisible Scheidecker et Concorde Caquelin », in *Annales du Ban de la Roche*, Waldersbach, Musée Oberlin, p. 167-176.

PACHET, Pierre, *Devant ma mère*, Paris, Gallimard, L'Un et l'Autre, 2007.

PACHET, Pierre, *Les baromètres de l'âme. Naissance du journal intime*, Paris, Hatier, 1990.

PAISIELLO, Giovanni, *Il mio ben quando verrà, rondò della Nina*, Traduction française par M. de Gourbillon, Paris, Aux Troubadours, partition non datée.

PAISIELLO, Giovanni, *Nina, o sia la pazza per amore*, Venise, auprès de Modesto Fenzo, 1796, p. 19-20. Imprimé conservé à la Bibliothèque Braidense, Milan côte RACC. DRAMM 4716 et non publié, aujourd'hui numérisé : http://www.braidense.it/rd/04716.pdf.

PARAT, Philippe, *Éloge historique de M. Marc-Antoine Petit*, lu dans la séance publique de la Société de médecine de Lyon le 12 juillet 1812, Lyon, M. Leroy, 1812.

PASCAL, Blaise, *Prière pour demander à Dieu le bon usage des maladies*, dans *Œuvres complètes*, vol. II, éd. Michel Le Guern, Paris, Bibliothèque de la Pléiade, 2000, p. 605-614.

PETIT, Marc-Antoine, *Discours sur la douleur* (1799), dans Jean-Pierre Peter, *Observations sur les attitudes de la médecine prémoderne envers la douleur suivies des traités de A. Sassard, M.-A. Petit, J.-A. Salgues*, Paris, Quai Voltaire, 1993.

PINDEMONTE, Ippolito, *Le prose e poesie campestri d'Ippolito Pindemonte con l'aggiunta d'una dissertazione su i Giardini inglesi e sul merito in ciò dell'Italia*, Verona, Mainardi, 1817.

PLEMPIUS, Vopiscus Fortunatus, *De togatorum valetudine tuenda*..., Bruxellis, Foppens, 1670.

PRÉVOST, Antoine, *Le Pour et Contre*, t. I, XIV, Paris, Didot, 1733.

PUJATI, Giuseppe Antonio, *Della preservazione della salute de' letterati, e della gente applicata e sedentaria*, In Venezia, Presso Antonio Zatta, 1762.

PURCELL, Henri, *Dido and Aeneas*, libretto de Nahum Tate, Virgin Classics, 2003.

QUESNÉ, Jacques Salbigoton, *Les journées d'un vieillard*, Paris, Levrault et Schoell, 1804.

RAMAZZINI, Bernardino, « Dissertazione sulle malattie dei letterati », dans *Id., Per una vita austera lunga sana e proficua*, éd. F. Carnevale, M. Mendini, Reggello, FirenzeLibri, 2005.

REVERZY, Jean, « Mon métier de médecin », dans *À la recherche d'un miroir, Œuvres complètes*, Paris, Flammarion, Mille et une pages, p. 452-455.

RICHARDSON, Samuel, *Clarissa, or the History of a young Lady* (1747-1748), Londres, Penguin Books, 1985.

RICHARDSON, Samuel, *Clarisse Harlowe*, trad. Pierre-Prime-Félicien Le Tourneur, Genève, Barde, 1788, 12 vol.

RICHARDSON, Samuel, *Lettres anglaises, ou histoire de Miss Clarisse Harlove*, trad. Prévost, éd. Shelly Charles, Paris, Desjonquères, 1999, 2 vol.

RICHARDSON, Samuel, *Miss Clarisse Harlowe*, Trad. Pierre-Prime-Félicien Le Tourneur, Genève, Barde, 1788, XII vol.

RICHARDSON, Samuel, *Pamela ou la vertu récompensée*, trad. fr. A.-F. Prévost, dans *Œuvres de Richardson de Prévost*, Genève, Rouffer de Rodon, 1783.

ROUSSEAU, Jean-Jacques, *Correspondance complète de Jean-Jacques Rousseau*, éd. R. A. Leigh, Oxford, The Voltaire Foundation, 1965-1998.

ROUSSEAU, Jean-Jacques, *Du contrat social*, in *Œuvres complètes*, Gallimard, « Pléiade », vol. III, 1964.

ROUSSEAU, Jean-Jacques, *Julie ou La Nouvelle Héloïse*, *Œuvres complètes*, Paris, Gallimard, « Pléiade », 1964.

SCHILLER, Friedrich, *Du sublime*, trad. Adolphe Régnier, Paris, Éditions Sulliver, 2005.

SEBALD, Winfried Georg, *Les anneaux de Saturne*, Paris, Actes Sud, Babel, 1999.

SENANCOUR, Étienne Pivert de, *Oberman*, Paris, Cérioux, 1804.

SENAULT, Jean-François, *De l'Usage des Passions*, Paris, 1641.

SÉNÈQUE, *De la tranquillité de l'âme*, XVII, 3, *Dialogues IV*, Paris, Les Belles Lettres, 1959.

SÉVIGNÉ, Madame de, *Correspondance*, édition de Roger Duchêne, Paris, Gallimard, « Bibliothèque de la Pléiade », tome II.

STAËL (Anne Louise Germaine Necker, baronne de), *Corinne, ou l'Italie*, éd. Simone Balayé, dans *Œuvres complètes série II, Œuvres littéraires série III*, Paris, Honoré Champion, 2000,

STAËL (Anne Louise Germaine Necker, baronne de), *Delphine*, texte établi par Lucia Omacini et annoté par Simone Balayé, Paris, Honoré Champion, 2004.

STAËL, Germaine de, *Corinne ou l'Italie* (1807), Paris, Gallimard, 1985.

STAËL, Germaine de, *Réflexions sur le suicide*, Stockholm, Charles Delén, 1813.

STENDHAL, *De l'amour* (1822), Paris, Flammarion, 2014.

STENDHAL, *Journal*, Paris, Gallimard, 2010.

TISSOT, Samuel Auguste André David, (1782), *Avis au peuple sur sa santé*, Paris, Quai Voltaire, 1993.

VAUGHAN, Henry, *Silex Scintillans*, Londres, 1650 ; édition augmentée, Londres, 1655.

VAUGHAN, Henry, *The Works of Henry Vaughan*, éd. L. C. Martin, 2e ed., Oxford, Clarendon Press, 1957.

VERRI, Pietro, « La medicina », *Il Caffè*, f° XVIII, *« Il Caffè ». 1764-1766*, a cura di G. Francioni e S. Romagnoli, Torino, Bollati Boringhieri, 1993.

VERRI, Pietro, *Discorso sull'indole del piacere e del dolore*, Edizione nazionale delle opere di P. Verri, vol. III, Edizione nazionale delle opere di P. Verri, vol. III, *I « Discorsi » e altri scritti degli anni Settanta*, a cura di G. Panizza, in collaborazione con S. Contarini, G. Francioni, S. Rosini, Roma, Edizioni di storia e letteratura, 2004.

VERRI, Pietro, *Notizie intorno la vita di vostra madre*, in *Edizionale nazionale delle opere di P. Verri*, vol. V, *Scritti di argomento familiare e autobiografico*, a cura di G. Barbarisi, Roma, Edizioni di storia e letteratura, 2003.

VERRI, Pietro, *Observations sur la torture et notamment sur les conséquences à l'occasion des onctions maléfiques auxquelles fut attribuée l'épidémie de peste qui ravagea Milan en 1630*, traduit de l'italien par F. Bouchard, Paris, Éditions Viviane Hamy, 1992.

VERRI, Pietro, *Osservazioni sulla tortura e singolarmente sugli effetti che produsse all'occasione delle unzioni malefiche alle quali si attribuì la pestilenza che devastò Milano l'anno 1630*, Edizione nazionale delle opere di P. Verri, vol. VI, éd. Carlo Capra, Roma, Edizioni di storia e letteratura, 2010.

VERRI, Pietro, *Ricordi disinteressati e sinceri d'un uomo dabbene*, Edizione nazionale delle Opere di Pietro Verri, vol. VI, *Scritti politici della maturità*, a cura di C. Capra, Roma, Edizioni di storia e letteratura, 2010.

VERRI, Pietro, *Scritti vari, ordinati da G. Carcano e preceduti da un saggio civile sopra l'autore per V. Salvagnoli*, Firenze, Le Monnier, 1854.

VOLTAIRE, *L'Ingénu*, in *Romans et contes*, Paris, Gallimard « Pléiade », 1954.

VON LA ROCHE Sophie, *Geschichte des Fräuleins von Sternheim* [1771], Stoccarde, Reclam Verlag, 1983.

WALDSCHMIED, Johann Jacob (praes.), WASSERHAUSEN, Johannes (auctor), *Tuendae sanitatis studiosorum methodum*, Marpurgi Cattorum 1681.

WEDEL, Georg Wolfgang (praes.), ROTTENBERGER, Johannes (auctor et resp.), *Dissertatio de diaeta literatorum*, Jenae, Nis, 1674.

WOOLF, Virginia, *De la maladie* (1930), tr. fr. Elise Argaud, Paris, Payot, Rivages poche, 2007.

WRIGHT, Thomas, *The Passions of the Minde in Generall* (1601), 5e éd. revue et corrigée, 1630, Chicago, University of Illinois Press, 1971.

ZEVIANI, Giovanni Verardo, *Del flato a favore degl'ipocondriaci. Libri due*, In Verona, Antonio Andreoni, 1755.

ZIMMERMANN, Johann Georg, *Über die Einsamkeit*, Leipzig 1784-1785.

ZORN, Fritz, *Mars* (1977), tr. fr. par Gilberte Lambrichs, Paris, Gallimard, 1979.

LITTÉRATURE CRITIQUE

MÉTHODOLOGIE, QUESTIONS GÉNÉRALES AUTOUR DE LA DOULEUR ET DE LA SOUFFRANCE

ARNAUD, Sabine, JORDHEIM, Helge, *Le Corps et ses images*, Paris, Champion, 2012.

AUERBACH, Erich, *Le Culte des passions : Essais sur le XVIIe siècle français*, Paris, Macula, 1998.

AUGÉ, Marc, HERZLICH, Claudine, *Le Sens du mal, anthropologie, histoire, sociologie de la maladie*, Paris, Éditions Archives Contemporaines, 1984.

BACZKO, Bronislaw, *Job mon ami, Promesses du bonheur et fatalité du mal*, Paris, Gallimard, 1997.

BALINT, Michael, (1957) *Le médecin, son malade et la maladie*, Paris, Payot, 1966.

BARKER-BENFIELD, Graham John, *The Culture of Sensibility Sex and Society in Eighteenth-Century Britain*, Londres et Chicago, University of Chicago Press, 1992.

BENJAMIN, Walter, « Sur le concept d'histoire », Paris, Gallimard/Folio, T. III, 2000, p. 434.

BERNARD-GRIFFITHS, Simone, « Écritures du moi et difficulté d'être dans la première moitié du XIXe siècle. Esquisse d'une anthropologie du mal du siècle », in BERNARD-GRIFFITHS, Simone, CROISILLE, Christian (éd.), *Difficulté d'être et mal du siècle dans les Correspondances et Journaux intimes de la première moitié du XIXe siècle, Cahiers d'études sur les correspondances du XIXe siècle*, n. 8, Clermont-Ferrand, 1998, p. 5-27.

BERNARD-GRIFFITHS, Simone, (dir.), *Difficultés d'être et mal du siècle dans les Correspondances et Journaux intimes de la première moitié du XIXe siècle*, Clermont-Ferrand, Cahiers d'études sur les correspondances du XIXe siècle, 1998.

BODDICE, Rob (éd.), *Pain and Emotion in Modern History*, New York, Palgrave Macmillan, 2014.

CAILLOIS, Roger, *Les jeux et les hommes*, Paris, Gallimard, 1967.

CARLINO, Andrea, WENGER, Alexandre, *Littérature et médecine Approches et perspectives (XVIe-XIXe siècles)*, Genève, Droz, 2007.

CLAVREUL, Jean, *L'ordre médical*, Paris, Seyul, 1978.

COHEN, Esther, TOKER, Leona, CONSONNI, Manuela, FROR Otniel E. (éds), *Knonwledge and Pain*, Amsterdam, New York, Rodopi, 2012.

COHEN, Stanley, *States of Denial Knowing about Atrocities and Suffering*, Cambridge, Oxford, Malden, Polity Press/Blackwell, 2001.

COLBURN, Glen (éd.), *The English Malady : Enabling and Disabling Fictions*, Newcastle, Cambridge Scholar Publishing, 2008.

COUDREUSE, Anne, *Le goût des larmes au XVIIIe siècle*, Paris, Presses Universitaires de France, 1999.

DANOU, Gérard, (éd.), *Littérature et médecine, ou les pouvoirs du récit*, Actes du colloque organisé par la BPI le 24 et 25 mars 2000, Paris, Bibliothèque Publique d'Information, 2001.

DANOU, Gérard, *Langue, récit, littérature dans l'éducation médicale*, préface de F. Dagognet, Limoges, Lambert Lucas, 2007.

DANOU, Gérard, *Le corps souffrant, littérature et médecine*, Seyssel, Champ Vallon, L'or d'Atalante, 1994.

DE BOLLA, Peter, *The Discourse of the Sublime : Readings in History, Aesthetics and the Subject*, Oxford, Basil Blackwell, 1989.

DELUMEAU, Jean, COTTRET, Monique, « Déchristianisation ? », dans *Le catholicisme de Luther à Voltaire*, Paris, Presses Universitaires de France, « Nouvelle Clio L'histoire et ses problèmes », 1996, p. 398-443.

DEMONGIN, Jacques (dir.) *Dictionnaire historique, thématique et technique des littératures*, Paris, Larousse, 1986.

DI BELLA Maria Pia, ELKINS, James, *Representations of Pain in Art and Visual Culture*, New York, Londres, Routledge, 2013.

DORMANDY, Thomas, *The Worst of Evil. The Fight against Pain*, New Haven et Londres, Yale University Press, 2006.

DURKHEIM, Emile, *Le suicide* (1897), Paris, P.U.F., 1990.

EHRENBERG, Alain, *La fatigue d'être soi. Dépression et société*, Paris, Odile Jacob, 1998.

FADDA, Bianca, *L'innesto del vaiolo. Un dibattito scientifico e culturale nell'Italia del Settecento*, Milano, FrancoAngeli, 1983.

FARGE, Arlette, *La déchirure. Souffrance et déliaison sociale XVIIIe siècle*, Montrouge, Bayard, 2013.

FOUCAULT, Michel, « Crise de la médecine ou crise de l'antimédecine ? », *Dits et écrits*, tome III, Paris, Gallimard, NRF, 1994, p. 40-58.

GADAMER, Hans-Georg (1993), *Philosophie de la santé*, Paris, Grasset, 1998.

GIRARD, René, *Mensonge romantique et vérité romanesque*, Paris, 1961.

HADJADJ Dany, « Mal du siècle. Comment dire l'indicible », in Bernard-Griffiths Simone (dir), *Difficultés d'être et mal du siècle dans les Correspondances et Journaux intimes de la première moitié du XIXe siècle*, Clermont-Ferrand, Cahiers d'études sur les correspondances du XIXe siècle, 1998, p. 29-42.

HERZLICH, Claudine, « Le poids de la faute : pécheurs et pénitents », in HERZLICH, Claudine, PIERRET, Janine, *Malades d'hier malades d'aujourd'hui De la mort collective au devoir de guérison*, Paris, Payot, 1984, p. 178-192.

HERZLICH, Claudine, « Médecine moderne et quête de sens », AUGÉ, Marc, HERZLICH, Claudine, *Le Sens du mal, anthropologie, histoire, sociologie de la maladie*, Paris, Éditions Archives Contemporaines, 1984, p. 189-215.

HERZLICH, Claudine, PIERRET, Janine, *Malades d'hier malades d'aujourd'hui De la mort collective au devoir de guérison*, Paris, Payot, 1984.

HONNETH, Axel, *La réification, petit traité de Théorie critique*, Paris, Gallimard, 2007.

JONES, Colin, *The Smile Revolution in Eighteenth-Century Paris*, Oxford, Oxford University Press, 2014.

KLIBANSKY, Raymond, PANOFSKY, Erwin, SAXL, Fritz, *Saturno e la melanconia*, Torino, Einaudi, 2002 (1re éd. 1964).

LEBLANC, Guillaume, « La vie psychique de la maladie », *Esprit*, Janvier 2006, « Les nouvelles figures du soin ».

LE BRETON, David, *Expériences de la douleur. Entre destruction et renaissance*, Paris, Métailié, 2010.

LE BRETON, David, *La peau et la trace. Sur les blessures de soi*, Paris, Métailié, 2014.

MARCHAND, Sophie, *Théâtre et pathétique au XVIIIe siècle : pour une esthétique de l'effet dramatique*, Paris, Champion, 2009.

MARIN, Claire, ZACCAÏ-REYNERS, Nathalie, *Souffrance et douleur Autour de Paul Ricœur*, Paris, PUF, 2013.

MAUZI Robert, « Les maladies de l'âme au XVIIIe siècle », *Revue des sciences humaines*, 25, 1960, p. 459-493.

MAUZI Robert, *L'idée de bonheur au dix-huitième siècle*, Paris, Armand Colin, 1965.

MEAD, Georges Herbert, *L'esprit, le Soi et la Société*, tr. fr. Paris, P.U.F., 1963.

MEMMI, Dominique, *Faire vivre et laisser mourir (Le gouvernement contemporain de la naissance à la mort)*, Paris, La Découverte, 2003.

MENNINGER, Karl, *Man against himself*, New York, Harcourt, Brace and Co., 1938.

MISSENARD, André, *L'expérience Balint : histoire et actualité*, Paris, Dunod, 1982.

MORIN, Edgar, *L'esprit du temps. Essai sur la culture de masse*, Paris, Grasset, 1962.

MORRIS, David B., « Narrative, Ethics and Pain : Thinking *with* Stories », *Narrative*, n. 9, 2001, p. 55-77.

MORRIS, David D., *The Culture of Pain*, Berkeley and Los Angeles, University of California Press, 1991.

MULLAN, John, *Sentiment and Sociability The Language of Feeling in the Eighteenth Century*, Oxford, Oxford University Press, 1988.

PELCKMANS, Paul, *La sociabilité des cœurs Pour une anthropologie du roman sentimental*, Amsterdam, Rodopi, 2013.

RANCIÈRE, Jacques, *Le partage du sensible esthétique et politique*, Paris, La Fabrique éditions, 2000.

REY, Roseline, « L'âme, le corps et le vivant », dans Grmek Mirko G. (éd.), *Histoire de la pensée médicale en Occident, 2. De la Renaissance aux Lumières*, Paris, Seuil, 1997 (1re éd. italienne *Storia del pensiero medico occidentale 2. Dal Rinascimento all'inizio dell'Ottocento*, Bari, Laterza, 1996), p. 117-155.

REY, Roselyne, *Histoire de la douleur* (1993), Paris, Éditions La Découverte, 2000.

RICŒUR, Paul, « La souffrance n'est pas la douleur », Paris, *Autrement*, n° 142, février 1994.

ROBERTS, Marie Mulvey, PORTER, Roy, *Literature and medicine During the Eighteenth Century*, Londres, Routledge, 1993.

ROCHE, Daniel, « Médecins et Lumières au XVIIIe siècle : talents, raison et sacrifice », dans D. Roche, *Les Républicains des lettres Gens de culture et Lumières au XVIIIe siècle*, Paris, Fayard, 1988, p. 308-330.

ROUGEMONT, Denis de, *L'Amour et l'Occident*, Paris, Plon (1956) ; 10/18, 2001.

ROUSSEAU, Georges S., « Literature and Medicine : the State of the Field », *Isis*, 72, 1981, p. 406-424.

ROSA, Hartmut, *Accélération. Une critique sociale du temps*, Paris, La Découverte, 2010.

SAUDER, Gehrard, BAYNE PAGE, Sheila, MORTIER, Roland, et al. (éd.), *Das weinende Saeculum*, Heidelberg, C. Winter, 1983.

SCARRY, Elaine, *The Body in Pain The Making and Unmaking of the World*, New York Oxford, Oxford University Press, 1987.

SCHILDER, Paul, *L'image du corps*, Paris, Gallimard, 1968.

SETH, Catriona, *Les rois aussi en mouraient Les Lumières en lutte contre la petite vérole*, Paris, Desjonquères, 2008.

SONTAG, Susan, *Devant la douleur des autres*, trad. fr. Fabienne Durand-Bogaert, Paris, Christian Bourgois éditeur, 2003 (1re éd. anglaise 2002).

Souffrances, numéro monographique de la revue *Autrement*, n. 142, février 1994.

VASSET, Sophie (éd.), *Medicine and narration in the eighteenth century*, Oxford, Voltaire Foundation, 2013.

VASSET, Sophie, « Narrating pain in British medicine and fiction », in Sabine Arnaud et Helge Jordheim (éd.), *Le corps et ses images dans l'Europe du dix-huitième siècle / The Body and its Images in Eighteenth-century Europe*, Paris, Champion, 2012, p. 199-217.

VASSET, Sophie, WENGER, Alexandre, (éd.), *Raconter la maladie, Dix-huitième siècle*, n. 45, 2015.

VILA Anne C. et CHALMIN Ronan Y., « "Malade de son génie..." : raconter les pathologies des gens de lettres de Tissot à Balzac », dans VASSET Sophie et WENGER Alexandre, *Raconter la maladie, Dix-huitième siècle*, n. 47, 2015, p. 55-71.

VILA, Anne C., « Somatizicing the Thinker : Biography, Pathography, and the Medicalization of gens de lettres in Eighteenth-Century France », in CARLINO, Andrea, WENGER, Alexander, *Littérature et médecine Approches et perspectives (XVIe-XIXe siècles)*, Genève, Droz, 2007.

VILA, Anne C., *Enlightenment and Pathology : sensibility in the literature and medicine of eighteenth-century France*, Baltimore, MD, Londres, John Hopkins University Press, 1998.

VINCENT-BUFFAULT, Anne, *Histoire des larmes XVIIIe-XIXe siècles*, Paris, Rivages, 1986.

VIRILIO, Paul, *Le grand accélérateur*, Paris, Galilée, 2010.

WALSH BARENT W., ROSEN, Paul M., *Self-Mutilation : Theory, Research and Treatment*, New York, Guilford Press, 1988.

WENGER, Alexandre, *La fibre littéraire : le discours médical sur la lecture au XVIIIe siècle*, Genève, Droz, 2007.

BIBLIOGRAPHIE CRITIQUE SUR LES AUTEURS

ABBRUGIATI, Raymond, « Les Lumières milanaises et la naissance des sciences humaines », *Naissance de la science dans l'Italie antique et moderne, Actes du colloque franco-italien des 1er et 2 décembre 2000*, éds. L. De Poli et Y. Lehmann, Berne, Peter Lang, 2004.

ALGLANI, Bartolo, *"L'uomo non si muta". Pietro Verri tra letteratura e autobiografia*, Roma, Edizioni di Storia e Letteratura, 2012.

ANTOINE Agnès, « Le mal du siècle dans le journal intime de Maine de Biran », in BERNARD-GRIFFITHS Simone (dir.), *Difficultés d'être et mal du siècle dans les Correspondances et Journaux intimes de la première moitié du XIXe siècle*, Clermont-Ferrand, Cahiers d'études sur les correspondances du XIXe siècle, 1998, p. 43-56.

ARNDS, Peter, « Sophie von Laroche's *Geschichte des Fräuleins Von Sternheim* As an Answer to Samuel Richardson's *Clarissa* », *Lessing Yearbook*, 1997, vol. XXIX, p. 87–106.

BACZKO, Bronislaw, « Entre Thermidor et Brumaire », dans BARDAZZI Giovanni et GROSRICHARD Alain, *Dénouement des Lumières et invention romantique*, Genève, Droz, 2003, p. 11-18.

BAIA CURIONI, Stefano, *Per sconfiggere l'oblio. Saggi e documenti sulla formazione intellettuale di Pietro Verri*, Milano, FrancoAngeli, 1988.

BALDINI, Ugo, « Chiarugi, Vincenzio (Vincenzo) », *Dizionario Biografico degli Italiani*, 24, 1980, p. 609-614.

BALDWIN, Claire, « A Story of Her Own : Sophie Von La Roche's *Geschichte des Fräuleins von Sternheim* », dans *The Emergence of the Modern German Novel*, New York, Camden House, 2002, p. 103-140.

BARTHES, Roland, « Le romanesque », *Le grain de la voix (Entretiens 1962-1980)*, Paris, Seuil, 1981, p. 210-211.

BARTHES, Roland, *Journal de deuil*, Paris, Seuil/Imec, 2009.

BERRY, Helen, « The Pleasures of Austerity », *Journal for Eighteenth-Century Studies*, vol. 37, n. 2, Juin 2014, p. 261-277.

BIANCONI, Lorenzo, « Convenzioni formali e drammaturgiche. Il lamento », *Il Seicento* (*Storia della Musica*, vol. 5), Torino, EdT, 1991, p. 230.

BLANCHARD-LAVILLE, Claudine, FABLET, Dominique, *L'analyse des pratiques professionnelles*, Paris, Montréal, L'Harmattan, 2000.

BROWN, Homer O., « The Displaced Self in the Novels of Daniel Defoe », *ELH*, 38, 4, 1971.

BUREL, Charlotte, « Le corps sensible dans le roman du XVIIIe siècle », dans DELON, Michel et ABRAMOVICI, Jean-Christophe, *Le corps des Lumières, de la médecine à la littérature, Littérales, Cahier du département de français de l'Université Paris X Nanterre*, n. 20, 1997, p. 101-120.

BURGELIN, Claude, « Duras témoin de l'histoire », *L'écriture de soi peut-elle dire l'histoire ?*, Colloque BPI, dir. J-F Chiantaretto, Paris, Presses de la BPI, 2002.

BURNS, Chester R., « The Nonnaturals : A Paradox in the Western Concept of Health », *The Journal of Medicine and Philosophy*, 3, 1976, p. 202-211.

CAPRA, Carlo, « Pietro Verri e il "genio della lettura" », in ANTONIELLI, Livio, CAPRA, Carlo et INFELISE, Mario (éd.), *Per Marino Berengo. Studi degli allievi*, Milano, FrancoAngeli, 2000.

CAPRA, Carlo, *I progressi della ragione. Vita di Pietro Verri*, Bologna, il Mulino, 2002.

CARLINO, Andrea, « La via dell'incertezza : una lettura scettica del *Parere sull'incertezza della medicina* di Lionardo di Capua », *Vita sociale e politica. Omaggio a Rosario Villari*, Milano, FrancoAngeli, 2007, p. 323-351.

CARR, Thomas J. Jr, « A Checklist of Published Writings in French by Early Modern Nuns », *EMF. Studies in Early Modern France*, A. L. Birberick et R. Ganim (éd.), vol. 11 « The Cloister and the World : Early Modern Convent Voices », p. 231-257.

CERRUTI, Marco, « Gli involucri dell'"Io". Ambientazioni della solitudine nell'età del Foscolo », *Il castello, il convento, il palazzo e altri scenari dell'ambientazione letteraria*, éd. M. Cantelmo, Firenze, Olschki, 2000, p. 265-277.

CHALMEL, Loïc, « Jean-Frédéric Oberlin », in Jean Houssaye, *Pédagogues de la modernité*, Paris, Fabert, 2007.

CHALMEL, Loïc, *Oberlin. Le pasteur des Lumières*, Strasbourg, la Nuée Bleue, 2006.

CORDIER, C., « *Le osservazioni sulla tortura* di Pietro Verri », *Symposium*, vol. IV, n° 2 (novembre 1950), p. 304-324.

COURNARIE, Laurent, « Descartes, explication intégrale de la première partie des *Passions de l'âme* » in *Philopsis*, revue numérique (http://www.philopsis.fr/IMG/pdf/descartes-passions-cournarie.pdf).

CURRÒ, Rosalba, « Aspetti medici e letterari della malinconia ipocondriaca nel Settecento », dans VERHULST, Sabine (éd.), *Immaginazione e conoscenza nel Settecento italiano e francese*, Milan, Angeli, 2002, p. 109-133.
CURRÒ, Rosalba, « La malattia dei letterati : immaginazione e malinconia nel Settecento », *Italianistica*, 30, 2001, p. 325-340.
CUSICK, Suzanne G., « "There Was Not One Lady Who Failed to Shed a Tear" : Arianna's Lament and the Construction of Modern Womanhood », *Early Music*, vol. 22, no. 1, (Monteverdi II) Feb. 1994.
DE FEO, Adriana, « Lucio Silla und der Typus der Opera seria », *Mozarts Lucio Silla – Ein frühes Meisterwerk*, hg.v. Ulrich Leisinger, Michael Fischer, Johannes Honsig-Erlenburg, Salzburg, Pustet Verlag, 2013, p. 61-72.
DE LUPPÉ, Robert, *Les idées littéraires de Madame de Staël et l'héritage des Lumières (1795-1800)*, Paris, Vrin, 1969.
DE PETRIS, Alfonso, « Caratterizzazioni ficiniane a proposito della melancolia », *Berenice*, 40-41, 2008.
DE PETRIS, Alfonso, « Rivisitazione di *De Vita* I, 2-6. Codificazione ficiniana di una teoria della melancolia », *Rinascimento*, 49, 2009, p. 285-300.
DEFERT, Daniel, « Un nouveau réformateur social : le malade », Journées d'étude « Écritures, mémoire, maladies », Caen, Imec, 1999 (document dactylographié).
DÉMORIS, René, « Le langage du corps et l'expression des passions de Félibien à Diderot », dans GUILLERM, J.-P. (éd.), *Des mots et des couleurs II*, Lille, PUL, 1986, p. 41-67.
ENGEL, George L., « Psychogenic » Pain and the Pain-Prone Patient, *American Journal of Medicine*, June 1959.
FERRARIS, Angiola, « Il giardino di Epicuro. Lettura delle "Prose e poesie campestri" di Ippolito Pindemonte », *Italianistica*, 14, 2, 1985, p. 223-248.
FIDO, Franco, « L'Illuminismo centro-settentrionale e lombardo. Pietro e Alessandro Verri. Cesare Beccaria », *Storia della letteratura italiana*, dir. E. Malato, vol. VI, *Il Settecento*, Roma, Salerno Editrice, 1998.
FRANCIONI, Gianni, « Metamorfosi della felicità. Dalle *Meditazioni* del 1763 al *Discorso* del 1781 », *Pietro Verri e il suo tempo*, actes du colloque, Milan, 9-11 octobre 1997, Bologna, Cisalpino, 1999.
GALLARATI, Paolo, *Musica e maschera : Il libretto italiano del settecento*, Torino EdT, 1984.
GENERALI, Dario, (éd.), *Antonio Vallisneri : la figura, il contesto, le immagini storiografiche*, Firenze, Olschki, 2008.
GIDAL, Eric, « Mme de Staël and the Sociology of Melancholy », in COLBURN, Glen (éd.), *The English Malady : Enabling and Disabling Fictions*, Newcastle, Cambridge Scholar Publishing, 2008, p. 20-40.

GOZZA, Paolo, « Una matematica rinascimentale : la musica di Descartes », *Il Saggiatore musicale*, no 2, 1995, p. 237-257.

GRMEK, Mirko, « Un historien face à la littérature du sida », Journées d'étude « Écritures, mémoire, maladies », Caen, Imec, 1999 (document dactylographié).

GUERRINI, Anita, *Obesity and Depression in the Enlightenment The Life and Times of George Cheyne*, Norman, University of Oklahoma Press, 2000.

FREUD, Sigmund, *Ma vie et la psychanalyse* (1925), Paris, Gallimard, 1950.

HILL, John W., « The Doctrine of the affections », *Baroque Music : Music in Western Europe, 1580-1750 (The Norton Introduction to Music History)* Norton, 2005, p. 389-396.

HINTERMEYER Pascal, « La trahison de la raison » in Javeau Claude, Schehr Sébastien (éd.), *La trahison. De l'adultère au crime politique*, Paris, Berg International, 2010, p. 109-119.

HINTERMEYER, Pascal, « Mort et légitimité », *Revue de l'Institut de sociologie*, Université libre de Bruxelles, Bruxelles, 1999/1-4, p. 27-44.

HOFFMANN, Paul, « Julie : une éthique de la mauvaise foi », *Corps et cœur dans la pensée des Lumières*, Strasbourg,

HUNTER, J. Paul, *The Reluctant Pilgrim*, Baltimore, The Johns Hopkins University Press, 1966.

LANTÉRI-LAURA, Georges, « L'œuvre de V. Chiarugi et la notion d'aliénation mentale », *Philippe Pinel*, éd. J. Garrabé, Paris, Synthélabo, 1994, p. 19-32.

LASNE, Nöelle, « Personnes et personnages : pratique du soin et pratique de l'imaginaire », Actes du colloque « Médecine et littérature », *Textuel*, Université Paris VII, Hors-série, Printemps 2008.

LEOPOLD, Silke, Art. « Giovanni Paisiello : Nina ossia La pazza per amore », in : *Pipers Enzyklopädie des Musiktheaters*, vol. 4, München – Zürich, 1986, cl. 643/645.

LINK, Jürgen, « Spiralen der inventiven »Rückkehr zur Natur« Über den Anteil Rousseaus an der Tiefenstruktur des *Hyperion* », dans BAY H. (éd.), *Hyperion – terra incognita, Expeditionen in Hölderlins Roman*, Opladen, Wiesbaden, Westdeutsche Verlag, 1998, p. 94-115.

LINK, Jürgen, *Hölderlin – Rousseau retour inventif*, Vincennes, Presses Universitaires de Vincennes, 1995.

LIPPI, Donatella, CABRAS, Pier Luigi, CAMPANINI, Enrica, *Uno psichiatra prima della psichiatria, V. Chiarugi ed il Trattato sulla pazzia in genere ed in specie, Firenze 1793-1794*, Florence, OIC Scientific Press, 1994.

LOZACHMEUR, Ghislaine, « Analyse linguistique des marques de la subjectivité : les relations patients/soignants/famille dans le dispositif d'annonce du cancer », *Annales Université de Craiova Sciences philologiques, Langues étrangères appliquées (ANUL IX Nr. 1/2013)*, Craiova, Roumanie, p. 125-142.

MAMMOLA, Simone, « Teorie dell'incertezza medica : Sorbière e Di Capua », *La ragione e l'incertezza. Filosofia e medicina nella prima età moderna*, Milano, FrancoAngeli, 2012, p. 319-329.

MARX, Hans Joachim (éd.), *Zur Dramaturgie der Barockoper : Bericht über die Symposien 1992 und 1993, Veröffentlichungen der Internationalen Händel-Akademie*, vol. 5, Laaber, 1994, p. 33-54.

MAZZOLINI, Renato G., « Les Lumières de la raison », dans Grmek Mirko G. (éd.), *Histoire de la pensée médicale en Occident, 2. De la Renaissance aux Lumières*, Paris, Seuil, 1997 (1re éd. italienne *Storia del pensiero medico occidentale 2. Dal Rinascimento all'inizio dell'Ottocento*, Bari, Laterza, 1996), p. 93-115.

MILEWSKI, Valéria (et coll.), *Récits de soi face à la maladie grave*, Limoges, Lambert-Lucas, 2014.

MINTER, Catherine J., « Literary "Empfindsamkeit" and Nervous Sensibility in Eighteenth-Century Germany », *The Modern Language Review*, 96, 4, 2001, p. 1016-1028.

MONDZAIN, Marie-José, « Entretien avec E. Lebovici », *Libération*, 25 mai 2003.

MORTIER Roland, « Mme de Staël et l'héritage des "Lumières" », dans *Mme de Staël et l'Europe, colloque de Coppet (18-24 juin 1966)*, Paris, Klinkcsieck, 1970, p. 129-139.

NICOLETTI, Giuseppe, « La memoria meticolosa di Pietro Verri », *Paragone*, n° 54-55-56, 2004, p. 102-113.

PARMEGIANI, Sandra, « Ipocondria, scienza medica e poesia. Una congiuntura settecentesca », *Quaderni d'italianistica*, 28, 2, 2007, p. 119-142.

PASTORE, Alessandro, « Grataroli (Gratarolo), Guglielmo », *Dizionario Biografico degli Italiani*, 58, 2002, p. 731-735.

PORTER Roy, Introduction à *George Cheyne : The English Malady* (1733), Londres et New York, Tavistock/Routledge, 1991, p. ix-li.

PREUS, J. Samuel, « Secularizing Divination : Spiritual Biography and the Invention of the Novel », *Journal of the American Academy of Religion*, 59, 3, 1991, p. 441-466.

PRICE, Curtis, « Dido and Aeneas, Questions of Style and Evidence », *Early Music*, vol. 22, no 1, (Monteverdi II) Feb. 1994, p. 114-125.

PROUST, Jacques, « Source et portée de la théorie de la sensibilité généralisée dans *Le Rêve d'Alembert* », *La quête du bonheur et l'expression de la douleur dans la littérature et la pensée françaises, Mélanges offerts à Corrado Rosso*, édités par C. Biondi *et alii*, Genève, Droz, 1995, p. 429-438.

REGUIG, Delphine, « Descartes à la lettre : poétique épistolaire et philosophie mondaine chez Mme de Sévigné », *Dix-septième siècle*, 2002/3 n° 216, p. 511-525.

RIVA, Massimo, *Saturno e le Grazie. Malinconici e ipocondriaci nella letteratura italiana del Settecento*, Palerme, Sellerio, 1992.

ROMAGNOLI, Angela, *"Fra catene, fra stili e fra veleni"... ossia della scena di prigione nell'opera italiana (1690-1724)*, Lucca, LIM, 1995.

ROSA, Fabio, « Aiace o la sofferenza nominata », dans *« Il mio nome è sofferenza » Le forme e la rappresentazione del dolore*, Trente, Editrice Università degli Studi di Trento Dipartimento di Scienze Filologiche e Storiche, 1993, p. 13-43.

ROSAND, Ellen, « The Descending Tetrachord : An Emblem of Lament », *The Musical Quarterly*, vol. 65, no 3 (Juli 1979), p. 346-359.

ROSELLINI, Michèle, « "Un si bon miroir des faiblesses de notre cœur" : lecture et expérience de soi dans les *Lettres* de l'année 1671 », *Séminaire Sévigné*, Journée d'agrégation organisée par Claudine Poulouin à l'Université de Rouen le 13 décembre 2012, disponible en ligne sur le site du CÉRÉdI : http://ceredi.labos.univ-rouen.fr/public/index.php?page=imprimir_articulo&id_article=177.

ROSENBERG, Benno, « Masochisme mortifère et masochisme gardien de la vie », *Monographie de la Revue Française de Psychanalyse*, Paris, P.U.F., 1991.

ROSSO, Corrado, « La triste felicità di Maupertuis e i suoi echi in Italia », *Illuminismo, felicità, dolore. Miti e ideologie francesi*, Napoli, Edizioni scientifiche italiane, 1969, p. 27-41.

ROUSSEL, Jean, « La douleur de Saint-Preux », dans C. Biondi, C. Imbroscio et al., *La quête du bonheur et l'expression de la douleur dans la littérature et la pensée françaises Mélanges offerts à Corrado Rosso*, Genève, Droz, 1995, p. 371-379.

SALA DI FELICE, Elena, *Felicità e morale in Pietro Verri*, Padova, Liviana, 1970, p. 127-205.

SAMOYAULT, Tiphaine, « Un réalisme lyrique est-il possible ? », *Le roman français aujourd'hui*, Paris, ed. Pretexte, 2004.

SERRAPICA, Salvatore, *Per una teoria dell'incertezza tra filosofia e medicina. Studio su Leonardo di Capua (1617-1695)*, Napoli, Liguori, 2003.

SETH, Catriona, « Textually transmitted diseases : smallpox inoculation in French literary and medical works », in VASSET, Sophie (éd.), *Medicine and narration in the eighteenth century*, Oxford, Voltaire Foundation, 2013, p. 125-138.

SETH, Catriona, *L'Écriture de l'intime : Mémoires et journaux de femmes au XVIIIe siècle*, Paris, Robert Laffont, 2013.

SIRONI, Vittorio Alessandro, « Fisiologia e patologia del dolore : evoluzione e storia nella medicina dotta e nella medicina popolare », dans *« Il mio nome è sofferenza » Le forme e la rappresentazione del dolore*, Trente, Editrice Università degli Studi di Trento Dipartimento di Scienze Filologiche e Storiche, 1993, p. 367-375.

SOUBRENIE, Élisabeth, *Présence de la solitude. La Poésie anglaise entre néoclassicisme et préromantisme*, Paris, Champion, 1999.

STAROBINSKI Jean, « Mme de Staël et Rousseau : l'autorité du sentiment », dans *Accuser et séduire Essais sur Jean-Jacques Rousseau*, Paris, Gallimard, 2012, p. 116-134.

STAROBINSKI, Jean, « Sur la maladie de Rousseau », in *Jean-Jacques Rousseau La transparence et l'obstacle*, Paris, Gallimard, 1971, (*French Yale Studies*, n. 28, 1962), p. 430-445.

STARR, George A., *Defoe and Spiritual Autobiography*, Princeton, Princeton University Press, 1965.

STEINER, Riccardo, « Le "Meditazioni sulla felicità" e il significato della loro doppia redazione nel pensiero di Pietro Verri », *Giornale storico della letteratura italiana*, CXLIV, 1967, p. 368-419.

STROHM, Reinhard, *Die italienische Oper im 18. Jahrhundert*, Wilhelmshaven, 1979.

SULLIVAN, Erin, « A disease unto death : sadness in the time of Shakespeare », CARRERA, Elena (éd.), *Emotions and Health, 1200-1700*, Brill, Leiden – Boston, 2013, p. 159-181.

TALON-HUGON, Carole, *Descartes ou les passions rêvées par la raison*, Paris, Vrin, 2002.

TRICOT, Jean-Pierre, « Vopiscus Fortunatus Plempius », *Vesalius*, 6, 1, 2000, p. 11-19.

VALE, Vivian, JUNO, Andrea, *Modern primitives. An investigation of contemporary adornment and ritual*, *Re/search*, 1989.

VASOLI, Cesare, « Un "medico" per i "sapienti" : Ficino e i "Libri de vita" », dans *Id.*, *Tra "maestri", umanisti e teologi*, Florence, Le Lettere, 1991, p. 120-141.

VERDE, Fabrizio, *La polemica in Italia sul* Saggio di filosofia morale *di Maupertuis*, Firenze, Polistampa, 2013.

VIGARELLO, Georges, *Le sentiment de soi. Histoire de la perception du corps (XVI*e*-XX*e* siècle)*, Paris, Seuil, 2014.

VILLERS, Marcel, *Dictionnaire de spiritualité ascétique et mystique*, Paris, Beauchesne, 1975-1976.

VOLLAIRE, Christiane, « L'exercice médical entre esthétique et politique », Thèse pour le doctorat de philosophie, Université Paris VIII, 2014, tapuscrit non publié.

WENGER, Alexandre, « From medical case to narrative fiction : Diderot's *La Religieuse* », in VASSET, Sophie (éd.), *Medicine and narration in the eighteenth century*, Oxford, Voltaire Foundation, 2013, p. 17-30.

INDEX DES NOTIONS

INDEX DES NOMS

RÉSUMÉS/*ABSTRACTS*

Gérard DANOU, « Raconter la douleur ? Littératures et médecine »

Depuis le tournant narratif des années 1990, les chercheurs accordent une grande valeur de connaissance aux récits personnels sur les maladies. Ces écritures et témoignages permettent d'accéder au vécu intime de la maladie ainsi qu'aux relations complexes avec le corps médical.

Since the narrative shift in the 1990's, researchers have paid much attention to personal accounts of diseases. These individual stories and testimonies shed light on the patients' intimate experience of diseases and their complex relationships with the medical establishment.

David LE BRETON, « La douleur est toujours de la personne »

Quoique se manifestant par la chair, la douleur n'est pas une condition du corps, mais de la personne. L'expérience douloureuse renvoie toujours, et d'emblée, à la question du sens : la souffrance est une réponse subjective à la douleur. À travers une réflexion sur diverses formes de douleur (subie ou consentie, voire recherchée), cet article éclaire la dimension anthropologique de l'expérience douloureuse et la quête de sens qu'elle déclenche.

Even if it expresses itself through the flesh, pain is not only a condition of the body, but of the whole person. Painful experience is in close connection with the question of meaning: suffering is the subjective response to pain. Through a reflexion on different forms of pain (undergone, accepted or sought for), this article explores the anthropological dimension of pain and suffering and the search for sense through the painful experience.

Laurent CURELLY, « Larmes de douleur et mise en scène du corps souffrant dans la poésie de dévotion anglaise du premier dix-septième siècle »

Cette contribution a pour objectif de réfléchir à la façon dont la poésie de dévotion anglaise du XVIIe siècle, celle du catholique Richard Crashaw et celle de Henry Vaughan, de confession anglicane, s'approprie les théories médicales sur la fabrication des larmes afin de représenter le corps souffrant. Il s'agit de mettre en évidence ce qui, dans leurs poèmes, relève de la matérialité du corps humain souffrant et de montrer comment la larme participe de l'économie des passions de l'âme.

This essay looks into the way two seventeenth-century English devotional poets, the Anglican Henry Vaughan and the Catholic Richard Crashaw, represent suffering by drawing upon contemporary medical theories on the production of tears. It shows that their poems are as much about the spiritual as the material dimensions of suffering and that tears partake of the economy of the passions of the mind.

Adriana DE FEO, « Quelques considérations sur les représentations de la souffrance dans le livret d'opéra entre les XVIIe et XVIIIe siècles »

Cette étude vise à mettre en lumière, à travers différents exemples, le parcours emprunté par la représentation de la douleur et de la souffrance au sein d'un genre complexe et multiforme, l'opéra, entre les XVIIe et XVIIIe siècles. Plusieurs fluctuations se dégagent à travers les siècles et les lieux où il est pratiqué, et diverses traditions confluent dans les différentes représentations des passions douloureuses qui s'expriment au travers de la musique.

Through various examples, this study aims to highlight the diverse courses taken by the representation of suffering in the complex and multifaceted operatic genre in the seventeenth and eighteenth centuries. These representations have fluctuated and several traditions have blended into the staging of painful passions rendered through music, considered as a way to express and represent the movements of the soul.

Mathilde VANACKERE, « Physique de la douleur dans la *Correspondance* de Sévigné. Exploration et pratique de soi »

En marge des reconfigurations épistémologiques de l'interprétation de la douleur dans la seconde moitié du XVIIe siècle, la *Correspondance* de Mme de Sévigné offre une réflexion en mouvement sur les manifestations physiologiques de la souffrance physique. Au-delà des flottements conceptuels qui soutiennent la réflexion sévignéenne, l'expérience de la douleur, véritable terrain d'exercice de la langue, est le moment d'une méditation sur le sentiment de l'intériorité et la pratique de soi.

On the fringes of the epistemological reconfigurations of pain in the second half of the 17th century, of Madame de Sévigné's Letters *offer a lively reflexion on the physiological manifestations of physical suffering. Beyond the vagueness of the concepts underlying Sévigné's reflexion, the experience of pain–as an occasion to experiment with language–is the locus of a meditation on interiority and self-elaboration.*

Catriona SETH, « Écriture de la douleur et douleur de l'écriture. La *Vie de Françoise-Radegonde Le Noir*, une mystique limougeaude des Lumières »

Morte en odeur de sainteté à Limoges en 1791, Françoise-Radegonde Le Noir a laissé une autobiographie spirituelle, éditée à titre posthume, dans laquelle elle évoque ses souffrances physiques et morales. Elle vit ses maux du corps en particulier comme des châtiments lorsqu'elle s'écarte du chemin de la croix ou, au contraire, comme des marques d'élection dans sa tentative pour se rapprocher de Dieu par la passion.

Françoise-Radegonde Le Noir, who died in an odour of sanctity in Limoges in 1791 left an extraordinary spiritual autobiography which was published posthumously. In it she evokes her physical and moral suffering. She interpreted her physical pain, in particular, as a form of punishment when she strayed from the way of the cross or, on the contrary, as a mark of election in her attempt to get nearer to God through passion.

Marilina GIANICO, « Bonheur de la douleur, douleur du bonheur. Une réflexion sur l'herméneutique de la souffrance au dix-huitième siècle »

Si la veine romantique d'exaltation de la douleur ne fait pas de doute, son rapport à la pensée des Lumières demande à être éclaircie : l'attitude du XVIIIe siècle vis-à-vis de la souffrance se révèle plus complexe qu'on ne pourrait le croire, surtout si elle est comparée avec le discours eudémonologique de l'époque et analysée à l'aune de l'idée de sensibilité, appartenant à la fois au discours littéraire et au discours médical et permettant de retrouver des échanges osmotiques entre les deux.

The romantic taste for an exalting representation of pain is not to be put in doubt, while its relationship to the Enlightenment is yet to be established: the attitude of the 18th century toward suffering seems more complex than we could think. This stands out if we compare it with the eudaimonological discourse of the time and examine it within the framework of the idea of sensibility, belonging to both literary and medical discourses sometimes to be linked by osmotic reciprocal exchanges.

Christine HAMMANN, « Mourir de douleur ? »

Peut-on mourir d'un cœur brisé ? Comment s'appréhende dans les textes du XVIIIe siècle cet effet mystérieux d'autodestruction psychosomatique ? Selon la médecine classique, la douleur est une passion qui dépend non seulement de la perception d'un mal mais également de la volonté du sujet. L'examen de quelques morts passionnelles dans la littérature semble corroborer cette pensée, décelant le « mensonge romantique » avant le romantisme, et avec lui, la préférence occidentale pour le malheur.

May one die of a broken heart? How does eighteenth century literature treat this phenomenon of psychosomatic self-destruction? Classical medicine consider pain as a passion that proceeds not only from the perception of an evil but also from the will of the subject. The review of several cases of broken heart syndrome in literature seems to corroborate this idea by representing deaths that highlight the "romantic lie" before romanticism, and with it, the Western preference for misfortune.

Filippo SANI, « Souffrance, solitude et maladie de l'homme de lettres dans la culture italienne du XVIIIe siècle »

Bernardino Ramazzini, dans son *De morbis artificum diatriba* (1700), consacre un chapitre aux maladies des gens de lettres où il apparaît que la mélancolie du savant perd ses qualités divines et devient une maladie professionnelle. L'étude se penche en détail sur l'histoire médicale qui, en matière de maladies des gens de lettres, commence avec Ramazzini et se poursuit avec Giovanni Verardo Zeviani (1755), Giuseppe Antonio Pujati (1762) et Vincenzo Chiarugi (1793-1794).

Bernardino Ramazzini, in his De morbis artificum diatriba *(1700), devotes a chapter to the diseases of literati. In this work, the scholar's melancholy loses its divine qualities and becomes a professional disease. This article examines the medical history of the diseases of literati, beginning with Ramazzini and continuing with Giovanni Verardo Zeviani (1755), Giuseppe Antonio Pujati (1762) and Vincenzo Chiarugi (1793-1794).*

Pascal HINTERMEYER, « Souffrir du mal du siècle au début de l'époque contemporaine »

À la fin du XVIIIe et au début du XIXe siècle, de nombreux textes décrivent les souffrances récurrentes, insupportables et irrémédiables bientôt appelées « mal du siècle ». L'article essaie de définir les caractéristiques, les symptômes et les conséquences de cette maladie. Il montre ensuite l'ambivalence des attitudes envers le mal du siècle et il présente ses significations sociales et politiques.

At the end of the 18th and the beginning of the 19th century, many texts describe the recurring, unbearable and irreparable sufferings soon to be called « mal du siècle *». This article tries to define the characteristics, symptoms and consequences of this disease. Then it shows the ambivalence of the attitudes towards* mal du siècle *and it presents its social and political meanings.*

Marco SIRTORI, « Douleur et science médicale dans quelques pages du *Discorso dell'indole del piacere e del dolore* e *Osservazioni sulla tortura* de Pietro Verri »

À travers le *Discours sur la nature du plaisir et de la douleur* (1781) et les *Observations sur la torture* (1777) Pietro Verri s'interroge sur la nature de la douleur à partir du cadre épistémologique de son époque mais aussi sur la base de ses connaissances médicales. La souffrance est envisagée comme énergie négative, mais nécessaire : elle amène les hommes à la formulation d'un contrat social fondé sur le statut universel de la douleur physique.

In his Discourse on the Nature of Pleasure and Pain *(1781) and his* Observations on Torture *(1777) Pietro Verri questions the nature of pain according to the epistemological context of his age but also on the base of his limited but solid medical knowledge. Pain is considered as a negative but necessary form of energy leading humankind to the formulation of a social contract based on the universal essence of physical suffering.*

Loïc CHALMEL, « Jean-Frédéric Oberlin (1740-1826) et son combat contre misère et souffrance au XVIIIe siècle. Du rapport paradoxal entre science et théologie »

Prendre soin du corps pour espérer élever l'âme, combattre la misère sous toutes ses formes pour rendre à l'homme dignité et sens de l'honneur, faire de la science une arme pour lutter contre le poids de l'ignorance et des préjugés :

le récit publié par Jean-Frédéric Oberlin en 1786 dans ses *Annales* nous paraît exemplaire de ce combat engagé au service de la vie. Le passage analysé dans cet article suggère que les ressources de la science n'ont de sens que dans une perspective de progrès social.

Taking care of the body to uplift the soul, fighting poverty to restore man's dignity and sense of honour, making science a weapon against the weight of ignorance and prejudice: the story published by John Frederic Oberlin in 1786 seems representative of this fight for the preservation of life. The passage analysed in this article seems to suggest that the resources of science acquire their meaning only in a context of social progress.

TABLE DES MATIÈRES

TROISIÈME PARTIE

REPRÉSENTATIONS DE SOI DANS LA DOULEUR

QUATRIÈME PARTIE

DE LA DOULEUR AU MAL DU SIÈCLE

CINQUIÈME PARTIE

VERS UNE NOUVELLE ATTITUDE

DANS LA MÊME SÉRIE

1. *La Guerre civile des langues.* Mémoires *du duc de Saint-Simon, année 1710, « Intrigue du mariage de M. le duc de Berry »*, études réunies par Marc HERSANT, 2011
2. *Le Tournant des Lumières. Mélanges en l'honneur de Malcolm Cook*, sous la direction de Katherine ASTBURY et Catriona SETH, 2012
3. *Le corps et l'esprit en voyage. Le voyage thérapeutique*, sous la direction de Christine de BUZON et Odile RICHARD-PAUCHET, 2012
4. *Rousseau et le roman*, études réunies par Coralie BOURNONVILLE et Colas DUFLO, 2012
5. *Les* Lettres persanes *en leur temps*, sous la direction de Philip STEWART, 2013
6. *La Révolution française et le monde d'aujourd'hui. Mythologies contemporaines*, sous la direction de Martial POIRSON, 2014
7. *Le Temps des femmes. Textes mémoriels des Lumières*, sous la direction d'Anne COUDREUSE et Catriona SETH, 2014
8. *Jean-Jacques Rousseau et l'exigence d'authenticité. Une question pour notre temps*, sous la direction de Jean-François PERRIN et Yves CITTON, 2014
9. *Nouvelles lectures de* La Vie de Marianne. *Une « dangereuse petite fille »*, sous la direction de Florence MAGNOT-OGILVY, 2014
10. *Classer les mots, classer les choses. Synonymie, analogie et métaphore au XVIIIe siècle*, sous la direction de Michèle VALLENTHINI, Charles VINCENT et Rainer GODEL, 2014
11. *Saint-Simon ou le sens de l'intrigue*, sous la direction de Jacques BERCHTOLD et Marc HERSANT, avec la collaboration de Damien CRELIER, 2014
12. *L'Accident de Ménilmontant*, sous la direction d'Anouchka VASAK, 2015
13. Les Confessions. *Se dire, tout dire*, sous la direction de Jacques BERCHTOLD et Claude HABIB, 2015
14. *Le Sacré en question. Bible et mythes sur les scènes du XVIIIe siècle*, sous la direction de Béatrice FERRIER, 2015
15. *Démocratisation et diversification. Les littératures d'éducation au siècle des Lumières*, sous la direction de Rotraud von KULESSA, 2015
16. *Nouveaux regards sur la trilogie de Beaumarchais*, sous la direction de Sophie LEFAY, 2015
17. *Casanova. « Écrire à tort et à travers »*, sous la direction de Raphaëlle BRIN, 2016
18. *Rousseau, les Lumières et le monde arabo-musulman. Du XVIIIe siècle aux printemps arabes*, sous la direction de Pascale PELLERIN, 2017
19. *Kant et les Empirismes*, sous la direction d'Antoine GRANDJEAN, 2017
20. *Lumières et océan Indien. Bernardin de Saint-Pierre, Évariste Parny, Antoine de Bertin*, sous la direction de Chantale MEURE et Guilhem ARMAND, 2017
21. *Conte et Histoire (1690-1800)*, sous la direction de Marc HERSANT et Régine JOMAND-BAUDRY, 2018
23. *Littérature et voyages de santé*, sous la direction de Christine de BUZON et Odile RICHARD-PAUCHET, 2017

IMPRIM'VERT®

Achevé d'imprimer par Corlet Numérique,
à Condé-sur-Noireau (Calvados), en mai 2018
N° d'impression : 147721 – Dépôt légal : mai 2018
Imprimé en France